Kreative Wohnideen

EINFACH SELBST GEMACHT

Kreative Wohnideen

EINFACH SELBST GEMACHT

Inhalt

Inhalt

Vorwort

Frauen heute wissen ganz genau, wo der Hammer hängt. Auch beim Thema Heimwerken. Die Zeiten, in denen Bohrmaschine und Säge eine reine Männerdomäne waren, sind vorbei. Wenn es um die kreative Ausgestaltung der eigenen vier Wände geht, legen Frauen gern und immer häufiger selbst Hand an. Wände tapezieren, Möbel bauen, Sessel neu polstern oder dem Nachwuchs ein plüschig-buntes „Nest" bauen – kein Problem für die Frau von heute. Ohnehin haben Frauen oft sehr genaue Vorstellungen, wie das Ergebnis aussehen soll, und was liegt da näher, als die Umsetzung auch gleich selbst in die Hand zu nehmen? Do it yourself!

„Do it yourself": Das war früher einfach die günstigere Alternative zu professionellen Handwerkern, schicken Designer-Möbeln oder teuren Wohn-Accessoires. Heute heißt es viel eher, dass eine bestimmte Idee auf individuelle Weise umgesetzt werden kann: in der Lieblingsfarbe, mit einem Muster, das perfekt zur Couch passt, in genau der richtigen Größe ... Zudem macht eine riesige Auswahl an einfach zu verarbeitenden Materialien, Stoffen, Farben und Deko-Elementen das „Do it yourself" leicht wie nie.

Alles, was noch gebraucht wird, sind die passenden Ideen – und als Ideenlieferant bietet sich dieses Buch hervorragend an. Es wurde für alle Frauen geschrieben, die Spaß am Heimwerken haben und nach handwerklichen Inspirationen suchen. Dabei ist das vorhandene Handwerker-Knowhow völlig egal: Hier finden sich sowohl für erfahrene Bohrmaschinen-Virtuosen, als auch für Hammer-Debütantinnen eine Fülle von Anregungen, Tipps und Hilfestellungen.

In fünf Kapiteln stellen wir insgesamt 60 konkrete Projekte vor. Jede Projektbeschreibung ist übersichtlich aufgebaut mit Angaben zu erforderlichen Werkzeugen und Materialien sowie mit praktischen Step-by-step-Anleitungen. Wenn's ein bisschen schwieriger wird, leisten Illustrationen zusätzliche Hilfestellungen. Fotos präsentieren schließlich, wie das Werk in Vollendung aussehen sollte – oder könnte.

Für alles, was es grundsätzlich rund um das Thema Heimwerken zu wissen gibt, bieten wir auf eigenen „Special"-Seiten kompakte Informationen: von den Tipps und Tricks rund ums Tapezieren, Streichen und Lackieren über Wissenswertes zur Farbharmonie (damit Sie nicht von den falschen Wandfarben „erschlagen" werden) bis hin zum Stoff-Alphabet. Jedes Kapitel beginnt zudem mit einer Übersicht über die wichtigsten Werkzeuge für den jeweiligen Bereich. Im Glossar werden schließlich noch einmal grundlegende Fachbegriffe alphabetisch aufgeführt und erklärt.

Solchermaßen gerüstet, steht dem Start ins Abenteuer „Do it yourself" also nichts mehr im Wege. Und egal, ob Sie unsere Projektvorschläge „nachbauen" oder sie nur als Ideengeber und Anleitung für eigene kreative Projekte nutzen; egal, ob gleich das erste oder vielleicht erst das dritte Projekt zu einem perfekten Ergebnis führt: Am Ende, das versprechen wir, wird immer die Erfahrung stehen, dass Heimwerken ausgesprochen ansteckend ist, ja, geradezu süchtig macht. Mit dem geschulten Blick eines Heimwerker-Profis lässt sich in jedem Raum und jeder Ecke Handlungsbedarf ausmachen. Sobald Sie die ersten Kissenhüllen aus Ihren Lieblingsstoffen genäht haben, zum ersten Mal auf dem frisch bezogenen Stuhl sitzen oder Ihr selbstgebautes Regal einräumen, werden Sie nie wieder ein Stück „von der Stange" kaufen. Worauf also warten Sie noch?

Wände gestalten

Wichtige **Werkzeuge**

Die Hauptrolle spielen in diesem Kapitel alle Arten von Streichwerkzeugen. Ob Rundpinsel, Flächenstreicher oder Farbrolle – Sie sollten stets mehrere Exemplare im Haus haben. Zwar lassen sich gerade lösungsmittelfreie Farben leicht mit Wasser auswaschen, aber dennoch müssen flauschige Rollen und dicke Pinsel erst einmal trocknen, bevor man sie für einen zweiten Anstrich oder eine andere Farbe benutzen kann.

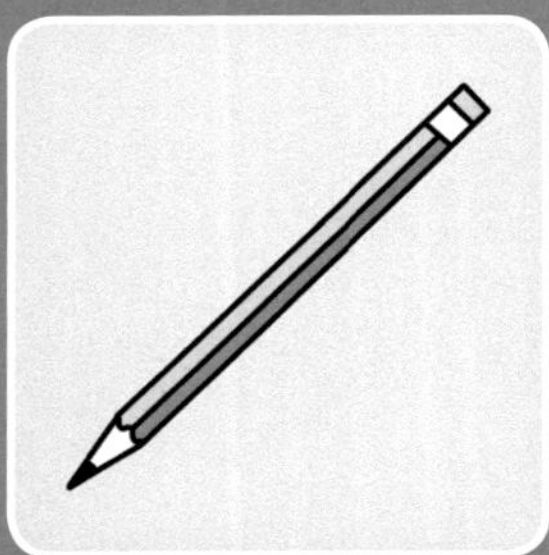

Bleistift

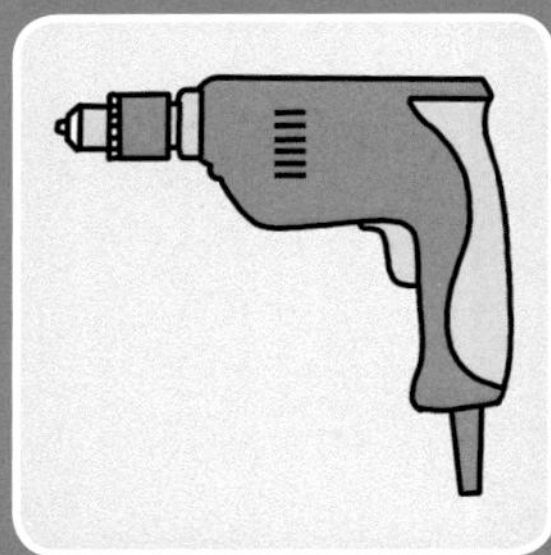

Bohrmaschine

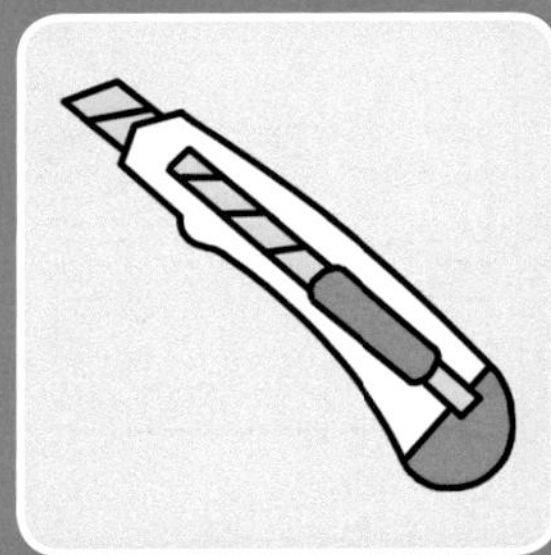

Cutter

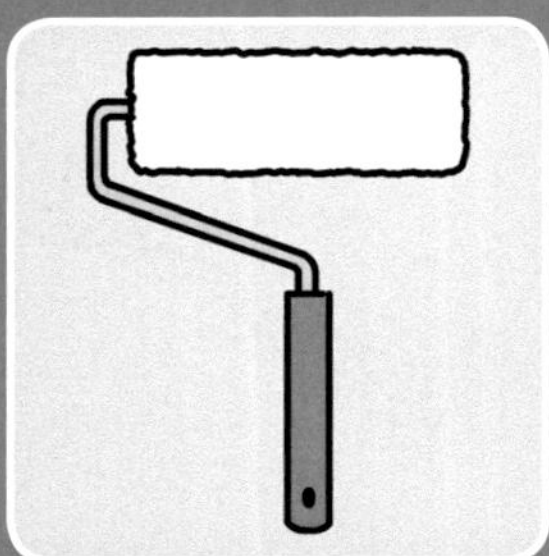

Farbrolle

Flächenstreicher

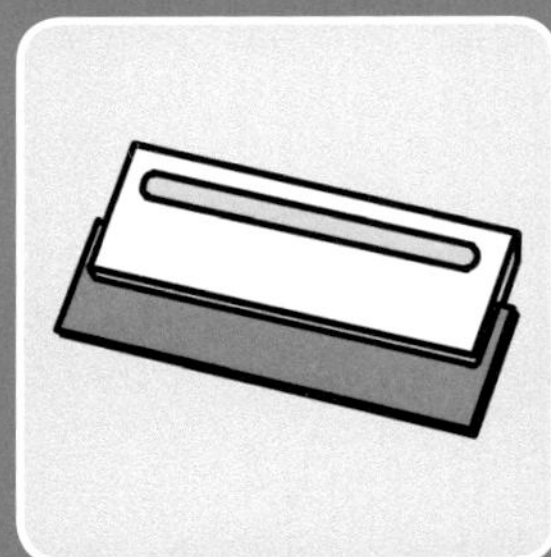

Gummirakel

Malerkrepp

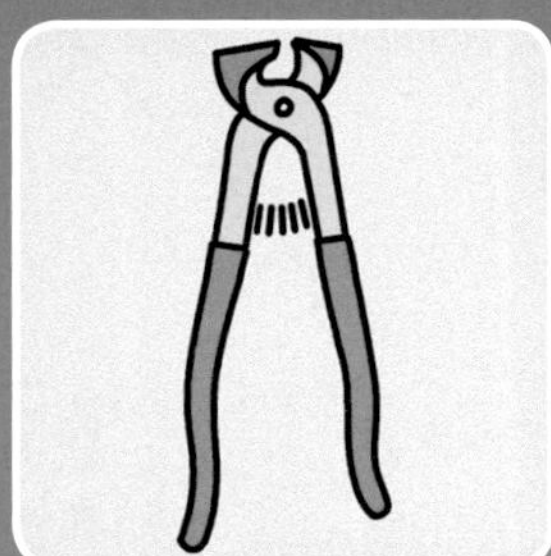

Mosaikzange

Naturschwamm

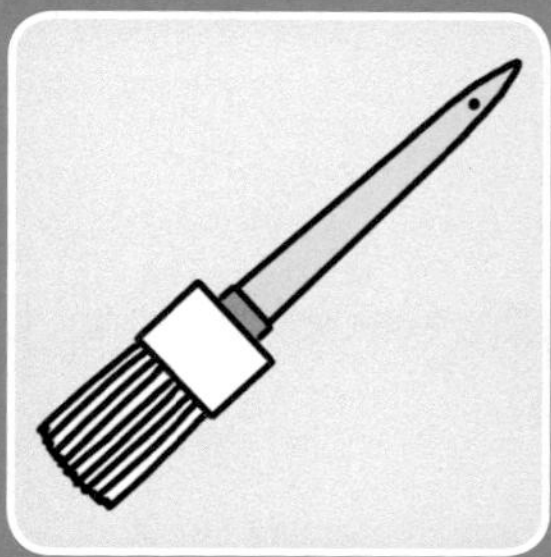
Rundpinsel

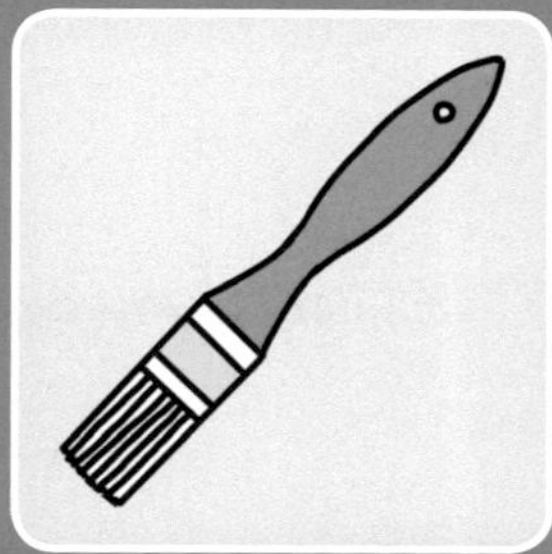
Flachpinsel

Quast

Rakel

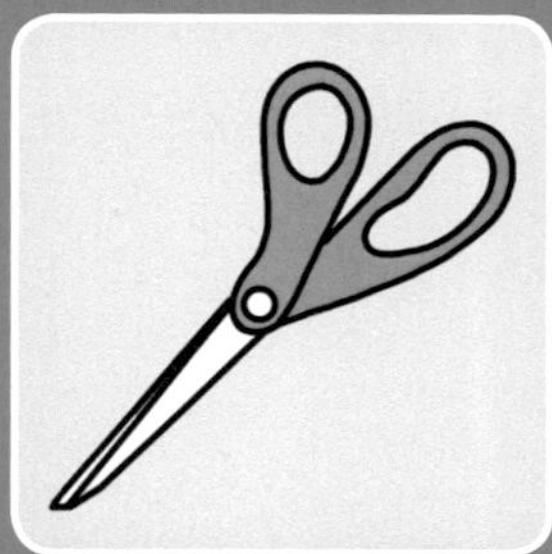
Schere

Schwamm

Senklot

Spachtel

Tapezierbürste

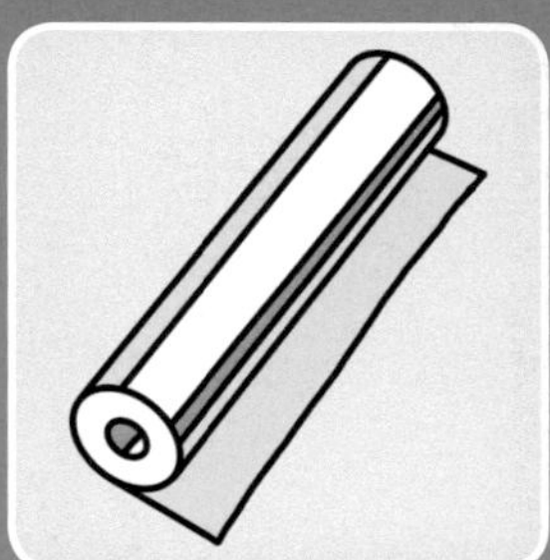
Folie

Wasserwaage

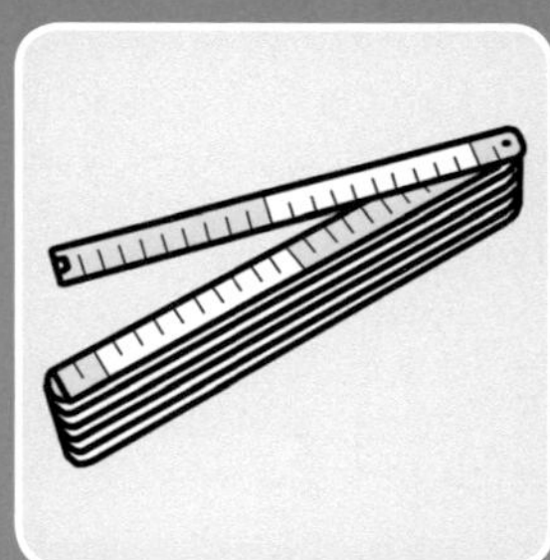
Zollstock

Wände streichen

Sie haben keine Lust mehr auf triste weiße Wände? Dann greifen Sie doch einfach zu Pinsel und Wandfarbe. Sie werden sehen: Kräftiges Rot, Gelb oder Grün bringen neues Leben in Ihre vier Wände. Gute Laune inklusive …

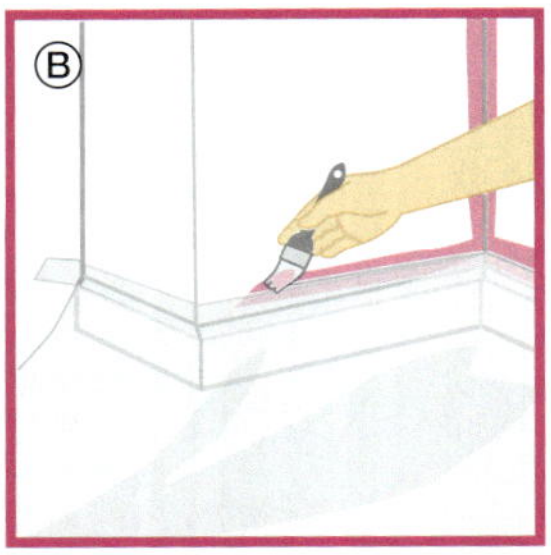

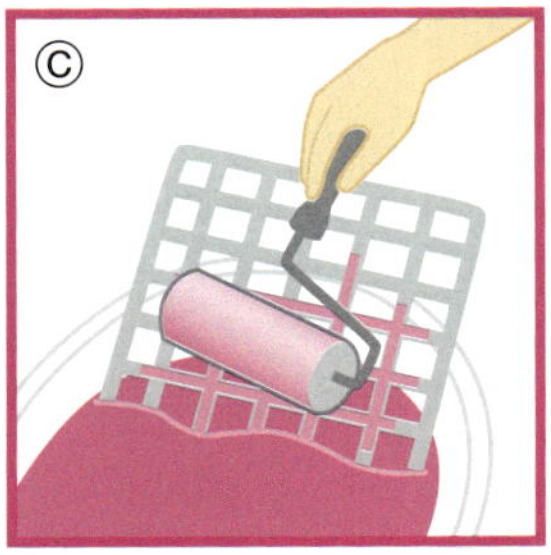

1. Damit die Farbe auch wirklich nur dorthin gelangt, wo man sie am Ende sehen will, ist eine sorgfältige Vorbereitung unerlässlich: Mit Folie und Malerkrepp alles abkleben, was keine Farbe braucht, also Türzargen, Fensterbänke, Fußboden (A). Wände vorbereiten.

2. Beim Streichen selbst gilt: Kanten und Ecken zuerst. Überall dort, wo Farbrollen nicht hinkommen, wird mit dem Pinsel vorgestrichen. (B)

3. Wenn auch die Zimmerdecke gestrichen werden soll, gleich damit beginnen. Hier empfiehlt es sich, für die Farbrolle eine Teleskopverlängerung zu verwenden und vom Boden aus zu arbeiten. Das erspart das mühsame Hantieren mit einer Leiter. Zudem können so größere Flächen „in einem Zug" gestrichen werden, was zu einem besseren Ergebnis führt.

4. Um die Farbe gleichmäßig aufzunehmen, sollte die Rolle nie komplett in den Eimer getaucht werden, sondern besser Stück für Stück. Dann über das Abstreifgitter weiterrollen, wieder etwas Farbe aufnehmen usw. (C) So ist immer genau so viel Farbe auf der Rolle, wie dann auch auf Decke oder Wand aufgetragen werden kann.

5. Gestrichen wird in regelmäßigen Bahnen von oben nach unten. Dabei sollten die Bahnen sich immer ein bisschen überlagern (D). So verhindert man unerwünschte Streifenbildungen.

6. Farbe gut trocknen lassen, dann Krepp und Folien entfernen. Nicht vergessen: Rollen und Pinsel gründlich reinigen, damit sie bei der nächsten Streichaktion wieder einsatzfähig sind.

Werkzeug

Malerkrepp
Folie
Farbrollen in unterschiedlichen Breiten
Konturenpinsel
Teleskopverlängerung
Abstreifgitter

Material

Wandfarbe (Dispersionsfarbe, fertig abgetönt, matt oder seidenmatt)
ggf. Deckenfarbe

Die richtige Farbe

Nicht an der falschen Stelle sparen: Beim Kauf von Wand- und Deckenfarben empfiehlt es sich, auf Markenprodukte zu setzen. Das erspart Ärger bei der Verarbeitung und sichert langfristige Erfolge. Angesichts des immensen Farbangebotes sollte man vor dem Kauf genau überlegen, für welche Räume die Farbe gebraucht wird und welche Kriterien sie erfüllen soll: Latexfarbe z. B. ist besonders strapazierfähig; Umweltfarbe riecht kaum, enthält keine Konservierungsstoffe und schützt ggf. vor Pilz- und Bakterienbefall.

Schwierigkeitsgrad leicht

Mithelfer „aus einer Hand" wird das Ergebnis immer noch am besten

Zeitaufwand mittel; am meisten Zeit braucht die Vorbereitung

Putzfaktor bei guter Vorbereitung gering

Flächendeckend

Auch wenn es zunächst widersprüchlich klingt: Kleine Räume wirken größer, wenn man ganze Wände farbig streicht – solange es sich um helle Farben handelt. Sie verleihen einem Raum Weite. Kräftige Farben eignen sich eher für besondere Effekte, z. B. wenn man nur einen Teil der Wand streicht.

Nass in Nass

Farbe vor dem Anstrich gründlich umrühren. Farbpigmente lagern sich gern am Boden des Farbeimers ab. Und immer „Nass in Nass" streichen, also die fortlaufenden Flächen immer so rollen, dass der bereits gestrichene Bereich noch nicht getrocknet ist.

Lackfarbe

Besondere Effekte lassen sich mit Lackfarbe erzielen, die man für eine Wand oder einen Wandausschnitt verwendet. Aber Achtung: Lacke trocknen sehr schnell! Es muss zügig und ohne Pausen gestrichen werden, damit die Ansätze möglichst unsichtbar bleiben.

Schicke **Streifen**

Streifenweise heiter: Das gefällt auch Ihren Wänden. Ob Sie nur eine bestimmte Fläche optisch hervorheben oder eine ganze Wand mit Streifen versehen: Die Wirkung ist verblüffend. Längsstreifen geben einem Raum mehr Höhe, Querstreifen lassen ihn optisch weiter wirken.

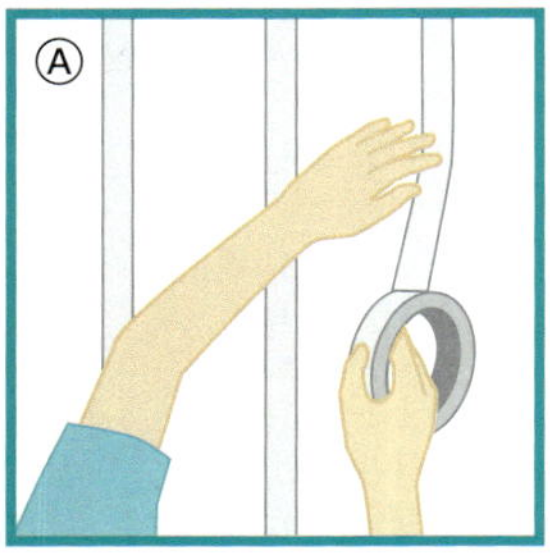

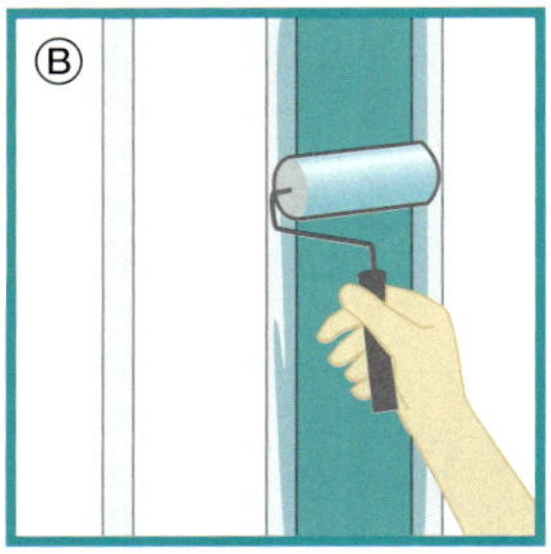

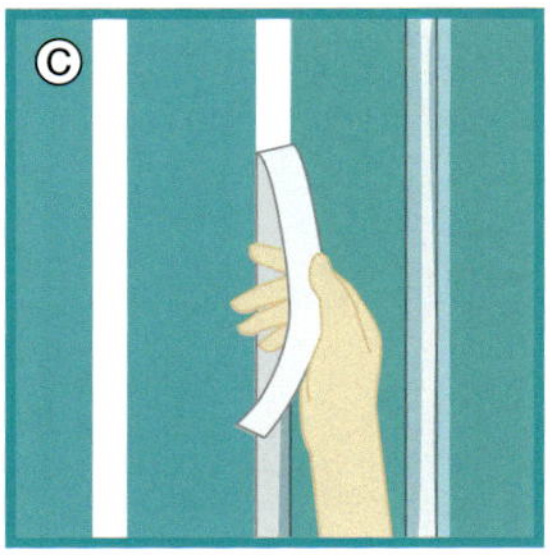

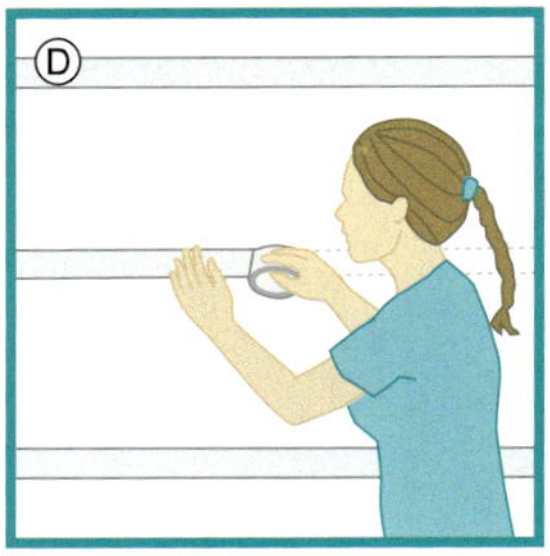

1. Um ein perfektes Streifenbild zu erzielen, ist die Vorbereitung enorm wichtig. Das beginnt bei der Überlegung, wie die Streifen angeordnet sein sollen (am besten auf Papier ausprobieren!), und endet beim Markieren und Abkleben an der Wand. Querstreifen mit der Wasserwaage, Längsstreifen mit der Schlagschnur exakt markieren und mit Bleistift fein auf der Wand vorzeichnen.

2. Die Ränder mit Malerkrepp sorgfältig abkleben. Achten Sie darauf, dass das Klebeband fest anliegt, damit möglichst keine Farbe darunterlaufen kann. (A)

3. Je nach Streifenbreite mit einer kleinen Farbrolle oder einem Pinsel die Farbe auftragen (B). Bei Streifen in unterschiedlichen Farben empfehlen sich mehrere Arbeitsgänge. Bei breiteren Streifen immer vom Rand zur Mitte hin malen.

4. Die Farbe nur ein wenig antrocknen lassen, dann das Malerkrepp vorsichtig abziehen. (C)

Tipp: Auch waagerechte Streifen entfalten eine prima Wirkung. Allerdings sollten Sie diese vorher mit Wasserwaage und dünnen Bleistiftstrichen an der Wand markieren (D), damit sie auch wirklich gerade sind.
Sollten kleine „Farbnasen“ entstanden sein, kann man diese zunächst vorsichtig mit einem Küchentuch abwischen und dann mit einem feinen Pinsel ausbessern.

Werkzeug

Schlagschnur
Wasserwaage
Lineal
Malerkrepp
Farbpinsel oder -rollen
ggf. Teleskopverlängerung

Material

Dispersionsfarbe, fertig abgetönt, matt oder seidenmatt in unterschiedlichen Farben oder Farbtönen, für Streifen, ggf. auch hochglänzend für Matt-Glänzend-Schattierungen

Malerkrepp

Beim Kauf des Kreppbands sollte man auf Qualität achten, denn je besser das Klebeband haftet und je besser es sich anschließend abziehen lässt, desto schöner ist der Effekt. Nichts sieht schlimmer aus als Streifen mit unsauberen Rändern. Besondere Sorgfalt ist bei rauem Untergrund (Raufaser) geboten.

Schwierigkeitsgrad mittel

Mithelfer können zum Markieren der Linien ausgesprochen hilfreich sein

Zeitaufwand mittel; am meisten Zeit braucht die Vorbereitung

Putzfaktor bei guter Vorbereitung gering

Vorbereitung ist alles

Wer an neuen Wänden lange Freude haben will, sollte ausreichend Zeit für die Vorbereitung einplanen – die „Untergrund-Arbeit“ ist oft aufwendiger als das eigentliche Streichen oder Tapezieren.

Vorarbeiten –

Alte Tapete ablösen

Keine faulen Kompromisse eingehen: Alte Tapeten müssen vollständig entfernt werden. Dabei helfen Tapetenlöser und Nagelroller aus dem Baumarkt.

Tapeten-Tipp Nr. 1

Rühren Sie das Tapetenlöser-Konzentrat in heißem Wasser an – das erhöht die Wirkung deutlich und ermöglicht ein effektiveres und einfacheres Ablösen.

Tapeten-Tipp Nr. 2

Verwenden Sie einen Nagelroller, der die Tapeten durchlöchert. So kann der Tapetenlöser direkt an die Kleisterschicht gelangen.

Tapeten-Tipp Nr. 3

Im Fachhandel bekommen Sie Dampf-Tapetenlöser: Der wirkt umweltfreundlich mit Wasserdampf und ohne zusätzliche Chemie auf den alten Kleister und die Tapete ein.

Festigkeit des alten Anstrichs prüfen

Vor dem Auftrag einer neuen Farbe ist unbedingt die Qualität und Festigkeit der alten Farbe zu prüfen, z. B. mit einem Klebestreifen: Den Streifen aufkleben und mit „Schwung“ wieder abziehen: Bleibt Farbe in Placken oder als mehlige Fläche auf der Klebeschicht zurück, wird auf dieser Wand weder Kleister noch neue Farbe halten. Die alte Farbe muss abgewaschen und anschließend eine neue Grundierung (Tiefengrund) aufgetragen werden. Ist die Putzoberfläche rau und narbig, schafft ein neuer Feinputz oder das Verkleben von Makulaturpapier als Untertapete Abhilfe.

Ideal ist immer eine neu geputzte Wand: glatt, trocken, sauber sowie trag- und saugfähig. Die Realität sieht jedoch meist anders aus: Tapeten- oder Anstrichreste, oft in mehreren Schichten übereinander, Flecken, Löcher, schadhafter Putz. Dagegen muss man was tun!

was, wofür, wie?

Flecken

Wasserflecken,
die von Feuchtigkeit (Regen- oder Leitungswasser) herrühren, müssen zunächst vollständig austrocknen. Dann können sie mit Fleckisolierer oder Tiefengrund behandelt werden.

Schimmelflecken
Schimmel sitzt meist nicht nur an der Oberfläche, sondern tief im Mauerwerk. Durch mehrfache Behandlung mit Schimmelentferner und anschließendes Überstreichen mit Tiefengrund lässt sich der Schaden oberflächlich beheben. Besser ist es, der Ursache für die Schimmelbildung auf den Grund zu gehen: Schimmel entsteht durch kondensierte Feuchtigkeit an der Innenseite von Außenwänden. Dauerhafte Abhilfe schafft eine solide Wärmedämmung.

Nikotinrückstände
machen einen Vorstrich mit Isolierfarbe erforderlich – so wird der Fleck „abgesperrt“ und tritt durch den Neuanstrich nicht wieder hervor. Für kleinere Flecken reicht oft auch ein lösemittelhaltiger Vorlack, um sie „unsichtbar“ zu machen.

Risse und (Bohr-)Löcher

Risse und kleine Löcher in der Wand werden vor dem Anstrich bzw. Tapezieren ausgebessert. Dazu werden die Risse mit einem Spachtel aufgekratzt und anschießend sauber ausgebürstet. Danach wird die Spachtelmasse auf den angefeuchteten Riss bzw. das Loch aufgetragen, in mehreren Schichten, bis die Oberfläche völlig glatt ist.

Bei größeren Unebenheiten im Putz flächig Füllspachtel auftragen und nach dem Austrocknen ggf. eben schleifen.

Tipps

- Wenn Sie bei den Vorbereitungsarbeiten dünne Latexhandschuhe tragen, bewahren Sie sich ihr „Fingerspitzengefühl“. Und das ist bei der Arbeit an Ihren Wänden ausgesprochen nützlich.
- Tragen Sie bei der Vorbereitung der Wände eine Schutzbrille. Abplatzende Farb- und Putzsplitter können schnell zu Augenverletzungen führen.

Schablonieren
leicht gemacht

Nur keine Angst: Schablonieren ist (fast) so einfach wie Malbücher ausmalen – und das konnten Sie schließlich schon als Kind. Schablonen gibt es in riesiger Auswahl zu kaufen, können aber mit etwas kreativem Aufwand auch selbst gebastelt werden.

1. Für individuelle Muster: Mit dem Bleistift ein Motiv auf eine spezielle Schablonenpappe malen. Sie können auch ein Muster am Computer erstellen, ausdrucken, auf die gewünschte Größe kopieren und es dann in der Originalgröße auf die Pappe übertragen.

2. Motiv vorsichtig ausschneiden, ohne das Äußere der Pappe zu zerschneiden. Zum Ausschneiden einen Cutter verwenden und unbedingt eine Schneidematte unterlegen. (A)

3. An der Wand die genaue Positionierung und Lage des Dekors markieren. Soll das Dekor mehrmals verwendet werden, ggf. eine komplette „Musterprobe" mit entsprechenden Papiervorlagen machen. Dann die Schablone an den markierten Stellen mit Malerkrepp befestigen.

4. Schablonierfarbe auf einen alten Teller geben. (B) Die Farbe je nach Größe des Motivs mit einem Pinsel oder einer Rolle auftragen (C). Achten Sie darauf, dass Sie nicht zu viel Farbe verwenden, damit sie nicht unter die Schablone läuft.

5. Wenn die Motive kleinteilig und filigran sind, arbeiten Sie am besten mit einem speziellen runden Schablonierpinsel, mit dem die Farbe „aufgestupft" wird.

6. Die Farbe ein paar Minuten antrocknen lassen. Dann die Schablone vorsichtig entfernen. Falls sie mehrmals benötigt wird (Bordüre), die „Wandseite" vor dem erneuten Aufkleben auf eventuelle Farbrückstände prüfen.

Werkzeug

Schablonenpappe, Bleistift, Cutter, Schneidematte

oder: fertige Schablonen

Malerkrepp

Farbrollen oder Schablonierpinsel

alter Teller

Material

Dispersionsfarbe für die Wand

Schablonierfarbe (im Handel in Tuben und Dosen erhältlich)

Schwierigkeitsgrad leicht **Mithelfer** selbst ist die Frau **Zeitaufwand** gering **Putzfaktor** gering

Groß anfangen
Je kleinteiliger das Motiv, desto schwieriger ist die Arbeit. Das gilt sowohl für die Herstellung der Schablone wie für das Ausmalen an der Wand. Für den Anfang empfehlen sich daher größere, einfache Dekors.

Hingucker **Bordüren**

Kleiner Aufwand, große Wirkung: Bordüren sorgen für pfiffige Hingucker an jeder Wand. Das Schöne daran: Mit einer Schablone lassen sie sich super leicht herstellen. Und sehen am Ende doch aus wie künstlerisch von Hand gepinselt.

1. Soll die Bordüre auf freier Wandfläche angebracht werden, muss zunächst die Verlaufslinie mit Wasserwaage und Bleistift exakt markiert werden. (A) Nichts sieht hässlicher aus als eine schief laufende Bordüre. Einfacher ist es, eine Bordüre entlang einer vorgegebenen Kante zu positionieren.

2. Die Schablone mit Malerkrepp aufkleben. Die Schablonierfarbe auf einen Teller geben und mit einem möglichst dünnen Pinsel oder einem Schablonierpinsel aufstupfen. (B)
Beim Stupfen der Farbe muss der Pinsel genau senkrecht zur Wand stehen. Nur dann wird die leicht „wolkige“ Wirkung des Bordürenmusters erzielt. Darauf achten, dass keine Farbe hinter die Schablone läuft.

3. Sobald die Farbe leicht angetrocknet ist, kann man die Schablone entfernen und – exakt bündig – wieder ankleben. (C) Farbe erneut aufstupfen. Diesen Vorgang so lange fortsetzen, bis die Bordüre gesamte Wandfläche bedeckt.

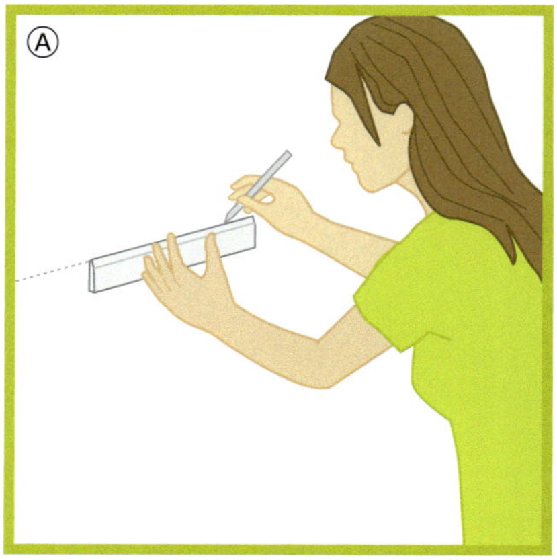

Von Wand zu Wand

Mit der Bordüre immer an der Ecke beginnen. Handelt es sich um ein durchlaufendes Muster, kommt es im Verlauf v. a. darauf an, die Anschlüsse sauber zu gestalten. „Pfusch am Muster“ fällt aus der Entfernung sofort auf.

Werkzeug

- fertige Bordürenschablonen
- Schablonenpappe
- Bleistift
- Cutter
- Malerkrepp
- Farbrollen oder Schablonierpinsel
- Wasserwaage
- alter Teller

Material

- Grundfarbe
- Schablonierfarbe

Meterware
Da Bordüren ein Trendthema sind, gibt es im Fachhandel inzwischen Bordürenschablonen sogar als Meterware. Das erleichtert das Arbeiten enorm, denn die Schablone muss nicht mehr versetzt werden. So können fehlerhafte Ansätze vermieden werden.

Wischtechniken
für Wände 1

Ein Hauch italienische Villen-Atmosphäre in Ihrem Wohnzimmer? Warum nicht! Marmorierte Wände, wie sie schon im alten Rom beliebt waren, sorgen für eine tolle Optik. Und mit ein paar kreativen Tricks und ein bisschen Übung lassen sie sich ganz preiswert realisieren!

Folientechnik

1. Mit einem Flächenstreicher die deckende Farbe kreuz und quer auftragen. (A) Dabei nicht die ganze Wand in einem Zug bearbeiten, sondern immer nur eine Teilfläche.

2. Handelsübliche Frischhaltefolie in Stücke schneiden, die gut zu handhaben sind. Auf die nasse Farbe legen, mit der flachen Hand vorsichtig andrücken und leicht hin- und herschieben (B). Nicht mit den Fingerspitzen arbeiten; die könnten später als unschöner Abdruck auf der Wand erkennbar sein. Durch die natürlichen Kniffe der Folie entsteht später die Musterung.

3. Wenn die Farbe leicht angetrocknet ist, kann die Folie vorsichtig entfernt werden (C). Manchmal löst sie sich dann auch von selbst von der Wand. Kleinere oder größere Farbreste bleiben dabei an der Folie haften. So entsteht der individuelle Effekt.

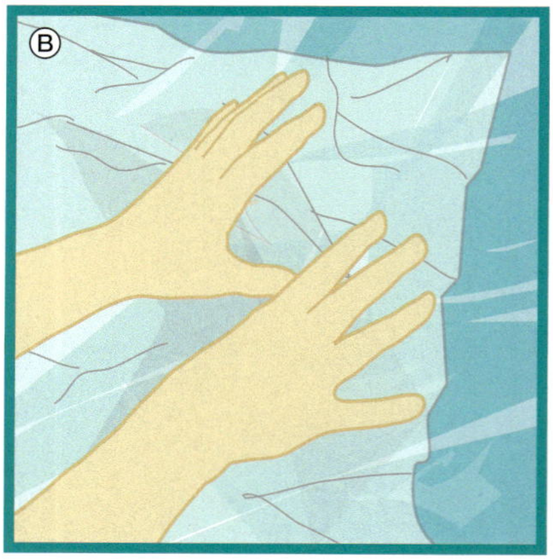

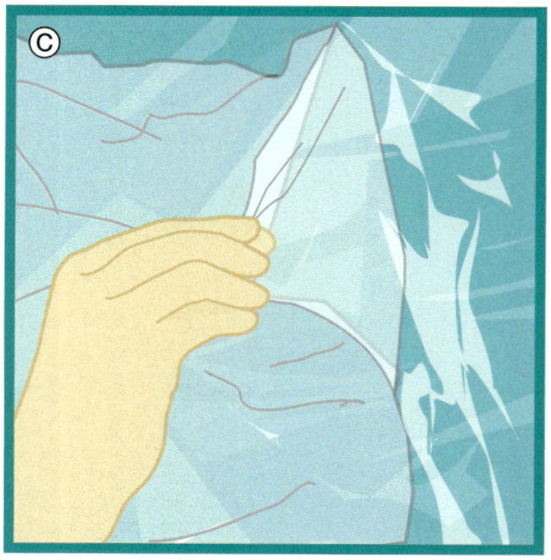

Starke Farben

Wenn die Farbwirkung besonders intensiv sein soll, empfiehlt es sich, die Wand in der gewählten Farbe einmal vorzustreichen, trocknen zu lassen und dann erst mit der jeweiligen Marmorierungs-Technik zu beginnen.

Werkzeug

Flächenstreicher
Haushaltsfolie
Naturschwämme
fusselfreie Lappen oder Effektroller
Eimer mit Wasser

Material

deckende Wandfarbe

Schwierigkeitsgrad mittel **Mithelfer** gemeinsames Üben macht die Meisterinnen **Zeitaufwand** je nach Technik gering bis mittel **Putzfaktor** gering

Folientechnik

Mit der Folientechnik lässt sich großflächig am schnellsten arbeiten. Schwamm- und Wickeltechnik (S. 26/27) sind zeitaufwendiger und ergeben eine prägnantere Marmorierung. Darüber hinaus kann man letztere auch „negativ" anwenden – je nach gewünschter Farbintensität.

Wischtechniken
für Wände 2

Schwammtechnik

1. Die Schwammtechnik braucht, um ein optimales Bild zu ergeben, mindestens zwei bis drei Arbeitsgänge. Erst wenn mehrere Farbschichten übereinander liegen, ergibt sich der typische „Wolkeneffekt“. Größe und Struktur des Schwammes beeinflussen ebenfalls das Ergebnis.

2. Für jede Schicht den Schwamm zunächst mit Wasser befeuchten, auswringen, mit einer Seite in die deckende Farbe tauchen und wieder leicht ausdrücken. Dann die Farbe mit dem Schwamm auf die Wand auftupfen. (A)

3. Die Farbflächen antrocknen lassen, dann den Vorgang wiederholen. Grund: Der Farbauftrag ist zunächst eher punktuell, erst bei mehrmaligem Auftrag ergibt sich eine flächige Farbwirkung. Den Schwamm öfter mal drehen, so ergeben sich immer andere Effekte.

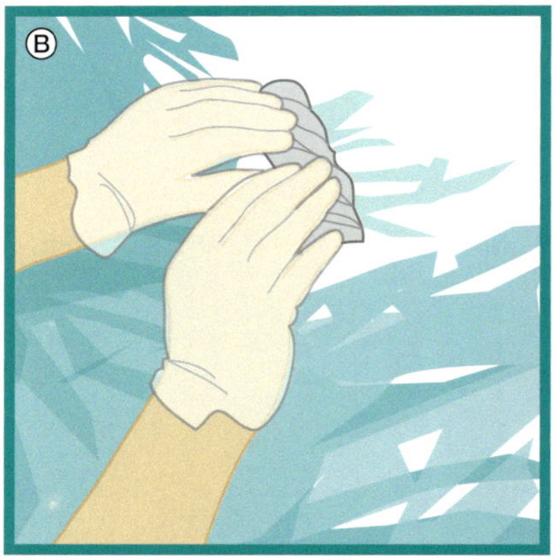

Wickeltechnik

1. Für die Wickeltechnik können Sie alte, fusselfreie Lappen verwenden, wenn sie das traditionelle Verfahren originalgetreu anwenden wollen. Alternativ gibt es im Baumarkt inzwischen auch zahlreiche Effektroller zu kaufen.

2. Struktur und Größe des Lappens sind für die später Musterung nicht unwichtig. Probieren Sie die Wirkung auf einem Blatt Papier aus, ehe Sie sich ans Werk machen.

3. Den Lappen aufrollen und anfeuchten, dann in die Farbe tauchen. Die Farbe sollte nicht zu dickflüssig sein, sonst verschmiert die Textur.

4. Den Lappen gleichmäßig in Streifen von unten nach oben – oder umgekehrt – auf der Wand abrollen (B). Regelmäßig auswaschen. Für größere Wandflächen sind meistens mehrere Lappen erforderlich.

Farbe abnehmen

Schwamm- und Wickeltechnik lassen sich auch im Negativverfahren anwenden. Dazu die Wand in der gewünschten Farbe streichen. Die noch nasse Farbe mit einem nassen Schwamm oder Lappen quasi abtupfen. Schwamm oder Lappen auswaschen und den Vorgang wiederholen. Hier ist zügiges Arbeiten erforderlich, damit die Farbe nicht schon antrocknet.

Schwierigkeitsgrad mittel

Mithelfer gemeinsames Üben macht die Meisterinnen

Zeitaufwand je nach Technik gering bis mittel

Putzfaktor gering

Schwammtechnik

Mit der Schwammtechnik lässt sich ein wolkiger Effekt erzielen, der sich gut für größere Flächen eignet. Neben Naturschwämmen können Sie auch spezielle Effektschwämme verwenden, die im Handel extra für diese Zwecke angeboten werden.

Wickeltechnik

Bei dieser Technik wird das Ergebnis etwas unregelmäßiger als bei der Schwammvariante – was ja durchaus erwünscht sein kann.

Tapeten, Farben, Lacke & Lasuren

Tapete ist nicht gleich Tapete – und Farbe nicht dasselbe wie Lack. Damit Sie bei Ihrem Kauf so präzise wie möglich artikulieren können, was genau Sie suchen, hier ein kleiner Überblick.

Tapeten-Knowhow

Mustertapeten
je nach Trend klein- oder großformatig, pastellig oder knallbunt bedruckte Tapeten, in 2 Varianten:
„mit Ansatz": Tapetenbahnen müssen so angebracht werden, dass das Muster anschließt;
„ohne Ansatz": ansatzfrei zu verarbeiten, d. h. jede Bahn kann beliebig an die vorherige angesetzt werden

Raufaser
der Klassiker: Wandbelag mit feinkörniger Struktur, kann beliebig überstrichen werden

Vliestapete
Tapete aus hochwertiger, atmungsaktiver Zellstoff-Textilfaser-Kombination, die besonders strapazierfähig, leicht zu verarbeiten und schwer entflammbar ist; unterschiedliche Oberflächen – von ganz glatt bis hin zu groben Prägemustern

Fototapete
zeigen meist ein großformatiges Motiv für eine gesamte Wandfläche; Bahnen müssen exakt aneinander liegen

Grastapete
Tapete, bei der auf einem Papierträger ein Grasgewebe appliziert wird. Gras wird zu diesem Zweck getrocknet, zu langen Fäden verknotet und dann als Schussfaden verwebt. Zum Verarbeiten braucht es Geduld und Erfahrung.

Textiltapete
mit Stoffgewebe oder Textilfasern beklebte Tapetenbahn, häufig ist das Papier der Trägerbahn noch zu sehen

Seidentapete
edle, empfindliche und nicht leicht zu verarbeitende Tapete, bei der das Trägerpapier mit Seidenstoff oder Seidenfäden beklebt ist

Lacktapete
dünne Alufolie wird auf einer Tapetenbahn verklebt und anschließend mit Lacken veredelt; zahlreiche Varianten mit unterschiedlichen Verlaufs- oder Perleffekten

Farbe, Lacke, Lasuren – was ist was?

Zur Behandlung von Wänden und Oberflächen jedweder Art stehen zwei Grundtypen von Farben zur Verfügung: Farben auf Wasserbasis und Farben auf Lösungsmittelbasis.

Farben auf Wasserbasis

Farben, die mit Wasser hergestellt werden, trocknen schnell, riechen nur wenig und sind umweltverträglich. Als Innenfarben für Wände und Decken haben sie sich längst etabliert, aber auch für die Verwendung auf Holz oder Metall gibt es inzwischen ein gutes Angebot. Nach dem Streichen können Pinsel und Farbroller einfach mit Wasser und Seife gereinigt werden.

Zu den Farben auf Wasserbasis gehören die sogenannten „Dispersionsanstriche": Das ist der Oberbegriff für eine Vielzahl verschiedener Wandfarben, die sich in ihren Zusammensetzungen unterscheiden. Als Farbe für den Innenraum sind sie fleckenbeständig und abwaschbar, lassen sich glatt und gleichmäßig auftragen und decken gut. Sie lassen sich mit Abtönfarbe, Abtönpaste oder Volltonfarbe einfärben.

Farben auf Lösungsmittelbasis

Die meisten Produkte dieser Kategorie basieren auf Öl oder Alkydharz und sind meist unter den Lacken zu finden. Sie ergeben beim Anstrich eine sehr harte, glatte Oberfläche und werden vor allem für den Anstrich von Möbeln eingesetzt. Farben auf Lösemittelbasis sind weniger umweltfreundlich als Farben auf Wasserbasis, trocknen langsamer und riechen stärker. Sie verfügen über gute Haftungseigenschaften und sind häufig unter den Glanzfarben zu finden. Zum Reinigen der Pinsel nach einem Anstrich benötigen Sie Reinigungsbenzin oder Terpentin.

Bei der Verarbeitung ist darauf zu achten, dass die Trocknungs- bzw. Ausdünstungsphase länger als bei Farben auf Wasserbasis dauert. Achten Sie unbedingt auf eine ausreichende Lüftung.

Lacke

werden zur Beschichtung von Oberflächen aus Holz, Metall, Kunststoff oder mineralischem Material verwendet; unterschieden wird zwischen Natur- und Kunstharzlacken. Im Vergleich zu Farben haben Lacke einen höheren Bindemittelgehalt. Lacke ergeben qualitativ und optisch besonders hochwertige Oberflächen.

Lacke basieren häufig auf Lösemittelbasis, aber auch Wasserlacke, mit denen alle lacktypischen Glanzgrade erreicht werden können, werden in vielfältigen Variationen im Fachhandel angeboten. Diese Lacke enthalten immer noch bis zu 10 Prozent Lösemittel bzw. Weichmacher. Sie sind zwar wasserverdünnbar, aber sie dürfen dennoch nicht in die Kanalisation gelangen. Farbreste müssen wegen der Lösemittel und Konservierungsstoffe als Sondermüll entsorgt werden.

Lasuren

Als Lasur bezeichnet man einen transparenten oder semitransparenten Anstrich, dessen dezente Farbpigmente und Farbstoffe eine dünne Schicht auf einer Grundierung aus Wandfarbe bilden. Je nach Zusammensetzung unterscheidet man dabei zwischen Lasurfarben (basierend auf Kunststoffdispersion) und Lasurlacken (basierend auf Lacken).

Wandtattoos –
Highlights für jede Wand 1

Was Ihrer Haut recht ist, ist Ihrer Wohnzimmerwand billig! Tattoos sind DAS Trendthema in Sachen Wandgestaltung. Egal, ob Schmetterlinge, Blumen oder flotte Sprüche: Um Ihre Tattoo-Wand wird man Sie beneiden!

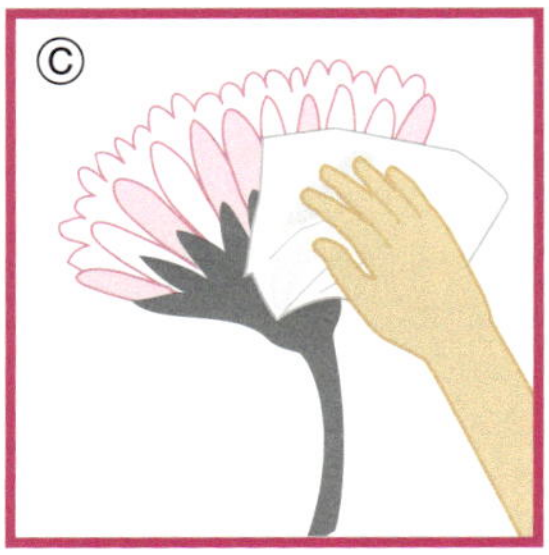

1. Sorgfältig an der Wand die Stelle markieren, an die die Tattoos später geklebt werden sollen. (A) Am besten mit Wasserwaage und Zollstock arbeiten, damit Abstände, waagerechte und senkrechte Linien etc. später exakt sind. Ungenauigkeiten fallen immer unangenehm ins Auge.

2. Das Tattoo flach auf die Erde (feste Matte o. Ä. unterlegen) oder einen Tisch legen und mit einem Rakel kräftig glatt streichen. (B) So lässt sich das Trägerpapier leicht ablösen.

3. Nun wird das Tattoo auf die Wand geklebt. Bei großen Flächen geht das zu zweit am einfachsten. Das Tattoo gut andrücken, dann die Transferfolie abziehen.

4. Mit einem weichen Tuch (C) und einem Fön (nicht zu heiß einstellen!) geben sie der Folie den letzten Schliff.

Tattoo PLUS
Ein schickes dreidimensionales Stillleben: Hier wirken nicht nur die beiden filigranen Schmetterlingstattoos auf der pastellfarbig gestrichenen Wand. Als besonderen Clou transportieren sie – tatkräftig unterstützt von zwei weißen Wandhaken – Blumenkörbchen und Gartengerät

Werkzeug
Bleistift
Wasserwaage
Zollstock
Rakel
Fön
weiches Tuch
Cutter
Schneidematte oder Schneidebrett

Material
Wandtattoos

Schwierigkeitsgrad leicht **Mithelfer** nicht nötig **Zeitaufwand** gering **Putzfaktor** gering

Wandtattoos – Highlights für jede Wand 2

Sie mögen es gern individuell? Prima: Dann gestalten Sie doch Ihr eigenes Tattoo. Zum Beispiel diese entzückende „Eulenparade“ als Hakenleiste für Schlüssel und Taschen.

1. Wie zuvor: Stelle, an der das Wandtattoo angebracht werden soll, sorgfältig ausmessen und markieren.

2. Fertigen Sie für die Eulen Schablonen an: Körper, Kopf, Flügel, Augen, Nase sowie Blätter. Bringen sie die Schablonen durch Vergrößern oder Verkleinern auf dem Fotokopierer auf das richtige Format.

3. Besorgen Sie Tattoofolie (vielleicht auch Reste) in allen erforderlichen Farben. Die Schablonen mit Filzstift auf die Folie übertragen und mit Cutter oder Schere ausschneiden. Erst die Eulen kleben – mit Kopf und Körper beginnend, dann Flügel, Augen und Nase.

4. Im nächsten Schritt den Ast auf der Folie mit Filzstift vorzeichnen, ausschneiden und aufkleben. Darauf achten, dass er nicht zu dünn gerät, damit er sich noch gut kleben lässt. Zum Schluss die Blätter anbringen.

5. Auch hier mit weichem Tuch und Fön dem Kunstwerk den letzten Schliff geben. In den Ast werden dann die Wandhaken eingedreht.

Werkzeug

Bleistift
Wasserwaage
Zollstock
Fön
weiches Tuch
Cutter
Schneidematte oder Schneidebrett

Material

selbstklebende Wandtattoo-Spezialfolie in verschiedenen Farben

Wandfußball

Ihr Mann mag sich für die Eulen im Flur nicht so zu begeistern wie Sie und Ihre Kinder? Dann kreieren Sie für ihn doch an seinem Lieblings-Fußballschuh-Abstellplatz ein eigenes Tattoo – ein Fußball aus schwarzer und weißer Folie. Der lässt sich mit einem schwarzen Kreis als Grund und weißen Sechsecken ganz einfach gestalten.

Schwierigkeitsgrad leicht bis mittel **Mithelfer** nicht nötig **Zeitaufwand** gering bis mittel **Putzfaktor** gering

Spezialfolie
Auch für selbst gestaltete Tattoos sollte man immer nur eine Spezialfolie verwenden. Die ist vielleicht ein bisschen teurer, aber bei der Verarbeitung und in Sachen Farbechtheit bzw. Haltbarkeit nicht zu schlagen.

Originelle
Wandmalerei 1

Geben Sie Ihrer künstlerischen Ader eine Chance! Wer sich von kleinteiligen Formaten schon immer eingeengt fühlte, kann sich an einer ganzen Zimmerwand nach Herzenslust austoben. Wie daraus eine ansprechend-anspruchsvolle Wandgestaltung wird, erfahren Sie hier.

1. Als Vorlage können Sie ein Foto oder ein anderes (fertiges) Bildmotiv verwenden. Oder Sie fertigen selbst ein Bild an, das Sie einscannen und dann mit Hilfe des Beamers an die Wand bringen. Wichtig ist, dass die Konturen gut erkennbar und entsprechend leicht auf die Wand übertragbar sind.

2. Projizieren Sie das Bild so, dass es in exakt der richtigen Größe und Platzierung auf der Wand erscheint.

3. Mit farbiger Kreide oder einem dicken Bleistift zeichnen Sie nun auf der Wand fein säuberlich alle Konturen und Zwischenlinien ab (A). Das erfordert ein bisschen Übung, weil Sie sich zu Beginn bestimmt häufiger „im Licht" stehen werden. Aber den Dreh kriegt man schnell raus.

4. Anschließend mit nicht zu dicken Pinseln die Farbfelder ausfüllen – wie früher als Kinder im Malbuch.

5. Je nach Gestaltungsidee die Konturen mit schwarzer Farbe und einem dünnen Pinsel nachzeichnen. So kann man auch kleine Ungenauigkeiten korrigieren.

Werkzeug

Beamer
Kreide
Bleistift
Wollfaden
Teller in unterschiedlichen Größen
Bambusstöckchen
Pinsel
Malerkrepp

Material

Wandfarbe in unterschiedlichen Tönen oder weiße Wandfarbe und Abtönfarbe

Schwierigkeitsgrad mittel bis anspruchsvoll **Mithelfer** Künstlerinnen sind Einzelkämpferinnen **Zeitaufwand** hoch **Putzfaktor** gering

Schattenwurf

Wenn Sie ein ausgewähltes Motiv mit dem Beamer auf die Wand übertragen, ist es wichtig, dass das Gerät möglichst konturenscharf eingestellt ist. Außerdem sollten Sie so viel Zeit einplanen, dass Sie die Übertragung möglichst „am Stück" ausführen können. Müssen Sie den Beamer mehrmals ab- und wieder aufbauen, wird es immer Probleme geben, das Motiv wieder passgenau auf die Wand zu projizieren.

Einfache Motive

Für dieses grafische Muster tragen Sie zunächst die weiße Grundfarbe auf und lassen sie gründlich trocknen. Dann mit Hilfe des Beamers, wie in 1-2 beschrieben, das Muster auf die Wand zeichnen. Mit Papier und Malerkrepp die weiß bleibenden Partien sorgfältig abkleben (Bild B). Anschließend mit Pinsel oder kleiner Rolle die Zweitfarbe auftragen. Trocknen lassen und erst dann Papier und Krepp abziehen.

Originelle **Wandmalerei** 2

Ihnen ist die Geschichte mit dem Beamer viel zu aufwendig? Nur zu, trauen Sie sich und zeichnen Sie ohne Vorlage direkt an die Wand! Hier haben wir ein paar simple Tricks zusammengestellt, die Ihnen das Freihandzeichnen erleichtern können.

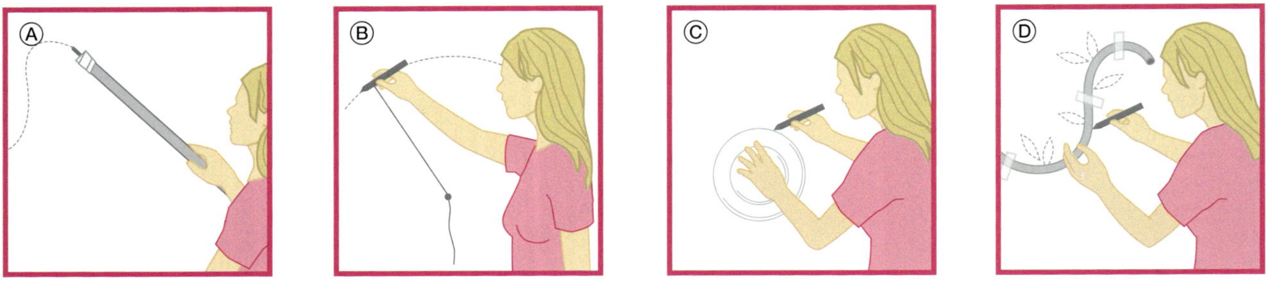

1. Befestigen Sie ein Stück Kreide an einem längeren Bambusstöckchen. Je mehr Abstand Sie zur Wand haben, desto besser ist der Überblick für die Konzeption der Zeichnung. (A)

2. Für kreisförmige Bildelemente lässt sich mit schlichten Hilfsmitteln ein Zirkel bauen: Stecken Sie eine Heftzwecke oder kleinen Nagel in die Wand. Darum eine Kordel wickeln, an deren anderem Ende Sie Bleistift oder Kreide festknoten: Wenn Sie die Schnur spannen, können Sie einen perfekten Kreis, Halbkreis, Viertelkreis etc. anlegen. (B)

3. Für kleinere Kreisformen genügt es, einen Teller in entsprechender Größe zu wählen, ihn mit der Oberseite an die Wand zu legen und die Kante mit einem Stift zu umfahren. (C)

4. Großflächige Ranken, Girlanden oder Zweige können Sie leicht mit einem dünnen Plastikschlauch vorgestalten. Den Schlauch in der richtigen Form an der Wand befestigen. Innen am Schlauch entlang die Kontur nachzeichnen. (D)

Tipps und Tricks

Viele Wege führen zur eigenen Wandmalerei: Wo immer Sie sich mit kleinen Tricks und Hilfsmitteln die Arbeit erleichtern können, sollten Sie das tun. Komplettes Freihandzeichnen auf so großen Flächen – und in eventuell ungünstiger Position – erfordert schon einiges Geschick und sehr viel Übung.

Schwierigkeitsgrad mittel bis anspruchsvoll **Mithelfer** Künstlerinnen sind Einzelkämpferinnen **Zeitaufwand** hoch **Putzfaktor** gering

Die richtige Farbe

Als Material für Wandmalereien eignet sich Abtönfarbe gut, weil sie kräftige Farbtöne garantiert. Durch die Zugabe von Binderfarbe in Weiß kann man zudem nach eigenen Vorlieben vielfältige Zwischentöne mischen. Wer es lieber etwas glänzend mag, sollte sich für Acryl-Wandfarbe entscheiden, die zudem auch flüssiger und damit leichter zu verstreichen ist.

Der Klassiker: Tapezieren

Mit dem Tapezieren ist es wie mit dem Schwimmen: Wenn man es einmal kann, verlernt man es nie mehr wieder. Bis dahin allerdings braucht es einige Übung. Dafür wird man jedoch mit unendlich vielen Gestaltungsmöglichkeiten belohnt!

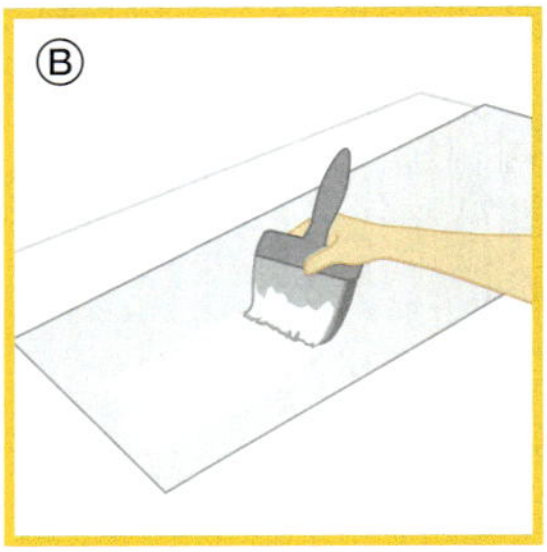

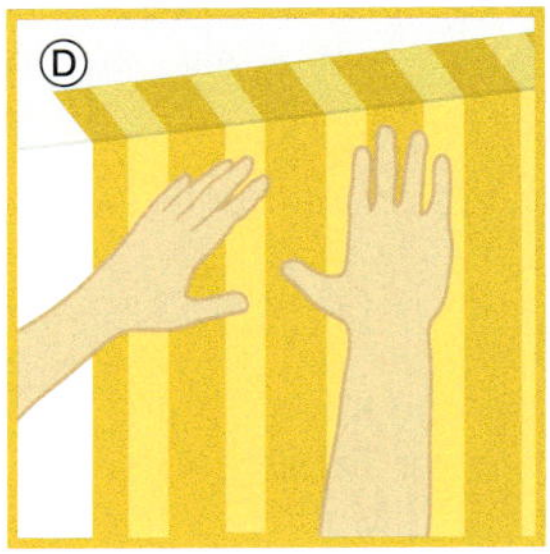

Werkzeug
Schere/Cutter
Zollstock
Leiter
Eimer
Schneebesen
Quast
Pinsel
Tapezierbürste oder weiches Tuch
Tapeziertisch
Senklot

Material
Tapete
Kleister

1. Sobald die Wände vorbereitet sind (siehe S. 18) beginnt das eigentliche Tapezieren. Dazu zeichnen Sie mit Hilfe eines Senklots einen dünnen senkrechten Strich genau dort auf die Wand, wo die erste Tapetenbahn verlaufen sollte (damit die erste Bahn nicht gleich schief wird). (A)

2. Als Nächstes streichen Sie die Wand mit verdünntem Tapetenkleister vor.

3. Beim Zuschneiden der Tapetenbahnen ist zu beachten, dass zur benötigten Bahnenlänge oben ca. 6 cm und unten ca. 4 cm hinzugegeben werden müssen, die beim Verkleben den Überstand bilden.

4. Rollen Sie die Tapetenbahn mit der Rückseite nach oben aus und schneiden Sie die Tapetenbahn mit einem speziellen Tapetencutter oder einer Tapezierschere ab.

5. Kleistern Sie die Bahn jetzt von der Mitte her zu den beiden Enden hin mit einer Kleisterbürste gleichmäßig und kräftig ein. (B) Achten Sie darauf, dass vor allem die Ränder genügend Kleister abbekommen, damit sich die Tapete dort später nicht ablösen kann.

6. Nach dem Einkleistern wird die Tapete zusammengelegt, damit sie – ca. 10 bis 15 Minuten – einweichen kann. Klappen Sie die Bahn am unteren Ende zu zwei Dritteln, am oberen Ende zu einem Drittel um. Achten Sie darauf, dass die Längskanten exakt aufeinander liegen und nicht austrocknen. (C)

7. Nun richten Sie die erste Bahn entlang der vorgezeichneten Markierungslinie aus. Halten Sie die eingekleisterte und eingeweichte Tapetenbahn oben an beiden Seiten fest und setzen Sie sie exakt an der Markierungslinie an. Dabei den Überstand beachten. (D)

8. Sobald die Tapete oben richtig „sitzt", entfalten Sie die Bahn vorsichtig nach unten. Achten Sie darauf, dass der Seitenrand mit der Markierungslinie übereinstimmt. Im Zweifel durch leichtes Verschieben der Tapetenbahn korrigieren.

9. Hängt die Bahn, streichen Sie sie von oben nach unten und von der Mitte zu den Seiten hin vorsichtig mit einer Tapezierbürste oder einem weichen Tuch fest.

10. Jetzt noch die Überstände oben und unten wegschneiden – schon ist die erste Runde geschafft! Mit den übrigen Bahnen genauso verfahren.

Schwierigkeitsgrad mittel bis anspruchsvoll **Mithelfer** zu zweit tapeziert es sich am leichtesten **Zeitaufwand** mittel **Putzfaktor** gering

Retro und Mustermix
Retrotapeten sind angesagt und bringen stilvolle Möbel besonders gut zur Geltung. Genauso im Trend: der Mustermix, hier in Form von Kissen mit Blumenmotiven zur Tapete mit geometrischen Mustern.

Hingucker
Nur Mut zu auffälligen Tapetenmotiven! Wenn Sie sie wohldosiert einsetzen, verleihen extravagante Muster jedem Raum eine besondere Note. Stimmen Sie Wandfarbe und Tapete farblich aufeinander ab, dann wirkt das Ergebnis besonders harmonisch.

Tipps & Tricks
rund ums Tapezieren

Untergrund

Die neue auf die alte Tapete zu kleben, ist ein „fauler“ Kompromiss – und kann böse bestraft werden: Denn mit Pech führt das „Schichtprinzip“ zu hässlichen Beulen oder Falten. Vorsichtshalber also besser ein bisschen mehr Vorarbeit leisten und den alten Wandschmuck entfernen.

Tapete entfernen

Alte Tapete zunächst mit einem Nagelroller bearbeiten – durch die entstehenden Löcher kann das Wasser den Kleister besser lösen – und dann mit einem nassen Schwamm oder Tapetenlöser anfeuchten. Danach geht das Entfernen viel leichter.

Einkaufen

Die Tücke liegt in den Details, schon beim Kauf der Tapete: Wenn Sie mehrere Tapetenrollen benötigen, achten Sie unbedingt auf gleiche Chargennummern. Ansonsten kann es böse Überraschungen in Form von Farb- oder Strukturabweichungen geben.

Wie viel brauche ich?

Um die Zahl der benötigten Tapetenrollen zu bestimmen, ermitteln Sie zunächst die Raumhöhe und die Wandlänge des zu tapezierenden Raums. Und dann rechnen Sie mit folgender Formel:

$$\frac{\text{Raumhöhe x Wandlänge x 1,15}}{\text{Breite der Bahnen (0,53)}} = \text{benötigte Gesamtlänge}$$

Den Faktor 1,15 geben wir zur möglichen Fehlerkorrektur zu – man weiß ja nie. Zur Bestimmung der Rollenanzahl dividieren Sie die errechnete Gesamtlänge durch die angegebene Länge pro Rolle.

Kleister-Tipp 1

Kleister unbedingt auf die Tapete abstimmen: Je schwerer die Tapete, desto dickflüssiger sollte der Kleister sein.

Ecken und Nischen

Der Schrecken aller Tapezier-Anfänger! Dabei ist das gar nicht so schwer, wenn man den Dreh einmal raus hat. Bei Innen- oder Außenecken setzen Sie die Tapetenbahn so an, dass an der zu tapezierenden Ecke ca. ein bis zwei Zentimeter Tapete überstehen. Den Überstand um die Ecke herum andrücken. Die nächste Bahn wird bündig mit der Ecke angebracht, der kleine Überstand wird dabei übertapeziert. So kann man auch an Fensternischen verfahren. Alternativ setzen Sie für die Fensternische die angrenzende Tapetenbahnen so an, dass die Tiefe der Nische komplett berücksichtigt wird und somit „am Stück“ mit tapeziert wird. Über einem Fenster (ohne Rolladenkasten) klappen Sie die Tapetenbahn(en) in den Fenstersturz hinein und schneiden sie passgenau ab.

Kleister-Tipp 2

Kleister kauft man am besten als Pulver-Konzentrat. So kann man die Zähigkeit des Kleisters besser dosieren. Rühren Sie den Kleister lieber zunächst zu dick als zu dünn an. Falls erforderlich, können Sie den Kleister später durch Hinzufügen von Wasser verdünnen.

Schwierigkeitsgrad mittel bis anspruchsvoll **Mithelfer** zu zweit tapeziert es sich am leichtesten **Zeitaufwand** mittel **Putzfaktor** gering

Resteverwertung
Viele kleine Tapetenreste lassen sich wunderbar zu einem Tapeten-Patchwork verarbeiten. Allerdings sollten Sie bei der Zusammenstellung auf eine gewisse Farbharmonie achten. Ein kunterbuntes Vielerlei an der Wand kann schnell erdrückend wirken.

Dschungel im Kinderzimmer
Ihr Kind ist ein Tierwelt-Fan? Mit nur wenig Aufwand bringen Sie Dschungel und Tiere ins Kinderzimmer: Tapete auswählen, kleinen Bereich tapezieren, Tierköpfe (aus Möbelhäusern oder Deko-Geschäften) befestigen – am besten mit wiederablösbaren Posterstrips, so können Sie umdekorieren, ohne dass die Tapete leidet!

Wandschmuck aus **Kopien**

Sie finden selbst wild gemusterte Tapeten zu gewöhnlich? Sie haben eine Schwäche für alte Fotos oder künstlerische Illustrationen, z. B. von Bauwerken, Skulpturen, Pflanzen oder Tieren? Dann kleben Sie sich doch einfach ihre ganz eigene Wand – und zwar aus lauter Kopien …

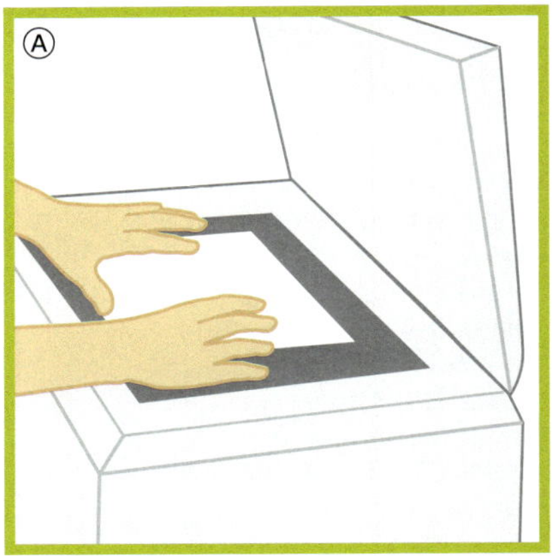

1. Zunächst stellen Sie die Motive zusammen. Eine gewisse Einheitlichkeit der Bildinhalte empfiehlt sich: Köpfe, Blüten und Blätter, alte Autos etc. Die ausgewählten Abbildungen oder Bilder fotokopieren Sie, je nach Wand-Planung in gleicher Größe oder in unterschiedlichen Formaten. (A)

2. Falls die Fotokopien die gesamte Wandfläche bedecken sollen, ist eine vorherige Grundierung der Wand nicht erforderlich. In anderen Fällen beginnen Sie (wie auf Seite 14 beschrieben) mit dem Streichen der Wand. Wenn Sie nur einige Bilder oder eine Art Bordüre mit Kopien anbringen möchten, sollten Sie vorher (mithilfe der Wasserwaage) eine Ober- oder Unterkante an der Wand markieren. Daran können Sie die Bilder dann ausrichten – so wird's garantiert nicht schief!

3. Nun bestreichen Sie Fotokopien auf der Rückseite mit verdünntem Weißleim. Richten Sie sie auf der Wand aus und kleben Sie sie fest. (B) Kleine Luftblasen vorsichtig zu den Rändern hin wegstreichen oder mit einer Nadel aufstechen.

4. Die Kopien gut antrocknen lassen und anschließend über die gesamte Fläche mit der transparenten, aber durch Dispersionsfarbe getönten Lasur (ein Drittel Lasur, zwei Drittel Dispersionsfarbe) mit einem dicken Pinsel auftragen. (C)

Werkzeug

Kopierer
Schere
Pinsel
Farbrolle

Material

Fotokopien
Wandfarbe
Weißleim
Speziallasur zum Mischen mit Dispersionsfarbe

Farbkopien für Originaltöne

Wenn Sie Schwarz-Weiß-Illustrationen aus alten, leicht vergilbten Büchern verwenden und diesen Farbton gern erhalten möchten, sollten Sie Farbkopien anfertigen. Die sind zwar teurer, wirken aber lebendiger, weil sie mehr Tiefe und mehr Grau-Abstufungen beinhalten.

Schwierigkeitsgrad leicht **Mithelfer** nicht nötig **Zeitaufwand** gering **Putzfaktor** gering

Farbharmonie & Farbwirkung

Was wäre unser Leben ohne Farben? Das Gelb eines Sonnenaufgangs, das Blau des Meeres, das Rot einer Rose – Farben beruhigen oder regen an, stimmen heiter oder gelassen, wecken Stimmungen und Gefühle und beeinflussen unser Wohlbefinden. Im eigenen Wohnumfeld sind Farben eine wunderbare Möglichkeit, eine individuelle Atmosphäre zu schaffen. Allerdings gilt es dabei, Farben gezielt einzusetzen und um deren mögliche psychologische Wirkung bzw. Raumwirkung zu wissen.

Kontrast oder Harmonie

Überall dort, wo es auf ein harmonisches, beruhigendes Wohnumfeld ankommt, empfehlen sich Ton-in-Ton-Kombinationen von Farben. Helle Pastellvariationen oder sanfte Abstufungen innerhalb eines Farbtons sorgen für eine wohltuend-entspannende Raumatmosphäre. Überall dort, wo sie einen Wohnbereich aufpeppen wollen, sind Kontraste angesagt: Ein schwarzes Tattoo auf roter Wand, eine knallgelbe Nische in einem weißen Zimmer: Da kommt Raumdynamik ins Spiel – und die färbt ab!

Kuschelhöhle oder Tanzsaal

Mit Räumen ist es wie mit dem menschlichen Körper: Nicht immer sind die Proportionen ideal. Aber so, wie klug gewählte Kleidung Problemzonen geschickt überspielen kann, können simple Farbtricks die Optik eines Raumes nachhaltig verändern. Wand und Decke, die Intensität der Farben und nicht zuletzt die Frage von Farbharmonien oder -kontrasten spielen dabei eine wichtige Rolle.

Große Räume

Besonders große Räume, vor allem, wenn sie wie ein „Schlauch“ geschnitten sind, wirken oft ungemütlich und unwohnlich. Hier kann mit warmen, intensiven Farben an den Wänden schnell für Abhilfe gesorgt werden.

Kleine Räume

Ein kleiner Raum, in warmen Farben gestrichen, wird zur „Kuschelhöhle“, wie sie vor allem bei heranwachsenden Söhnen und Töchtern beliebt ist. Wem – außerhalb dieser Altersgruppe – eher an einer optischen Vergrößerung gelegen ist, der sollte unbedingt auf helle und eher kühl wirkende Farbtöne zurückgreifen.

Niedrige Räume

Damit Ihnen in einem Raum mit geringer Deckenhöhe selbige nicht „auf den Kopf fällt“, sollten Sie hier immer zu einer möglichst hellen Deckenfarbe greifen und die eventuell kräftigere Wandfarbe exakt an der Deckenkante enden lassen.

Hohe Räume

Gerade in Altbauten sind die Räume oft sehr hoch. Wenn Sie den „Hallen-Charakter“ optisch gern abschwächen wollen, sollten Sie für die Decken zu einer intensiven Farbe greifen und diese zusätzlich als Streifen 10 bis 15 cm über die Wände laufen lassen.

Warm oder kalt?

Die Entscheidung für eine Wandfarbe ist immer auch die Entscheidung für ein Raumklima und eine individuelle, unverwechselbare Atmosphäre. Dabei gilt: Gelb, Orange und Rot sind warme Farben. Sie erinnern an Wärme und Sonnenschein. Blau, Grün oder Violett gelten hingegen als kalte oder kühle Farben, rufen zugleich auch Gefühle von Frieden, Ruhe und Entspannung hervor.

Rot

Rot stimuliert den Stoffwechsel und das vegetative Nervensystem. Rot hat eine belebende und nachhaltig emotionale Wirkung. Es ist eine energiegeladene Farbe, die Farbe des Feuers, des Blutes und der Liebe. Für den großflächigen Einsatz ist Rot als Wandfarbe eher mit Vorsicht zu genießen – es sei denn, Sie wollen dauerhaft den Adrenalinspiegel nach oben treiben. Besser sind rote Farbakzente.
Außerdem: Vielleicht haben Sie eine einzelne rote Wand schon einmal in einem Restaurant gesehen? Grund dafür: Der stimulierenden Wirkung von Rot kann sich auch der Magen nicht entziehen und reagiert mit: Hunger!

Gelb

Als Farbe der Sonne, des Lichts, der Wärme ist Gelb eine ansteckende Gute-Laune-Farbe. Psychologen verbinden Wachheit, Kreativität und Kommunikationsbeförderung mit dieser Farbe.
Hell und freundlich, mal zarter, mal intensiver, bietet sich Gelb für alle Wohnräume an. Aber auch im Arbeitsbereich ist sie gern gesehen. Vor allem in fensterlosen Räumen, in engen Fluren oder dunklen Nischen sorgt Gelb für eine positive, belebende Wirkung.

Rot + Gelb = Orange

Freundlich wie das Gelb, nicht ganz so leidenschaftlich wie das Rot – Orange spendet in jedem Raum anregende Wärme. Ein Wohnzimmer ohne Sonnenlicht, ein lichtarmer Raum auf der Nordseite? Dann könnte Orange die Farbe der Wahl sein, um einen freundlichen Hauch von Wohlbefinden an die Wände und in den Raum zu zaubern.

Blau

Sie ist bei Männern und Frauen gleichermaßen beliebt und hat unter allen Farben eine Favoritenrolle: Blau ist die Farbe des Himmels und des Meeres, Blau steht für Harmonie und Ausgeglichenheit und inneren wie äußeren Frieden. In Wohnungen eignet sich Blau ideal für Schlafräume, unterstützt uns dort dabei, nervös bedingte Verkrampfungen zu lösen, die Muskeln zu lockern und das Herz zur Ruhe zu bringen. Aber: Je dominanter die Farbe Blau in einem Raum ist, desto kühler wirkt dieser. Dort, wo Sie Geselligkeit und herzliches Miteinander pflegen wollen, sollten Sie mit Blau äußerst sparsam umgehen.

Blau und Rot = Violett

Klassisch gilt Violett als Farbe des Geistes, mystisch und ein bisschen magisch, dazu geeignet, das seelische Gleichgewicht zu fördern. In jüngster Zeit hat Violett in vielen Abstufungen – von kräftigem Aubergine bis pastelligem Flieder – Wohnräume und Wände erobert. Aber auch hier gilt: Weniger ist mehr! Lieber eine Wand als eine ganze Wohnung, damit die Freude an der Farbe lange erhalten bleibt.

Grün

Als Farbe der Natur und des Lebens steht Grün für Harmonie und Beruhigung. Erfrischend und zugleich „natürlich" ausgleichend, eignet Grün sich klassisch für alle Gesellschaftsräume und für den Wohn- und Essbereich. Grün bringt ein bisschen Natur in die eigenen vier Wände, wirkt steriler Neutralität entgegen und schafft, vor allem in der Kombination mit Holz, ein wohltuendes Wohnambiente.

Fliesen & Kacheln

Haben Sie bloß keine Angst vor Fliesen! Sie sind eine tolle – und erfolgreich zu meisternde – Herausforderung für kreative Heimwerkerinnen. Es muss ja nicht gleich ein riesiges Badezimmer mit vielen zu umrundenden Armaturen sein. Ein Wandausschnitt in der Küche oder glatte Wände in der Gästetoilette eignen sich für den Einstieg hervorragend.

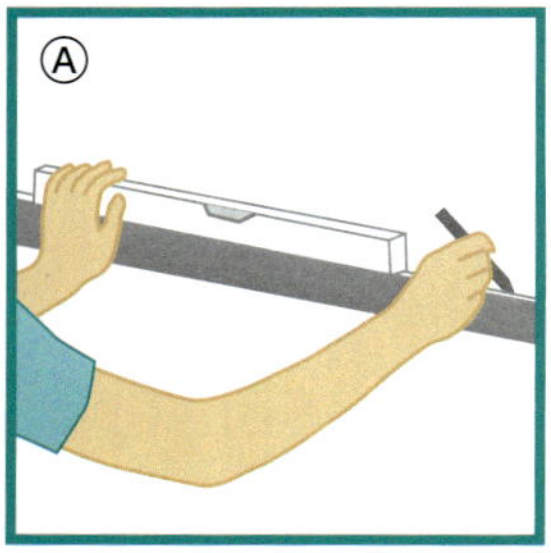

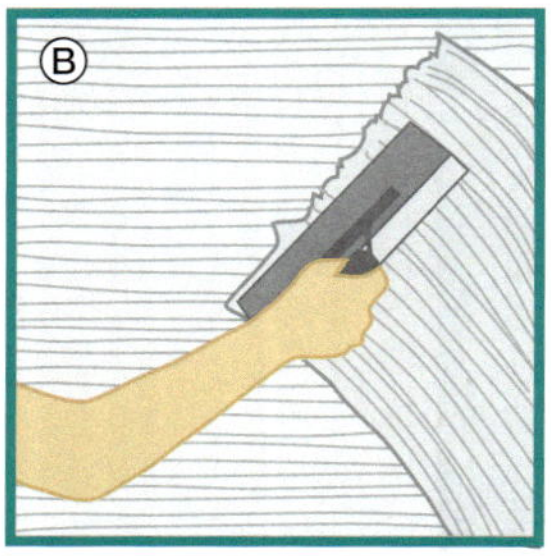

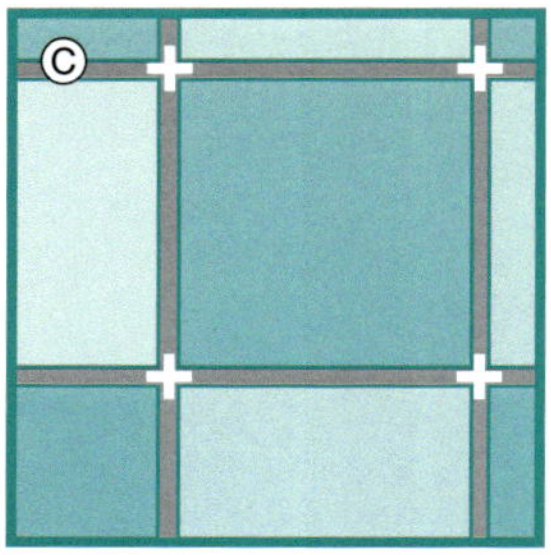

1. Markieren Sie mit Senklot und Wasserwaage die zu fliesende Fläche auf der Wand: Höhe, Waagerechte, Mitte. Je sorgfältiger Sie dabei vorgehen, desto überzeugender ist am Ende das Ergebnis. (A)

2. Tragen Sie in kleinen Abschnitten den Fliesenkleber auf und „kämmen" Sie ihn mit der Zahnkelle (B). Wer schon ein bisschen Routine hat, kann gleich mit größeren Flächen beginnen. Das erhöht das Verlegetempo!

3. Betten Sie nun die Fliesen in die Klebermasse. Achten Sie unbedingt darauf, dass alle Fliesen immer „weich gepolstert", d. h. komplett mit Klebermasse unterfüttert sind, damit sie später nicht wackeln. Außerdem enorm wichtig: Die Qualität einer verfliesten Wand hängt wesentlich von der Gleichmäßigkeit der Fugen ab – verwenden Sie daher Fliesenkreuze (C). Die sind in jedem Fall zuverlässiger als Ihre Augen.

4. Wenn die gesamte Fläche gefliest ist, Fliesen mitsamt Kleber gut antrocknen lassen. Anschließend muss verfugt werden. Dafür zunächst mögliche Kleber-Rückstände mit einem Spachtel aus den Fugen entfernen.

5. Den Fugenmörtel nach Anweisung anrühren. Mit einem Gummirakel diagonal über die Fliesen streichen und in die Fugen einarbeiten (D). Überschüssige Fugenmasse sofort abtragen. Wenn der Mörtel angetrocknet ist, reinigen Sie die Fliesen mit einem feuchten Schwamm und polieren sie mit einem trockenen Tuch.

Werkzeug

Schneidemaschine
Wasserwaage
Senklot
Zahnkelle
Spachtel
Gummirakel
Schwamm
trockenes Tuch

Material

Fliesen
Fliesenkleber (gebrauchsfertig)
Fliesenkreuze
Fugenmörtel

Vorbereitung ist alles!

Mit der Devise „Ich fange einfach mal an!" kommen Sie nicht weit. Um ein akkurates Gesamtbild zu erzielen, sollte die zu fliesende Wand sorgfältig vermessen werden. Das gilt in der Waagerechten ebenso wie in der Senkrechten. Experten markieren die Mitte der Wand, und dort die Senkrechte. Die Anordnung der Fliesen erfolgt von der Mitte zu den Seiten, so dass mögliche Anschnitte beidseitig gleichmäßig verteilt sind. Auch an Mauerkanten und Pfeilern kommen mögliche Fliesen-Anschnitte in die Ecke. An der Außenkante liegen immer ganze Fliesen.

Schwierigkeitsgrad mittel **Mithelfer** Beistand ist immer beruhigend **Zeitaufwand** mittel **Putzfaktor** mittel

Ecken und Kanten

Selten werden Sie komplett nur mit ganzen Fliesen arbeiten können. An den Ecken brauchen Sie in der Regel Fliesenanschnitte. Dafür empfiehlt es sich, eine Schneidemaschine zu benutzen. Je hochwertiger die Maschine, desto besser die Schnitte. Für den Zuschnitt die Maschine auf das entsprechende Maß einstellen, Fliese einlegen und auf der Glasurseite anritzen. Dann die Fliese mit der eingebauten Brechvorrichtung brechen.

Bunt statt eintönig

Wenn Sie keine kompletten Wände fliesen, sondern nur kleine Bereiche, wie hier hinter der Küchenzeile, können Sie gern zu verschiedenfarbigen Fliesen greifen. Im Handel gibt es oft Restbestände für kleines Geld, die sich gut kombinieren lassen.

Möglichkeiten ohne Ende: **Mosaike**

Keine Lust auf nüchterne Kachel-Geometrie in der Küche? Dann lassen Sie sich doch von Antonio Gaudi inspirieren. Fliesen-Mosaike sorgen für tolle Hingucker und sind leicht selbst zu gestalten.

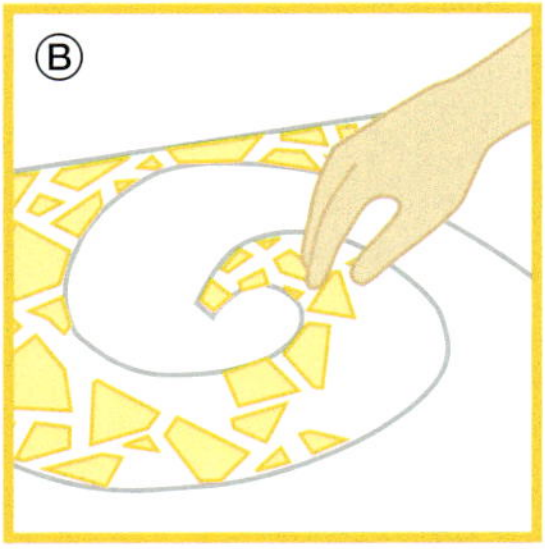

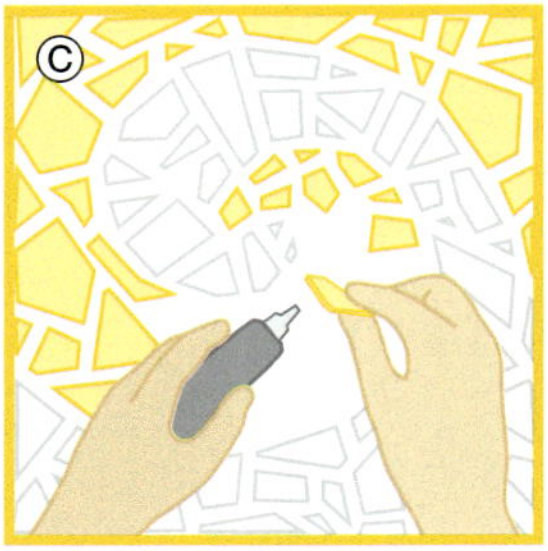

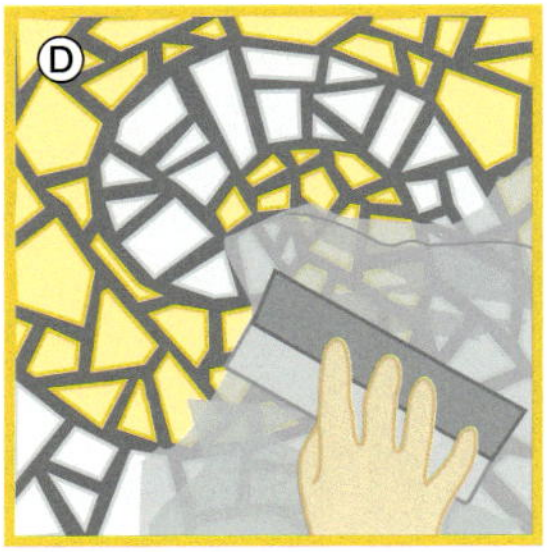

1. Brechen Sie die Fliesen, die Sie für das Mosaik verwenden wollen, mit der Mosaikzange in ungleichmäßige Stücke (A). Die Stücke sollten möglichst ungeometrische Formen haben – darin liegt der Reiz des späteren Mosaiks.

2. Die Fliesenstücke für die geplante Bordüre auf einem Tisch oder Brett zur Probe zusammen legen. Darauf achten, dass jeweils oben und unten eine bündige Kante entsteht, an die die quadratischen Fliesen anschließen können. Wichtig ist auch, dass die Abstände zwischen den einzelnen Fliesenstücken mindestens 2 Millimeter betragen. (B)

3. Die Wand jetzt Stück für Stück mit Fliesenkleber einstreichen (etwa 2 mm dick). Die Mosaiksteine entsprechend dem Muster auf die Wand übertragen (C) und leicht andrücken. Wenn das Fliesenmosaik komplett verlegt ist, sollten Sie die Wand ca. 24 Stunden trocknen lassen.

4. Den Fugenmörtel gemäß den Hinweisen des Herstellers anrühren. Großflächig mit einem Gummirakel mehrmals in alle Richtungen über das Mosaik und in die Fugen streichen.

5. Etwa 10–15 Minuten ruhen lassen, bis die Masse an den Rändern an zu trocknen fängt. Mit einem feuchten Schwamm die überschüssigen Reste entfernen. Den Schwamm dabei immer wieder auswaschen. Erneut ruhen lassen (10 Minuten), dann mit einem Schwammtuch den verbliebenen „Schleier“ der Fugenmasse entfernen, bis das Mosaik in voller Farbenpracht erstrahlt.

Werkzeug

Mosaikzange
Kleine Spachtel zum Auftragen des Klebers
Gummirakel
Schwamm
Schwammtuch
Trockenes Tuch

Material

alte Fliesen oder Fliesenbruch (fertig gekauft oder selbst gebrochen)
Fliesenkleber
Fugenmörtel (Farbe nach Wunsch)

Fliesenbruch

Vielleicht haben Sie beim Aufräumen noch einzelne Fliesen von den letzten Bad- und Küchenrenovierungen gefunden. Auch im Fachhandel gibt es für einzelne Muster-Fliesen oder für „Fliesenbruch“ meist günstige Preise.

Schwierigkeitsgrad hoch

Mithelfer stören eher, da jeder ein anderes Muster im Kopf hat

Zeitaufwand hoch

Putzfaktor mittel

Fertiges Mosaik

Für besondere Mosaik-Effekte gibt es im Fachhandel sog. Mosaikfliesen, bei denen die kleinformatigen Steine in einem Netz angeordnet sind. Verarbeitet werden diese Mosaikfliesen prinzipiell wie andere Fliesen auch. Ein bisschen problematisch ist es zuweilen, wenn sich zu viel Fliesenkleber durch das Netz in die Fugen schiebt. Kleiner Praxistipp dafür: Es gibt inzwischen sog. „2-in-1-Fliesenkleber/Fugenmörtel“. Da ist es gleichgültig, wenn der Kleber in die Fugen quillt, denn dasselbe Produkt dient auch zum Verfugen.

Mit Feder & Nut: **Vertäfelungen**

Ein bisschen Retro, ein bisschen Landhaus, ein Hauch Schweden oder Wohnträume aus Afrika ... Manchmal muss es einfach Holz sein! Kreative Wandverkleidungen aus Holz schaffen ein unverwechselbares Ambiente. Dass sie unschöne Wände perfekt kaschieren können, macht sie nur noch attraktiver.

1. Wohl und Wehe Ihrer Wandverkleidung hängen von der Unterkonstruktion ab. Verwenden Sie dafür Latten mit einem Querschnitt von 24/48 mm oder 30/50 mm. Diese müssen im rechten Winkel zur späteren Verlegerichtung der Profilhölzer an der Wand angebracht werden: Soll die Wandverkleidung senkrecht angebracht werden, muss die Unterkonstruktion waagerecht montiert werden – und umgekehrt.

2. Beginnen Sie jeweils mit den äußeren Latten, ganz oben und unten bzw. rechts und links an der Wand. Den verbleibenden Freiraum teilen Sie in gleichmäßige Abstände von 40-60 cm für die übrigen Latten auf. Die Latten mit einer Hand-Feinsäge auf die richtige Länge bringen.

3. Die Unterkonstruktion wird dann an die Wand gedübelt. Zunächst werden mit einem Holzbohrer die Bohrungen in den Latten vorgenommen. Diese dienen dann als Vorgabe für den Steinbohrer. Nach dem Setzen des Dübels durch die Latte kann sofort geschraubt werden.

4. Für die eigentliche Wandverkleidung arbeiten Sie am einfachsten mit Profilbrettern mit fester Feder und Nut. Diese werden im Handel in vielen Holzvarianten angeboten, meist in einer Länge von ca. 2,60 m.

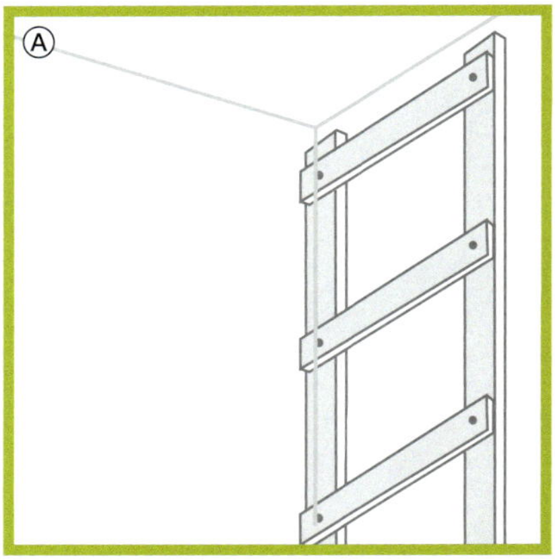

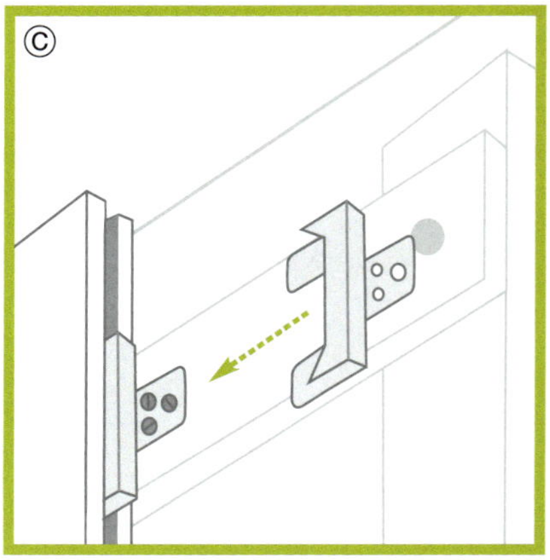

Werkzeug
Zollstock
Holzsäge
Handkreissäge
Bohrmaschine
Akkuschrauber
Hammer

Material
Profilholzbretter
Abschlussleisten
Schrauben
Dübel
Dachlatten
Profilbrettkrallen

Holz lebt
Holz lebt, d.h. je nach Temperatur und Luftfeuchte kann es sich ausdehnen oder zusammenziehen. Deshalb sollte das Material unbedingt vor dem Einbau einige Tage ausgepackt im Zimmer lagern, um sich an Raumtemperatur und Luftfeuchte anpassen zu können. Das verhindert nach der Montage unliebsame Überraschungen!

Schwierigkeitsgrad hoch **Mithelfer** zu zweit denkt und plant es sich in diesem Fall leichter **Zeitaufwand** pro Wand (ohne besondere Ecken und Kanten) 1–2 Tage **Putzfaktor** mittel

5. Die Bretter mit einer Kapp- und Gehrungssäge oder einer Hand-Feinsäge auf die richtige Länge bringen. Wenn Ihnen dazu das richtige Werkzeug fehlt, können Sie die Bretter im Fachhandel auch zuschneiden lassen. Beachten Sie, dass die Profilhölzer zwei bis drei Millimeter kürzer sein sollten als die exakt gemessene Länge. Die Profilbrettkrallen werden in die Nut eingelegt, anschließend an der Unterkonstruktion angenagelt. Diese Vorgehensweise hat den großen Vorteil, dass sie nach Fertigstellung der Wand nicht mehr sichtbar ist.

6. Beginnen Sie an einer äußeren Kante. Schneiden Sie dazu die Feder ab, so dass das erste Profilbrett bündig zur Wand endet. Das zweite Brett mit der Feder in die Nut des ersten Brettes einschieben, an der anderen Seite die Profilbrettkrallen einsetzen und annageln. So fortfahren bis zum Ende der Wand. Im Idealfall kommen Sie genau mit der Bretterbreite aus – aber Idealfälle sind leider nicht so häufig. Dann sägen Sie (oder lassen sägen) das Brett auf die richtige Breite und befestigen es mit Holzleim an der Unterkonstruktion.

7. Zum Schluss wird am Übergang von Wand zur Decke eine – je nach Wunsch schmalere oder breitere – Abschlussleiste aufgenagelt. Mit ihrer Hilfe lassen sich kleine Messungenauigkeiten bei den Profilbrettern gut überspielen, und sie schafft einen „sauberen“ Übergang zur Decke.

8. Je nach Wunsch und Art des Holzes kann die Wandvertäfelung jetzt mit farblosem Bootslack oder farbigem Acryllack gestrichen werden. Dafür den Lack am besten zweimal auftragen. Nach dem ersten Anstrich die Oberfläche mit Schleifpapier leicht anrauen.

Raumwirkung

Holzverkleidungen, mit Bedacht eingesetzt, können die Wirkung eines Raumes sehr angenehm beeinflussen. Von einer kompletten Holzverkleidung ist jedoch abzuraten, da sie jeden Raum klein macht und beengend wirkt. Bei der Auswahl des Materials empfehlen sich helle Hölzer bzw. Paneele: Sie lassen sich leichter farbig streichen und sorgen für eine freundliche Raumwirkung.

Mit Feder & Nut: **Vertäfelungen**

Elektroleitungen beachten

Bevor Sie mit einem Bohrer den Wänden zu Leibe rücken, prüfen Sie unbedingt, wo Elektroleitungen verlaufen. Kleiner Tipp: 15–45 cm über dem Fußboden und unter der Decke, 10–20 cm seitlich von Türöffnungen sowie senkrecht ober- und unterhalb von Steckdosen und Lichtschaltern ist immer Vorsicht geboten.

Schwierigkeitsgrad hoch
Mithelfer zu zweit denkt und plant es sich in diesem Fall leichter
Zeitaufwand pro Wand (ohne besondere Ecken und Kanten) 1–2 Tage
Putzfaktor mittel

Alternative: „Bretterwand“

Wenn Sie es gern besonders rustikal mögen, verwenden Sie statt Profilbrettern Glattkantbretter. Die müssen dann durch das Brett hindurch auf der Unterkonstruktion angenagelt werden. Die Nägel bleiben somit sichtbar. Glattkantbretter sind in unterschiedlichen Breiten erhältlich. Prüfen Sie vor Beginn, mit welcher Breite Sie am besten zurecht kommen (ist auch eine Frage der Optik). Beginnen Sie exakt in der Mitte der Wand und arbeiten sich dann gleichmäßig nach links und rechts vor: So kommen Sie an beiden Seiten gleichmäßig aus.

BONNE MÈRE
BONNE MÈRE
BONNE MÈRE

Möbel kreativ in Szene setzen

Wichtige **Werkzeuge**

Auch in diesem Kapitel gibt es viel zu pinseln und streichen. Zusätzlich sind hier allerdings Lackwannen in verschiedenen Größen unverzichtbar: Der Pinsel lässt sich gerade noch in die Farbdose tauchen – bei der Rolle ist das schon nicht mehr möglich. In vielen Fällen sind mehrere Anstriche mit unterschiedlichen Farben oder Arten (Vorstreichfarbe, Haftgrund, Acrylfarbe, Decklack) notwendig, daher sollten Sie auch hier stets mehrere Rollen und Wannen im Haus haben ...

Darüber hinaus werden Sie nicht ohne Schleifpapier auskommen, das wiederum zur Bearbeitung der zahlreichen Anstriche und zur Vorbereitung der Untergründe unabdingbar ist. Infos zu den unterschiedlichen Körnungen von Schleifpapier haben wir auf S. 90/91 für Sie zusammengestellt.

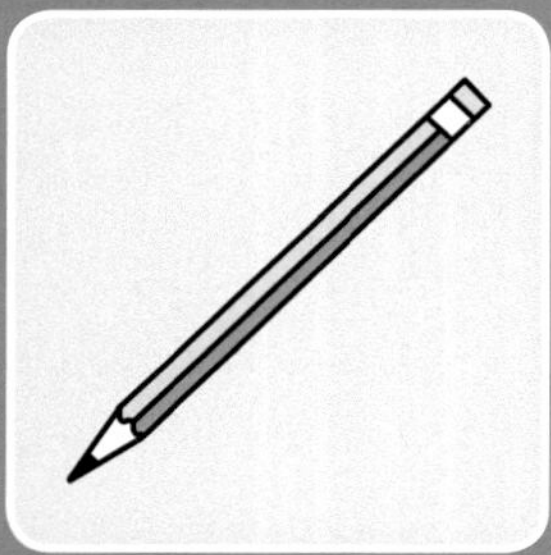

Bleistift

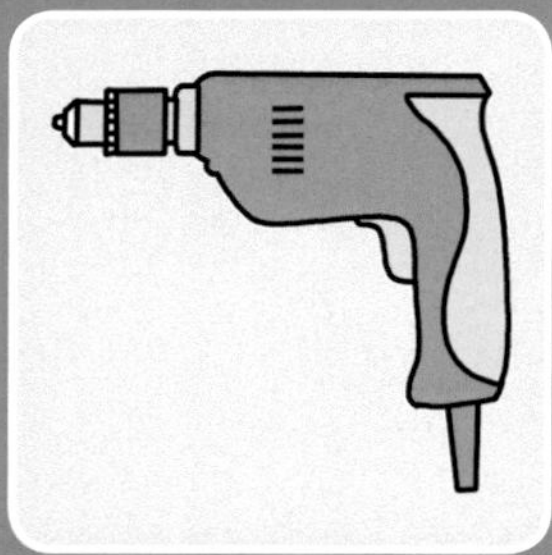

Bohrmaschine

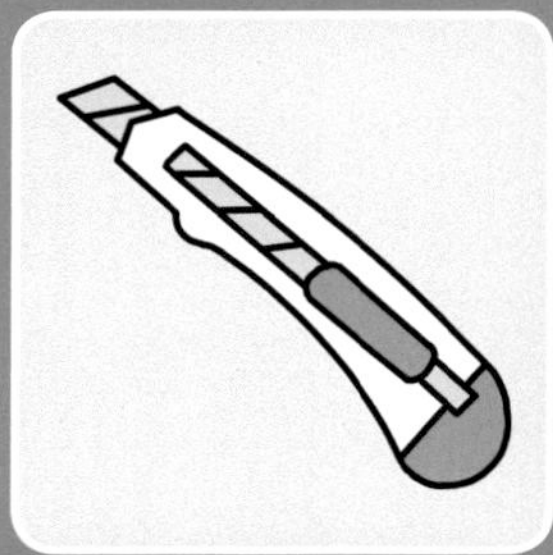

Cutter

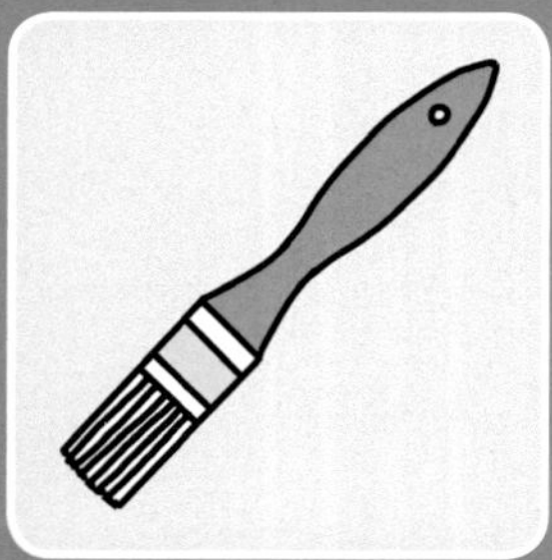

Flachpinsel

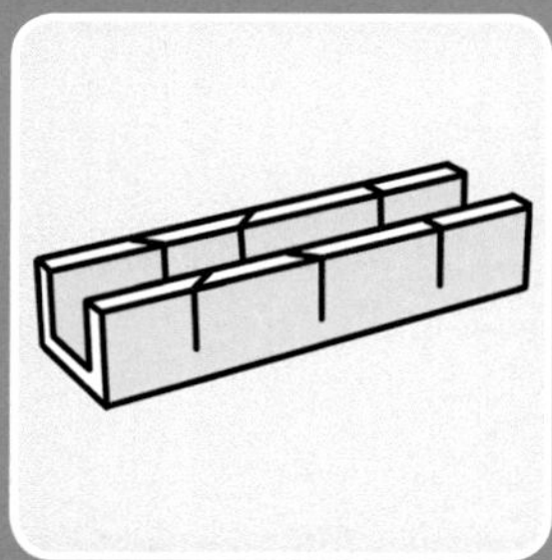

Gehrungslade

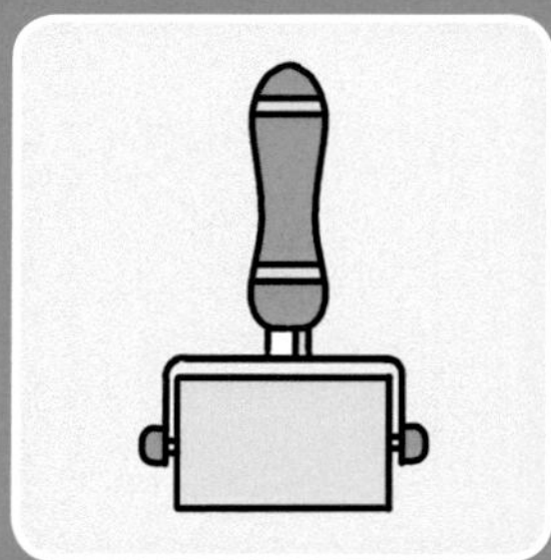

Gummiwalze

Hammer

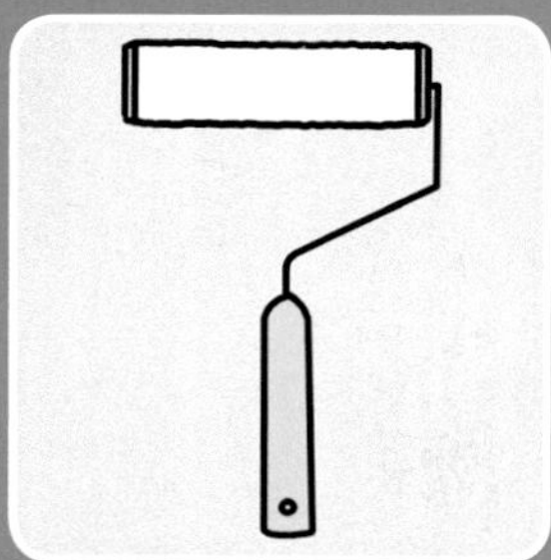

Lackrolle

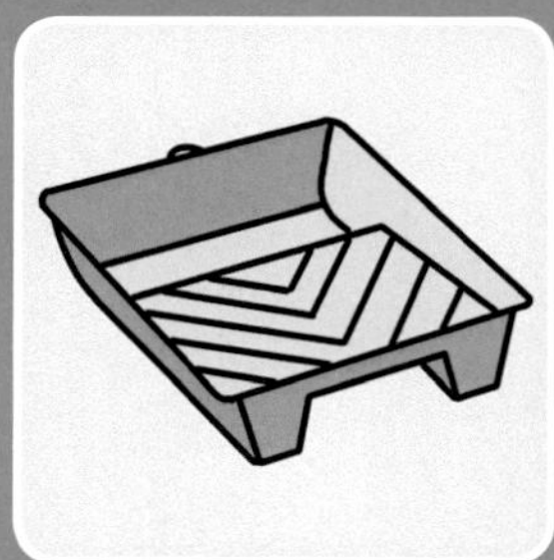

Lackwanne

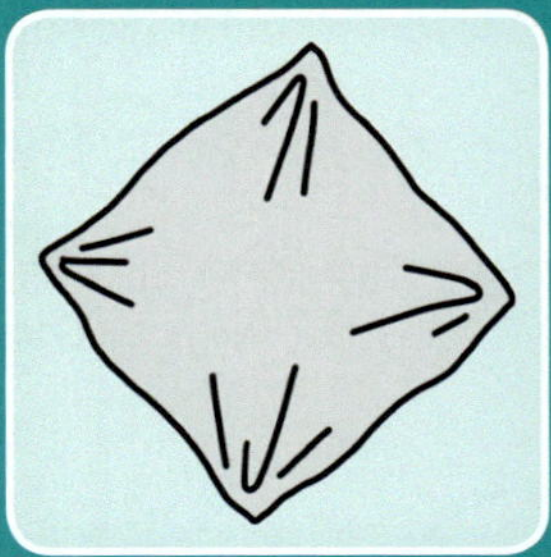
Lappen

Quast

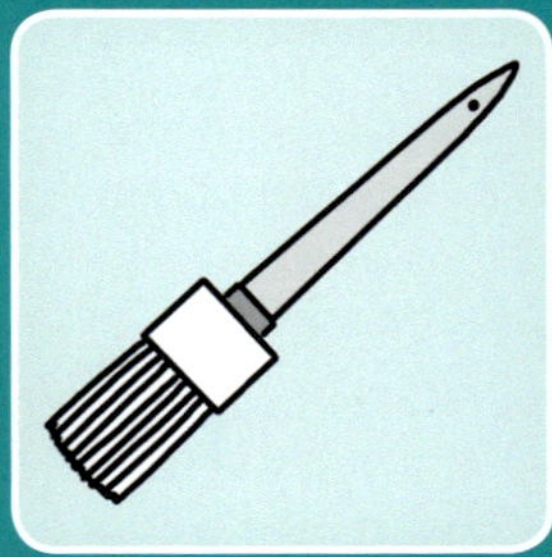
Rundpinsel

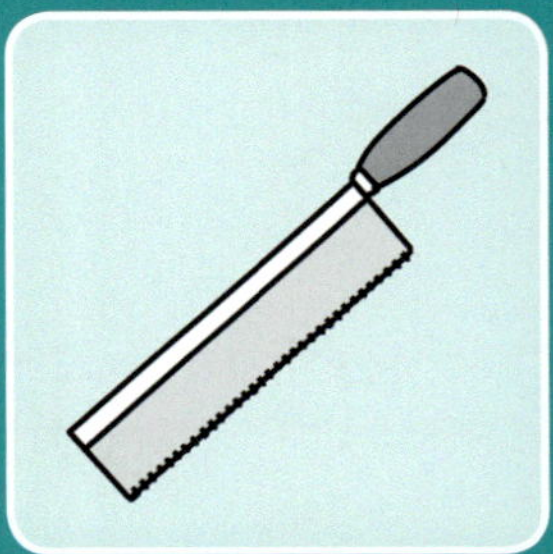
Säge

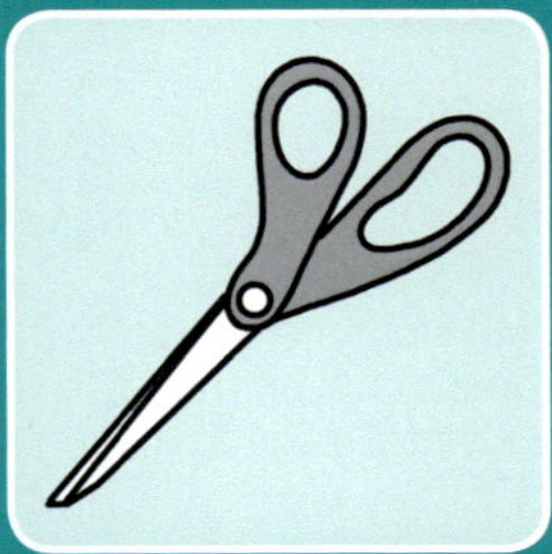
Schere

Schleifpapier

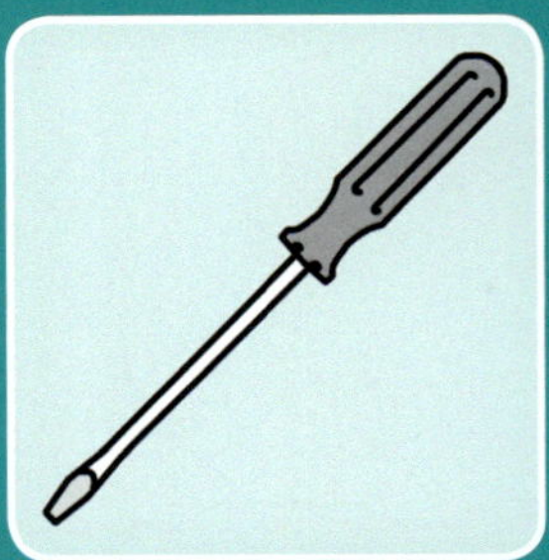
Schraubenzieher

Spachtel

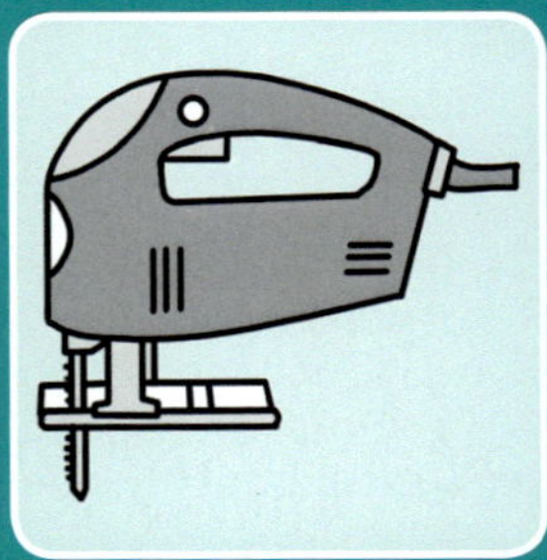
Stichsäge

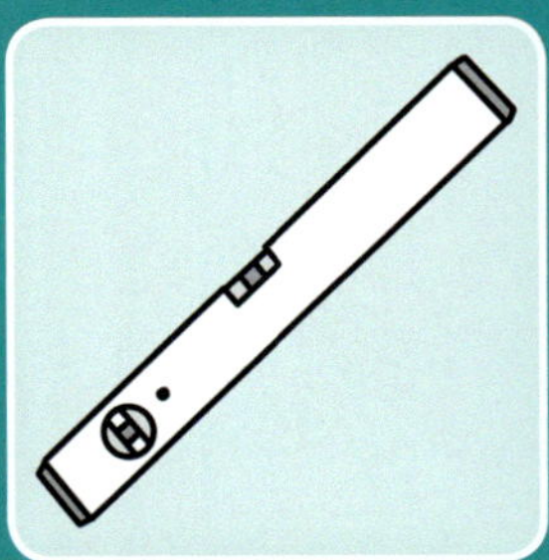
Wasserwaage

Zollstock

Maßband

Farbe für alle:

Möbel lackieren

Sie möchten Farbe in Ihre Wohnung bringen, aber die bunten Designerstücke sind zu teuer? Lackieren Sie einfach Ihre alten Möbel! So ist der Kühlschrank nicht länger nur ein notwendiges Übel in langweiligem Weiß, sondern wird zum Blickfang, und der einfache Holztisch peppt nun in pink-weißer Streifenoptik die Küche auf …

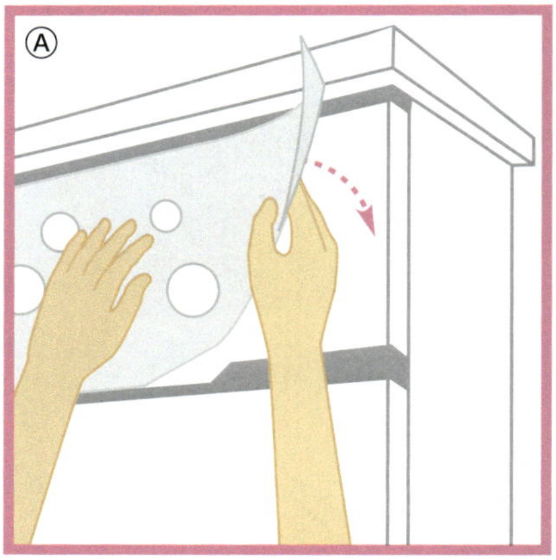

1. Vor dem Lackieren müssen die Möbeloberflächen gründlich gereinigt werden, Löcher und Risse werden mit Holzspachtelmasse geglättet. Nach dem Trocknen werden die Oberflächen mit Schleifpapier bearbeitet. Unbehandeltes Holz wird vorgestrichen und nach dem Trocknen abgeschliffen. Das Vorstreichen lohnt sich auch bei dunklen Möbeln, da hellere Lackfarben dadurch mehr Brillanz bekommen. Beschichtete Oberflächen, wie z. B. beim Kühlschrank, streichen Sie mit Haftgrund vor.

2. Für die farbigen Kreise auf der Kühlschranktür schneiden Sie mit dem Cutter vorgezeichnete Kreise aus der Klebefolie (als Vorlage kann einfach eine Tasse oder ein Glas dienen) und kleben die Schablonen auf. (A)

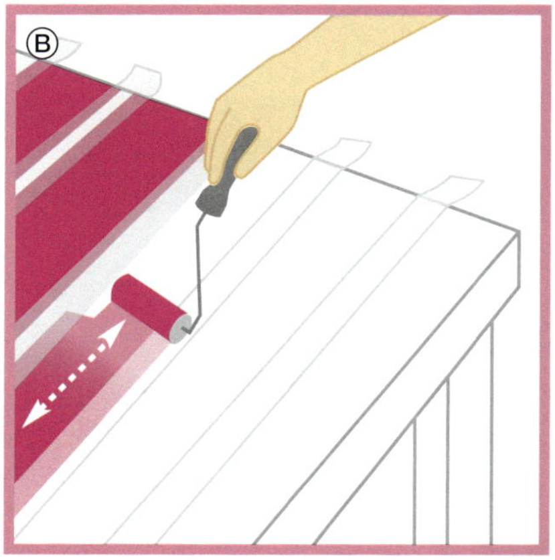

3. Kleben Sie alle angrenzenden Teile mit Kreppband ab, die in einem späteren Schritt eine andere Farbe bekommen oder unbehandelt bleiben sollen. Beim Tisch entfällt das Abkleben zunächst, er wird vollständig mit einem mehrschichtigen Anstrich in Weiß lackiert.

4. Tragen Sie nun den Lack mit der Rolle auf (B). Ränder und unzugängliche Stellen werden mit dem Pinsel lackiert, danach folgt eine zweite Lackierung mit der Rolle. Entfernen Sie die Klebestreifen, bevor der Lack antrocknet, damit keine fransigen Kanten entstehen. (C)

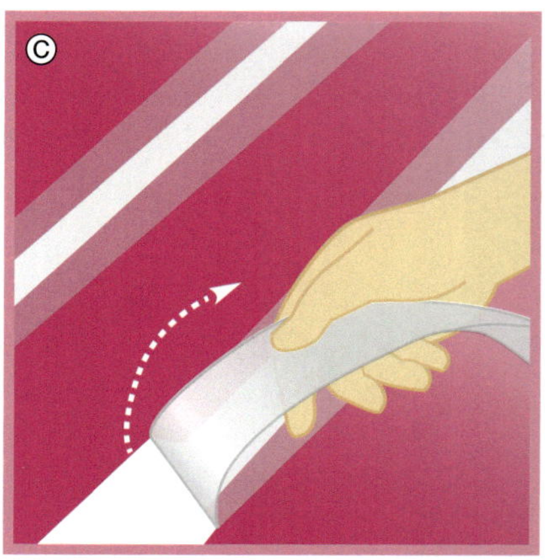

5. Wenn der Lack vollständig durchgetrocknet ist, kann in einer weiteren Farbe lackiert werden. Wieder werden angrenzende Teile gegen die zu lackierenden Flächen mit Klebeband abgeklebt. Bei den Tischen werden die Streifen mit dem Klebeband über die Länge der Tischplatte eingefasst. Nun kann die zweite Lackfarbe aufgetragen werden. Achten Sie wieder darauf, die Kreppstreifen vor dem Antrocknen des Lacks abzuziehen. Der Tisch sieht durch eine abschließende Lackierung mit Klarlack nicht nur besonders edel aus, sondern wird auch strapazierfähiger.

Werkzeug

ggf. Cutter

Lackrollen, Lackwannen, Pinsel nach Anzahl der Farbtöne

Material

Schleifpapier

ggf. Holzspachtelmasse

ggf. Vorstreichfarbe

ggf. Haftgrund

Malerkrepp

ggf. selbstklebende Schablonenfolie

Kunstharzlack für den Kühlschrank, Kunstharz- oder Acryllacke für Möbel

ggf. Klarlack

Schwierigkeitsgrad mittel **Mithelfer** nicht nötig **Zeitaufwand** kommt ganz auf die Komplexität des Motivs und die Anzahl der Möbel an **Putzfaktor** gering

Farbe für den Kühlschrank

Auch wenn Ihnen das im ersten Moment abwegig erscheint: Ihren Kühlschrank können Sie genauso lackieren wie alle anderen Möbel auch. Wichtig ist bei glatten Oberflächen nur eine Grundierung mit Haftgrund.

Aus Neu mach Alt:
Patinieren

Eine antike Kommode hat nicht jeder – kann aber jeder haben. Dabei ist es völlig egal, ob es sich um eine alte, gebrauchte handelt, oder aber um eine neue: Beide können in wenigen Schritten auf „vornehm gealtert“ getrimmt werden.

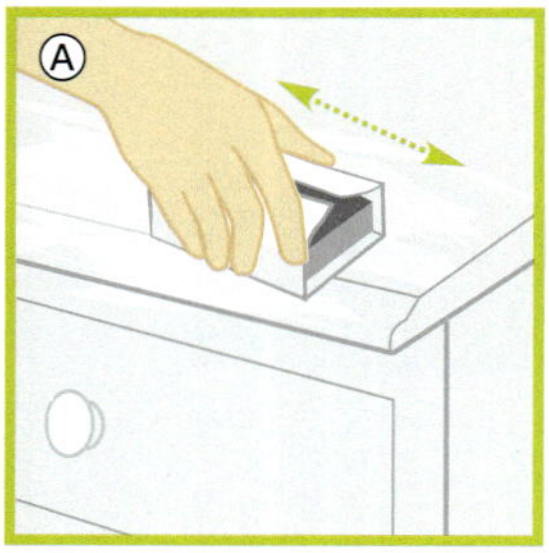

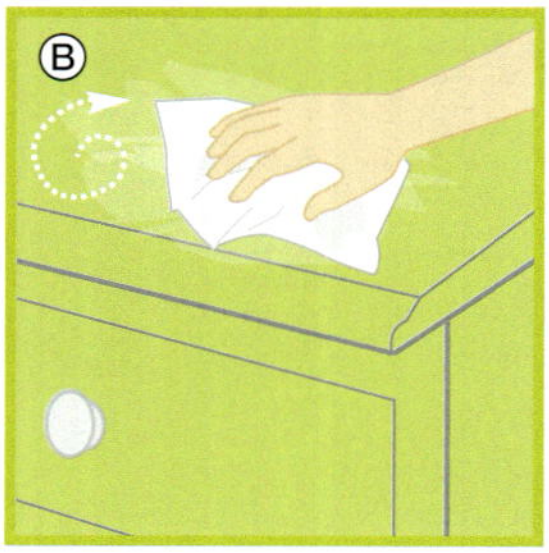

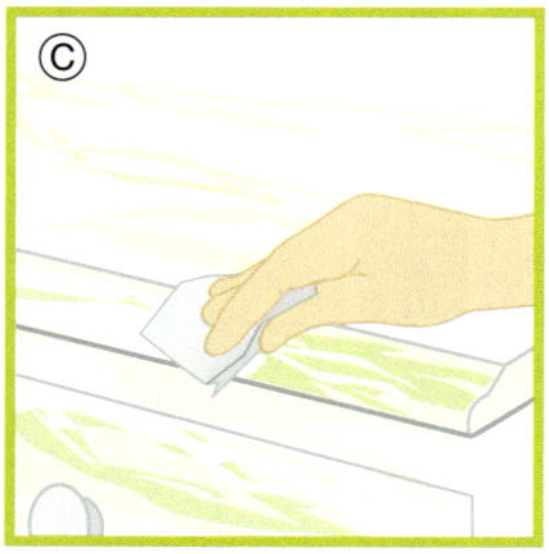

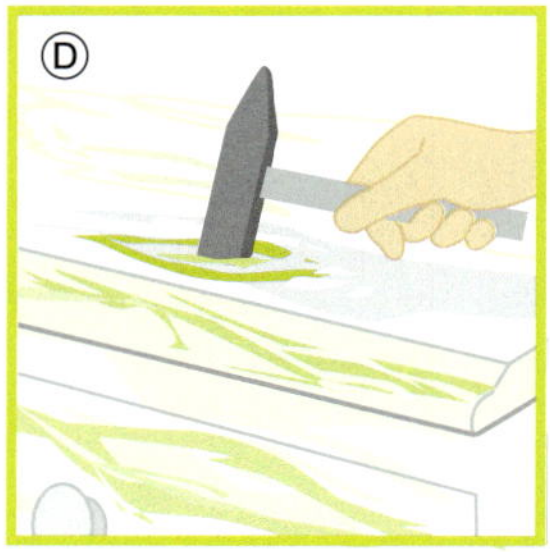

Werkzeug

Schleifpapier
Hammer
Lappen
2 Lackrollen und Lackwannen

Material

ggf. Vorstreichfarbe
Lack, z. B. in Rotbraun
Möbelwachs
Lack in Weiß

1. Vorbereitung: Eine lackierte Kommode müssen Sie gründlich anschleifen (A), eine Kommode aus unbehandeltem Holz bekommt eine Grundierung mit Vorstreichfarbe. Stilistisch unpassende Knäufe können Sie gegen einfache Holzknäufe austauschen und mitbehandeln. Und machen Sie sich die Mühe, alle beim Öffnen sichtbaren Bereiche mit zu bearbeiten.

2. Tragen Sie nun mit der Rolle eine Lackschicht in Rotbraun auf, unzugängliche Stellen lackieren Sie mit dem Pinsel. Nach dem Trocknen folgt eine zweite Lackierung in derselben Farbe.

3. Wenn der Grundanstrich vollständig getrocknet ist, reiben Sie mit dem Lappen eine dünne Schicht Möbelwachs auf die Oberflächen und lassen diese trocknen (B). Das Wachs verhindert, dass sich die folgende weiße Lackierung mit dem Grundanstrich fest verbindet.

4. Lackieren Sie die Kommode nun in Weiß mit der Rolle, unzugängliche Stellen wieder mit dem Pinsel. Nach dem Trocknen tragen Sie eine weitere Schicht weißen Lack auf und lassen auch diese vollständig durchtrocknen.

5. Nun beginnt der Alterungsprozess: Schleifen Sie den weißen Lack an den Stellen, die durch die Benutzung abgegriffen aussehen sollen (also besonders an Ecken und Kanten), so an, dass er durchscheinend wirkt. Teilweise können Sie bis zum Grundlack zurückschleifen. (C)

6. Klopfen Sie mit dem Hammer behutsam Stücke vom Decklack wieder ab, um abgestoßene Stellen und Schrammen zu erzeugen (D). Betrachten Sie das Resultat immer wieder aus der Distanz, um den Gesamteindruck beurteilen zu können. Wenn Sie das Gefühl haben, zu weit gegangen zu sein, tragen Sie einfach eine weitere Lackschicht in Weiß auf und beginnen von vorn. Jeder weitere Anstrich und alle sich ergebenden Unregelmäßigkeiten sind in diesem Fall nur von Vorteil.

Schwierigkeitsgrad einfach **Mithelfer** nicht nötig **Zeitaufwand** gering **Putzfaktor** gering

Möbel **tapezieren**

Ein Möbelstück zu tapezieren, mag zunächst abwegig klingen, hat aber einen enormen Effekt und ist relativ einfach. Ob Streifen, Tupfen oder Ornamente – leihen Sie im Fachhandel oder im Baumarkt Musterbücher aus, um Farbe und Muster mit der übrigen Einrichtung abzustimmen.

1. Reinigen Sie das Möbelstück gründlich und lassen Sie es anschließend gut trocknen. Je nach Oberfläche des Möbels könnte eine Glättung nötig sein, denn durch die Tapete treten Unebenheiten eher hervor, als dass sie kaschiert werden. Risse und Löcher können mit Spachtelmasse geglättet, kleine Buckel abgeschliffen werden. Sehr glatte Oberflächen wie lackierte oder kunststoffbeschichtete Flächen müssen Sie insgesamt anschleifen. (A)

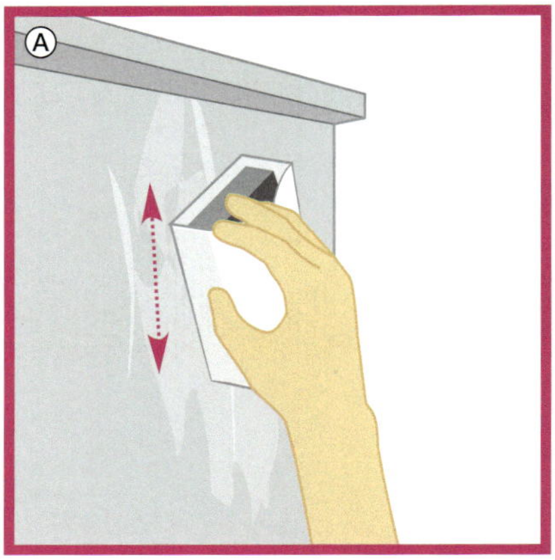

2. Die zu tapezierenden Flächen müssen genau ausgemessen (gegebenenfalls Zugaben für Kanten nicht vergessen) und die Tapetenstücke entsprechend zugeschnitten werden. Legen Sie die zugeschnittenen Tapetenstücke vorsichtshalber noch trocken auf die vorgesehenen Flächen, um zu kontrollieren, ob auch alles gut „sitzt".

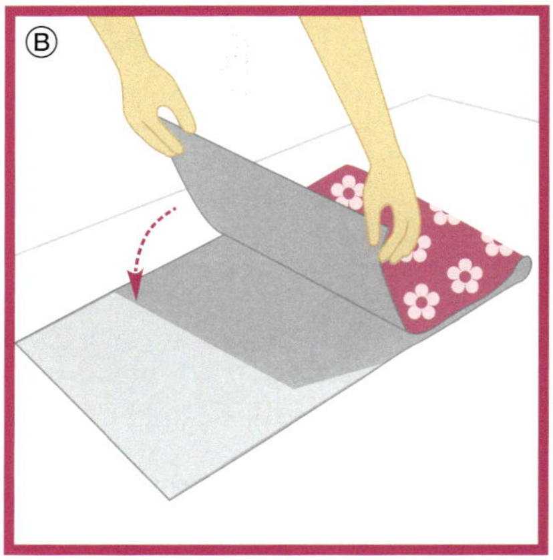

3. Setzen Sie den Kleister im Eimer nach Anweisung des Herstellers an und legen Sie die Tapetenstücke nacheinander mit der Rückseite nach oben auf einen mit Folie ausgelegten Tisch.

4. Tragen Sie den Kleister mit dem Quast gleichmäßig und nicht zu dick auf. Legen Sie dann jedes Stück locker (Kleister auf Kleister) zusammen und lassen Sie es einige Minuten durchweichen (B). Bei sehr glatten Untergründen sollte auch der Untergrund vorgekleistert werden, um ihn haftfähiger zu machen.

5. Ziehen Sie das erste durchfeuchtete Tapetenstück vorsichtig auseinander und legen Sie es mit leichtem Druck auf die vorgesehene Möbelfläche. Streichen Sie nun, von der Mitte ausgehend, die Tapete mit einem Lappen in alle Richtungen bis zu den Rändern aus, so dass überschüssiger Kleister an den Rändern austreten kann. Wiederholen Sie das mit der Gummiwalze, damit die Tapete perfekt anliegt (C). Achten Sie darauf, die Ränder ringsum fest anzudrücken. Den ausgetretenen Kleister können Sie einfach mit einem feuchten Lappen abwischen.

Werkzeug

Spachtel
Schleifpapier
Maßband
Schere
Eimer
Quast
Lappen
Gummiwalze

Material

Holzspachtelmasse
Malerfolie
Tapete
Tapetenkleister
ggf. Tapetenhaut (farblose Schutzbeschichtung) oder Klarlack, kleine Lackrolle, Lackwanne

Schwierigkeitsgrad mittel **Mithelfer** gern, besonders für größere Flächen **Zeitaufwand** nicht zu unterschätzen, dauert durch die Vorbereitungs- und Trockenphasen **Putzfaktor** mittel

Strapazierfähig

Bei einer Tischoberfläche ist eine Versiegelung mit Klarlack nötig, um sie strapazierfähig zu machen. Bei Schranktüren könnte die so genannte Tapetenhaut Sinn machen, eine klare, matte Versiegelung, die die Oberfläche wasser- und schmutzabweisend macht. Beides wird, nachdem die Tapete gut durchgetrocknet ist, mit der Lackrolle dünn und gleichmäßig aufgetragen.

Möbel mit Ornamenten **verzieren**

Ihnen ist das Tapezieren oder Patinieren Ihrer Möbel zu anstrengend? Kein Problem, auch mit minimalem Aufwand können Sie aus langweiligen Kommoden Hingucker machen! Möbelsticker und Schablonen mit unterschiedlichsten Motiven gibt es im Handel.

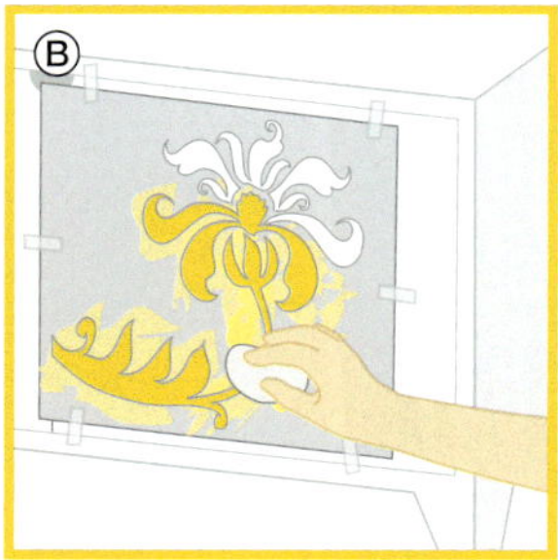

Werkzeug

harter Bleistift
Cutter
Lackrolle, Lackwanne
Pinsel
feinporiges Schwämmchen

Material

Pappe oder Folie für die Schablone
ggf. Kopierpapier
Malerkrepp
Lack für das Motiv
ggf. bedruckbare Selbstklebefolie (abgestimmt auf Ihren Drucker)

Motive mit Schablonen anbringen

1. Einfache Ornamente können Sie selbst zeichnen oder mit dem Kopierer auf die richtige Größe bringen. Legen Sie dann das ausgedruckte Blatt auf eine Schablonenpappe, dazwischen kommt ein Blatt Kopierpapier. Übertragen Sie das Motiv, indem Sie mit einem Stift die Linien nachfahren. (A)

2. Schneiden Sie anschließend das Ornament mit dem Cutter aus. Am schnellsten geht es natürlich, fertige Schablonen zu kaufen – sie werden in großer Auswahl in Baumärkten und in Bastelläden angeboten.

3. Bringen Sie nun die Schablone mit Malerkrepp an der gewünschten Stelle an. Achtung: Die Oberfläche des Möbelstücks muss absolut staub- und fettfrei sein.

3. Geben Sie etwas Lack in die Lackwanne. Tragen Sie dann je nach Größe der zu lackierenden Flächen den Lack mit der Rolle, dem Pinsel oder auch mit einem feinen Schwämmchen (z. B. ein Make-up-Schwämmchen aus der Drogerie) auf (B). Gehen Sie dabei vorsichtig vor, damit kein Lack unter die Schablone läuft.

Möbelsticker

1. Mit bedruckbarer Selbstklebefolie können Sie auch schwierigere Motive und Schriftzüge auf Ihr Möbelstück bringen. Finden Sie ein passendes Motiv im Internet oder scannen Sie eine Vorlage ein, bringen Sie es auf die richtige Größe und drucken Sie es aus.

2. Schneiden Sie das Motiv mit möglichst wenig Rand aus und ziehen Sie die Trägerfolie ab.

3. Legen Sie den Aufkleber auf die staub- und fettfreie Oberfläche des Möbelstücks und streichen Sie ihn sorgfältig an. Mithilfe eines glatten, griffigen Gegenstands (z. B. ein kleines, glattes Stück Holz oder eine Dose mit glattem Boden, eventuell mit weichem Tuch umwickelt) können Sie den Aufkleber richtig fixieren. (C)

Schwierigkeitsgrad abhängig von Ihrem kreativen Ehrgeiz

Mithelfer nicht nötig

Zeitaufwand gering bis mittel, je nach Motiv und Anzahl der Möbelstücke

Putzfaktor gering

Farben & Lacke

Vor dem Lackieren – die Vorbereitung von verschiedenen Untergründen

Unbehandeltes Holz

- mit Vorstreichfarbe grundieren
- Grundierung trocknen lassen
- mit Schleifpapier glätten
- lackieren

Lackiertes Holz

- ggf. lose Lackstellen mit Spachtel entfernen, Löcher und Risse mit spezieller Holzspachtelmasse glätten
- gegebenenfalls Oberfläche trocknen lassen
- mit Schleifpapier anschleifen
- lackieren

Unbehandeltes Metall

- spezielle Metallgrundierung aufsprühen oder mit Pinsel oder Rolle aufstreichen
- lackieren

Lackiertes Metall

- gegebenenfalls lose Lackstellen mit Stahlwolle entfernen
- mit Schleifpapier anschleifen
- lackieren

Kunststoffbeschichtete Oberflächen

- entfetten
- mit Schleifpapier anschleifen
- mit Universalgrundierung streichen
- lackieren

Pulverbeschichtete Oberflächen

- mit feinem Schleifpapier anschleifen
- lackieren

Acryllack vs. Kunstharzlack

Bei den Lacken wird grundsätzlich zwischen den wasserbasierten, teilweise lösungsmittelfreien Acryllacken und den Kunstharzlacken unterschieden. Bei beiden gibt es hinsichtlich Verarbeitung und Ergebnis Vor- und Nachteile.

Acryllack

Acryllack enthält kein oder deutlich weniger Lösungsmittel als Kunstharzlack und ist damit deutlich weniger geruchsintensiv. Er ist wasserlöslich und mit Wasser verdünnbar, trocknet entsprechend schnell an und Werkzeuge und Umgebung lassen sich leicht mit warmem Wasser vom Lack befreien, solange er nicht getrocknet ist. Aus gesundheitlichen Aspekten ist er weit weniger bedenklich als Kunstharzlack. Allerdings erzielt man mit Acryllack nicht so ein glattes bzw. glänzendes Ergebnis wie mit Kunstharzlack.

Kunstharzlack

Kunstharzlack enthält stets Lösungsmittel und ist damit sehr geruchsintensiv. Ein sorgfältiges Lüften ist daher nach dem Lackieren unerlässlich. Kunstharzlack hat eine hohe Deckkraft und sorgt für eine sehr glatte, glänzende Oberfläche, die deutlich stoß-, schlag- und kratzfester ist als eine mit Acryllack behandelte Fläche.

Ökologisch geprüft

Für Farben im Innenraum und Tapeten gibt es eine ganze Reihe unterschiedlicher Ökolabel. Hier erfahren Sie, was sie bedeuten.

Der Blaue Engel

Lacke, die das Logo des Blauen Engels zeigen, sind besonders schadstoffarm und müssen folgende Bedingungen erfüllen:

- strenge Anforderungen an bedenkliche Zusatzstoffe
- geringer Lösemittelgehalt
- frei von gesundheitsgefährdenden Weichmachern
- Reduzierung der eingesetzten Konservierungsstoffe auf ein Mindestmaß

Die Euroblume

Seit 1993 dürfen Lacke und Farben die Euroblume zeigen, wenn ihr Titandioxid-Anteil verringert wurde, sie weniger Lösemittel emittieren und keine Schwermetalle, kanzerogene oder giftige Substanzen enthalten. In Deutschland ist das Label noch wenig verbreitet.

Natureplus

Wandfarben, Lacke und Lasuren, die zu 85 Prozent aus mineralischen Bestandteilen oder nachwachsenden Rohstoffen bestehen, haben Chancen auf das bunte Label mit grünem Haus und rotem Haken um blauen Kreis. Natureplus ist eine Initiative des deutschen Baustoff-Fachhandels und will europäischer Standard werden.

TÜV schadstoff-geprüft

Das vom TÜV Süddeutschland konzipierte Siegel „Schadstoff geprüft“ verweist auf Emissionsarmut und Lösemittelfreiheit. Innenfarben mit diesem Label enthalten weder VOCs noch die problematischen, schwer flüchtigen Lösemittel, die das Raumklima über einen langen Zeitraum belasten. Damit steht das sechseckige, blaue Siegel für die strengsten Anforderungen an das Emissionsverhalten von Innenfarben. Produkte mit diesem Siegel werden vom TÜV Süddeutschland regelmäßig auf Schadstoffe geprüft.

Das „RAL“- Gütezeichen

Für die ökologische Unbedenklichkeit von Tapeten steht das RAL-Gütezeichen. Hersteller, deren Produkte dieses Zeichen führen, verzichten z. B. vollständig auf den Einsatz von Zusatzstoffen wie toxischen, schwermetallhaltigen Pigmenten in Druckfarben oder FCKW-, chlorierten und aromatenhaltigen Lösemitteln.

Achtung!

- Vor dem Lackieren mit lösungsmittelhaltigen Lacken stets eine Grundierung mit Vorstreichfarbe auftragen!
- Niemals Kunstharzlack auf Acryllack auftragen oder umgekehrt – das verklumpt!
- Bei mehreren Anstrichen von Vorstreichfarbe und Lackschichten am besten Produkte eines Herstellers verwenden, da diese aufeinander abgestimmt sind.

Bunte **Rückwände** 1

Eine nüchterne Schrankwand wird durch das Lackieren der Rückwand veredelt und macht sie zum Schaukasten für seinen Inhalt. Und auch die Atmosphäre des Raumes profitiert!

Variante 1: Lackieren

1. Wenn möglich, lösen Sie die Rückwand vor dem Streichen oder Tapezieren ab. Wenn sie nicht angeschraubt, sondern angenagelt ist, lässt sie sich mit dem Hammer vorsichtig losklopfen.

2. Reinigen Sie die Rückwand und schleifen Sie sie mit Schleifpapier an. Eine unbehandelte Holzoberfläche braucht vor dem Lackieren eine Grundierung mit Vorstreichfarbe. Auf dunkleren Oberflächen werden zudem hellere Farbtöne durch den Voranstrich brillanter. Wenn die Rückwand nicht abgelöst ist, kleben Sie die an die Rückwand angrenzenden Möbelteile mit Klebeband ab.

3. Geben Sie der Rückwand einen ersten Anstrich mit der Lackrolle (A) und lackieren Sie dann die Ränder mit einem Pinsel (B). Anschließend folgt noch ein zweiter Anstrich der ganzen Fläche mit der Rolle.

4. Ziehen Sie die Klebestreifen ab, bevor der Lack angetrocknet ist, sonst können die Ränder der lackierten Fläche ausgefranst aussehen. Lassen Sie den Lack gut durchtrocknen, bevor Sie die Rückwand anmontieren bzw. das Möbel wieder bestücken.

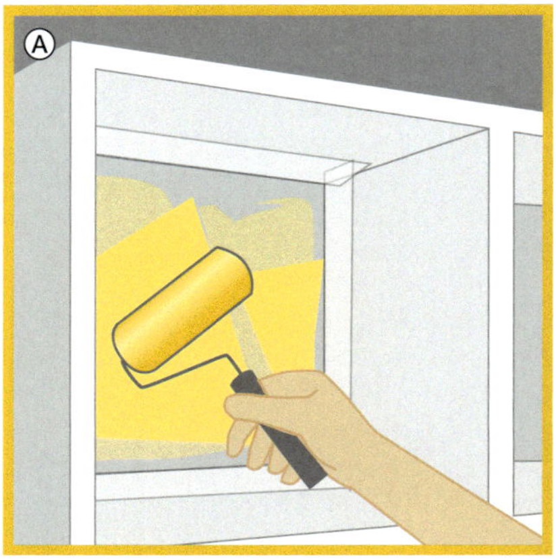

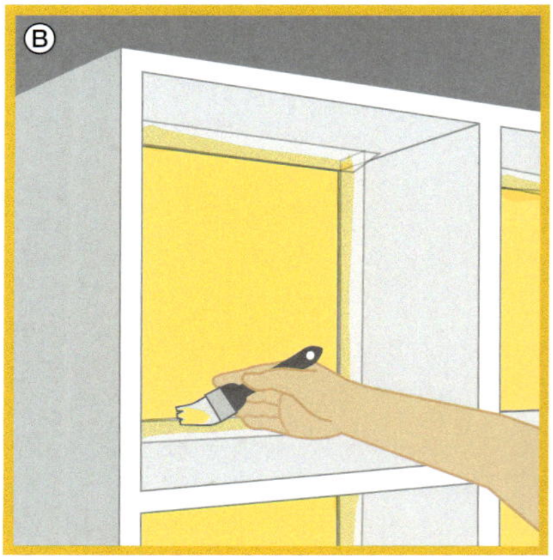

Werkzeug
Lackrolle, Lackwanne
Pinsel
ggf. Hammer

Material
Schleifpapier
Klebeband
ggf. Vorstreichfarbe
Lack, seidenmatt

Schwierigkeitsgrad leicht **Mithelfer** nicht nötig **Zeitaufwand** gering bis mittel, je nach Größe des Möbelstücks **Putzfaktor** gering

Bunte **Rückwände** 2

Das simple Tapezieren von Rückwänden verleiht auch dem unscheinbarsten Schränkchen und den langweiligsten Regalen Charakter. Aber Vorsicht: Wählen Sie eine klein gemusterte Tapete aus – große Ornamente kommen hier nicht zur Geltung.

Variante 2: Tapezieren

1. Falls die Oberfläche der Rückwand sehr glatt ist, rauen Sie sie mit Schleifpapier auf. Rühren Sie den Kleister nach Angaben des Herstellers an und kleistern Sie eine extrem glatte Rückwand zusätzlich mit einer dünnen Schicht vor, das verbessert die Haftung der Tapete.

2. Messen Sie die zu beklebende Fläche aus und schneiden Sie die entsprechenden Tapetenstücke zu. Streichen Sie dann die Rückseite der Tapete gleichmäßig mit dem Kleister ein und lassen Sie sie, Kleister auf Kleister locker zusammengelegt (A), einige Minuten durchweichen.

3. Ziehen Sie die Tapete vorsichtig auseinander und legen Sie sie auf die Rückwand auf. Von der Mitte ausgehend streichen Sie die Tapete zu den Rändern hin mit einem Lappen fest und wiederholen das mit der Gummiwalze, damit die Tapete perfekt klebt (B). An den Rändern austretender Kleister lässt sich leicht mit einem feuchten Lappen entfernen.

4. Lassen Sie die Tapete gut trocknen, bevor Sie Schrank oder Regal wieder bestücken.

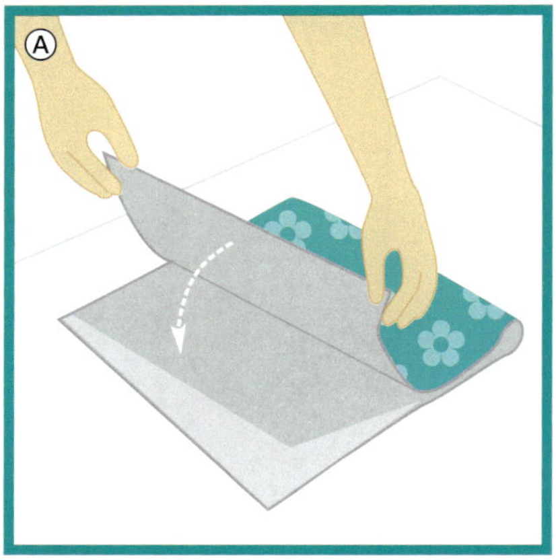

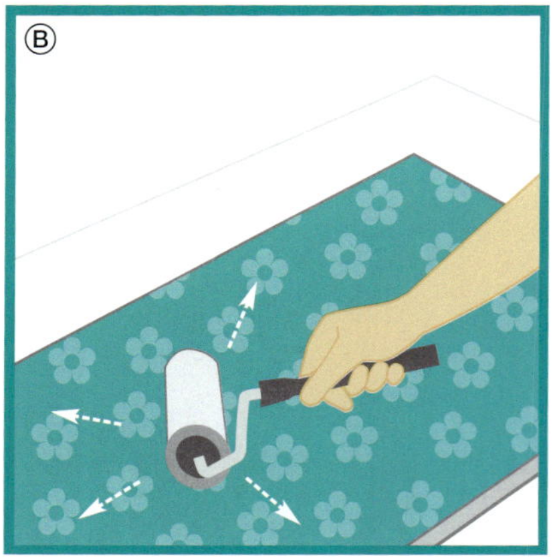

Werkzeug
Maßband
Schere
Eimer
Quast
Lappen
Gummiwalze

Material
ggf. Schleifpapier
Kleister
Tapete

Schwierigkeitsgrad leicht **Mithelfer** nicht nötig **Zeitaufwand** gering bis mittel **Putzfaktor** gering

Konsolentisch aus **Treibholz**

Maritimes Design ist voll im Trend! Am Schönsten ist es natürlich, für diese Möbel Holz zu verarbeiten, dass man selbst am Strand gefunden hat. Aber wenn gerade keiner in der Nähe ist, tut es auch ein Spaziergang über den Hof eines Holzhandels …

Werkzeug

Maßband
Säge
Gehrungslade (für die Streben)
Schleifpapier
Hammer

Material

Holzfundstücke

für einen Konsolentisch von ca. 35 x 65 x 70 cm:

4 runde Stücke à 68 cm für die Beine (dünner Stamm oder dicker Ast)
8 runde Stücke à 20 cm für die Streben (kräftiger Ast)
5 Bretter à 7 cm, 2 cm stark für die Platte
2 Leisten 35 x 3 cm, 2 cm stark
Essig
Weißwachsbeize oder Holzwachs/-öl
4 lange Nägel
kürzere Nägel

1. Reinigen Sie draußen gefundenes Holz gründlich mit Essigwasser, das vertreibt mögliche kleine Bewohner. Etwaige Rinde können Sie zuvor mit einem scharfen Messer abziehen (wie die Fäden von Selleriestangen). Das Holz muss nach dem Säubern gut durchtrocknen.

2. Legen Sie die Größe des Tisches fest und sägen Sie die Holzteile auf die passende Länge. Als Verbindung für die Tischplattenbretter sägen Sie Leistenstücke von der knappen Tiefe der Tischpatte zu.

3. Alle Holzteile werden anschließend sorgfältig abgeschliffen, damit man sich daran nicht verletzen kann.

4. Um dem Holz ein sonnengebleichtes Aussehen zu geben, tragen Sie eine dünne Schicht Weißwachsbeize auf. Damit bekommt das Holz gleichzeitig eine Imprägnierung. Für eine stärkere Weißung streichen Sie das Holz mit weißer Acrylfarbe, die Sie anschließend auch leicht anschleifen können, um die Holzstruktur wieder hervorzuheben. Für eine satte dunkle Tönung des Holzes behandeln Sie es mit Holzwachs oder Holzöl.

5. Die vorbereiteten Holzteile werden nun – dem rauen Charakter des Treibholzes angemessen – einfach zusammengenagelt. Nageln Sie die Bretter zunächst nebeneinander auf die beiden quer darunter liegenden Leisten, um eine feste Platte zu bekommen. (A)

6. Nageln Sie die Beine an, indem Sie jeweils einen langen Nagel durch die Platte senkrecht in das Tischbein schlagen (B). Schlagen Sie zusätzlich einen Nagel durch die Leiste waagerecht in das Tischbein.

7. Anschließend fügen Sie mit kleineren Nägeln die Streben an, sie sind für die Standfestigkeit unbedingt notwendig. Jede Strebe bekommt einen Nagel von oben durch die Tischplatte, einer wird waagerecht durch die Strebe in das Tischbein eingeschlagen. (C)

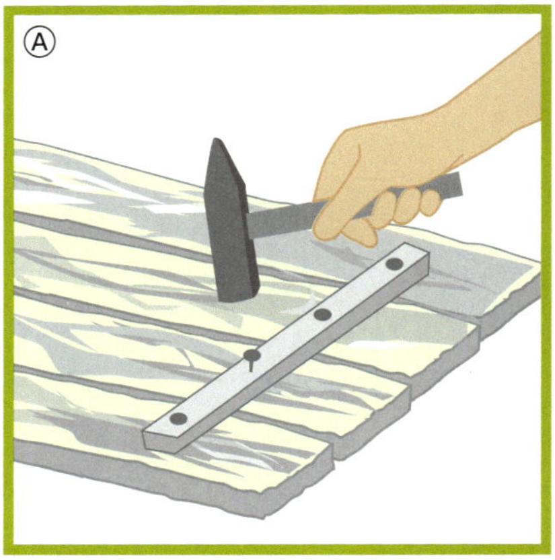

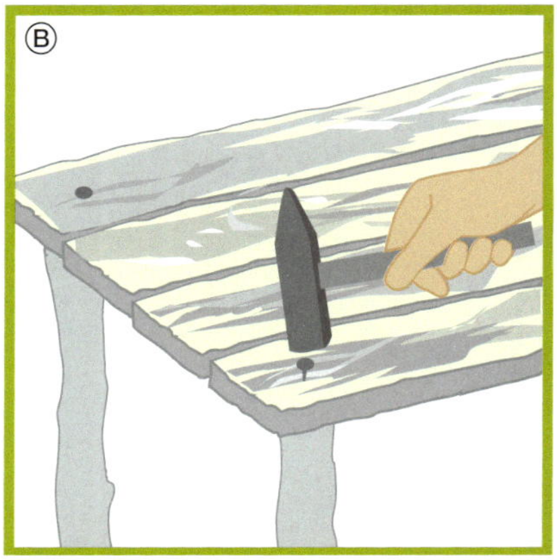

Schwierigkeitsgrad einen Nagel sicher einschlagen können ist Voraussetzung!

Mithelfer Unterstützung macht's einfacher

Zeitaufwand mittel bis aufwendig

Putzfaktor gering

Regale
aus Obstkisten

Dies ist keinesfalls eine Notlösung, die Studententage wieder aufleben lässt, sondern die schöne Variante eines Küchenregals. Die taubenblaue Färbung (Foto) lässt die Obstkisten geradezu elegant erscheinen, ohne ihnen den rustikalen Charme des rohen Holzes zu nehmen.

1. Damit die fertigen Regale eine richtige Rückwand bekommen, lassen Sie sich im Baumarkt dünne Sperrholzplatten in der Größe des Kistenbodens zuschneiden. Bemessen Sie die Größe der Platten dabei ein paar Millimeter knapper, damit Sie sie problemlos einschieben können. Gut kombinieren lassen sich die Obstkisten auch mit Aufbewahrungsboxen aus unbehandeltem Holz (erhältlich in Baumärkten oder Möbelhäusern).

2. Reinigen Sie die Obstkisten zunächst gründlich und lassen Sie sie danach gut trocknen. Glätten Sie das Holz anschließend sorgfältig mit Schleifpapier. (A)

3. Als nächstes tragen Sie den Haftgrund gleichmäßig mit dem Pinsel auf. Anschließend trocknen lassen.

4. Für den Farbanstrich können Sie eine fertig gemischte Acrylfarbe verwenden oder weiße Binder- oder Acrylfarbe mit Farbkonzentrat tönen. Streichen Sie die Kisten in Faserrichtung und lassen Sie sie trocknen. (B)

5. Anschließend schleifen Sie die Farbe mit Schleifpapier wieder so weit ab, bis der Farbauftrag durchscheinend und die Maserung des Holzes sichtbar wird. (C)

6. Ein Schlussanstrich mit weißer Wachsbleichbeize gibt den Oberflächen ein ausgebleichtes Aussehen und dient gleichzeitig als Imprägnierung.

7. Versehen Sie die Lattenböden der Obstkisten mit den zugeschnittenen Sperrholzplatten. Diese müssen nicht gestrichen werden – sie lassen sie sich gut als Tafel für Notizen oder kleine Kunstwerke nutzen.

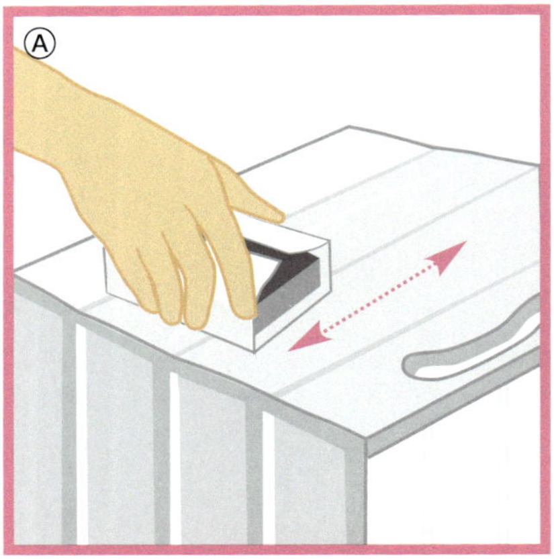

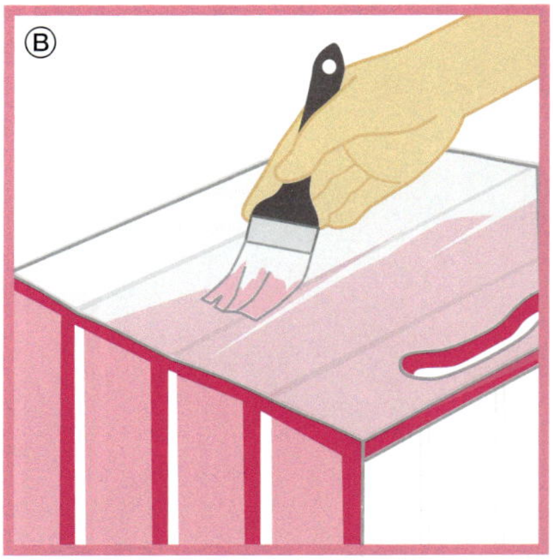

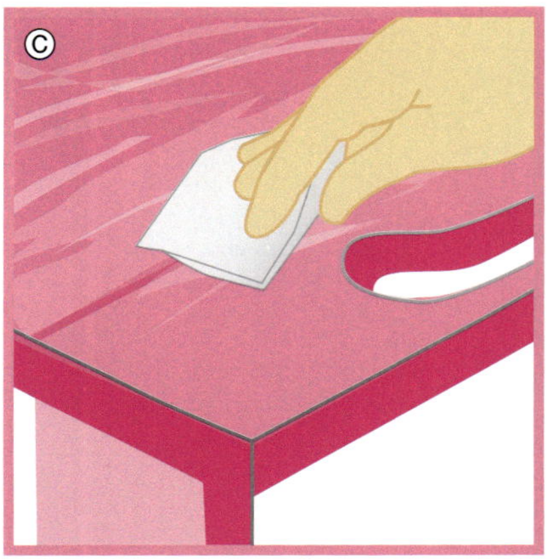

Werkzeug
Schleifpapier
großer Flachpinsel
weicher Lappen

Material
Obstkisten (in gewünschter Anzahl)
Sperrholzplatten für die Kistenböden
ggf. Aufbewahrungsboxen aus unbehandeltem Holz
grauer Haftgrund
Binder- oder Acrylfarbe in Taubenblau (oder in weiße Farbe und blaues Farbkonzentrat)
Wachsbleichbeize

Schwierigkeitsgrad einfach **Mithelfer** nicht nötig **Zeitaufwand** gering **Putzfaktor** gering

Materialbeschaffung
Obstkisten lassen sich vielerorts auftreiben – fragen Sie auf dem Markt oder beim Obst- und Gemüsehändler nach, in größeren Städten sind die Großmärkte eine gute Bezugsquelle.

Garderobe

ganz einfach

Einfacher geht's nicht! Wandhaken gibt es in unzähligen Ausführungen von schlicht bis verschnörkelt im Baumarkt, der Lack ringsum dient als Blickfang und schützt die Wand vor Übergriffen.

1. Zeichnen Sie auf einem ausreichend langen Streifen der Pappe oder der Schablonenfolie drei Kreise vor (fürs Vorzeichnen eignet sich eine kleine Schüssel o. Ä.). Prüfen Sie, ob die Kreise in exakt gleichen Abständen und genau auf einer waagerechten Linie liegen (A), dann schneiden Sie die Kreise mit dem Cutter aus.

2. Befestigen Sie die Schablone mit Malerkrepp an der Wand und übertragen Sie nun mit einem Stift die Bohrlöcher der Wandhaken auf die Wand. Kontrollieren Sie mit Maßband und Wasserwaage, ob sie jeweils genau mittig in den Kreisflächen und auf einer waagerechten Linie liegen. (B)

3. Bohren Sie die Bohrlöcher in die Wand und versenken Sie die Dübel.

4. Lackieren Sie nun zunächst die Fläche, die Sie im dunkelsten, d. h. dem Originalfarbton haben möchten. Nehmen Sie dazu nur wenig Lack auf die Rolle und streichen Sie sie gut aus, damit kein Lack hinter die Schablone läuft.

5. Für die nächsthellere Nuance geben Sie ein wenig weißen Lack zum Originalton in die Lackwanne und verrühren beide gut miteinander. Für den hellsten Ton im dritten Feld geben Sie nochmals etwas weißen Lack dazu. (C)

6. Nehmen Sie die Schablone bei noch feuchtem Anstrich ab und lassen Sie den Lack gut durchtrocknen, bevor Sie die Wandhaken anschrauben.

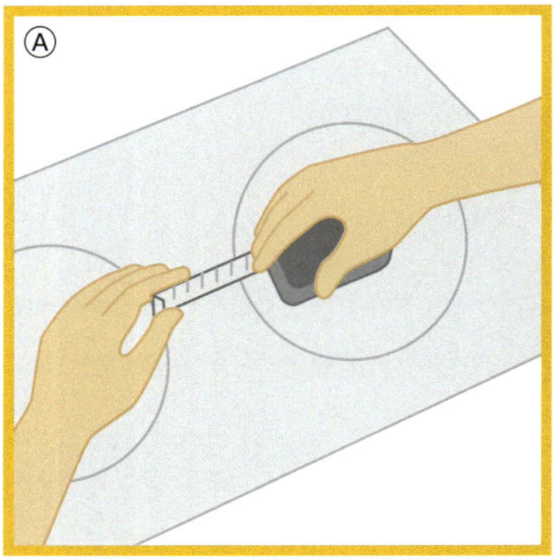

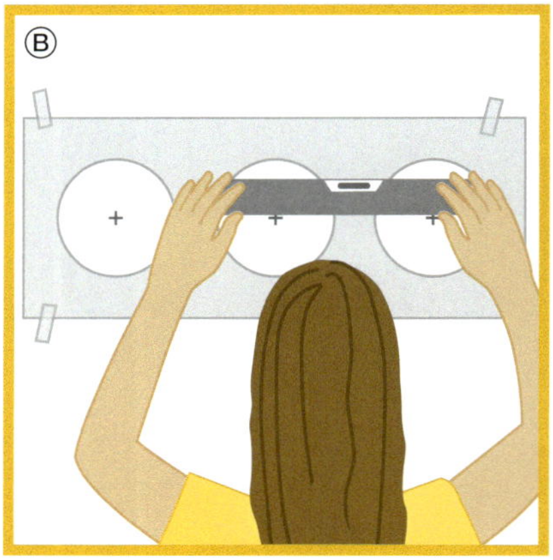

Werkzeug

Cutter
Stift
Wasserwaage
Maßband
Bohrmaschine
Lackrolle, Lackwanne

Material

Schablonenpappe oder selbstklebende Schablonenfolie
Malerkrepp
Dübel
Acryllack, weißer Acryllack zum Aufhellen
Wandhaken
Schrauben

Flur mit Punkten
Am besten ist diese Garderoben-Variante für den Flur geeignet: Versehen Sie die Wand über ihre ganze Länge mit farbigen Punkten und bringen Sie einen oder gleich mehrere Haken pro Punkt an. Egal, wie viel oder wenig Platz Sie haben – das passt auf jeden Fall!

Wandregal
aus Eisen & Glas

Für ein nacktes Stück Wand ist dieses kleine Konsolenregal ein echtes Schmuckstück à la französischer Landhausküche. Die Maße und Anzahl der Böden lässt sich ganz individuell bestimmen und die filigrane Wirkung der Konsolen lässt seine „Bewohner" besonders schön zur Geltung kommen.

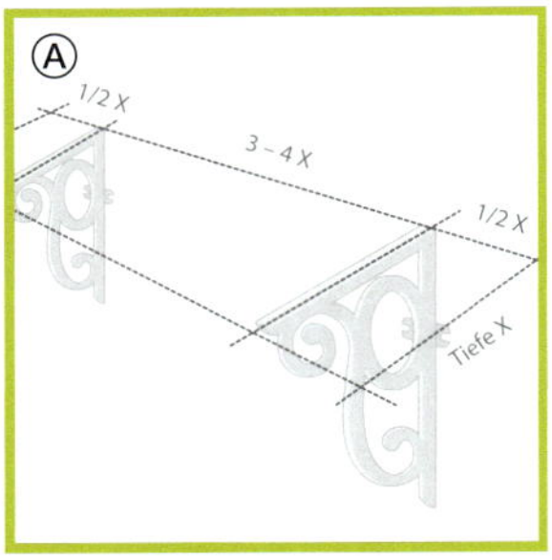

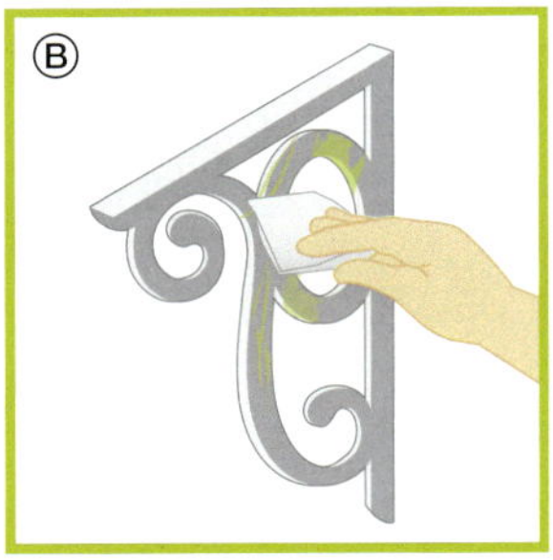

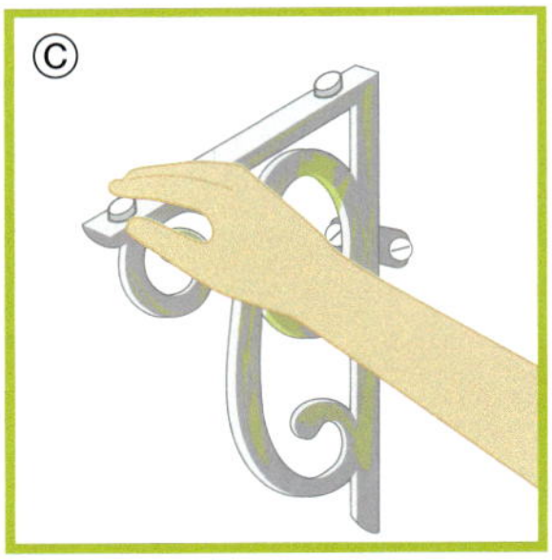

Werkzeug

Rundpinsel
Schleifpapier
Hammer
Maßband
Wasserwaage
Stift
Bohrmaschine

Material

Glasplatten mit geschliffenen Kanten
2 Metallträger pro Glasplatte
ggf. Haftgrund für Metall
schwarzer Lack
ggf. Lack in einer zweiten Farbe
Schrauben, Dübel für die Wandmontage
Haftplättchen aus Silikon

1. Die Größe der Glasplatten richtet sich nach der Tiefe der Träger. In der Breite sollten die Platten die Träger in der Tiefe nur knapp überschreiten, in der Länge sollte man in etwa das Vier- bis Fünffache der Trägertiefe veranschlagen (A). Falls im Baumarkt keine vorgefertigten Regalböden aus Glas im gewünschten Maß angeboten werden, kann man sie vom Glaser zuschneiden lassen. Wichtig ist, dass die Kanten der Glasplatten abgerundet sind.

2. Um neue Träger auf alt zu trimmen, behandeln Sie unlackierte Träger mit einem Haftgrund für Metall (gibt es auch zum Aufsprühen) vor. Tragen Sie den Haftgrund gleichmäßig auf, so dass alle Winkel und Ecken der Träger mit erfasst werden, und lassen Sie ihn trocknen. Bereits lackierte Träger werden mit Schleifpapier gut angeraut.

3. Anschließend bekommen die Träger einen satten Grundanstrich, z. B. in Schwarz, falls Sie einheitlich schwarze Träger möchten, oder in einer anderen Farbe Ihrer Wahl, wenn stellenweise die Farbe eines „früheren" Anstrichs aufblitzen soll. Seien Sie nicht zu sorgfältig – eine Lacknase wirkt in diesem Falle gar nicht störend. Nach dem Trocknen folgt ein wiederum satter Anstrich in Schwarz. Jeder weitere Anstrich erhöht den antiken, überarbeiteten Eindruck …

4. Um den andersfarbigen Grundanstrich stellenweise wieder hervorzuholen, können Sie Kanten und Ecken, die typischerweise abgestoßen wirken, mit Schleifpapier oder auch einem Hammer bearbeiten. Gehen Sie dabei vorsichtig zu Werke, um nicht auf dem blanken Metall zu landen. (B)

5. Übertragen Sie die Bohrlöcher von den Konsolen auf die Wand, bohren Sie die Löcher und setzen Sie die Dübel ein.

6. Anschließend montieren Sie die Träger, nachdem sie vollständig durchgetrocknet sind, an die Wand. Tupfen Sie zum Schluss noch ein wenig schwarzen Lack auf die Schraubenköpfe.

7. Platzieren Sie jeweils ein Silikonhaftplättchen vorn und hinten auf jedem Träger (C), damit die Glasplatten sicher und rutschfest aufliegen. Legen Sie dann die Glasplatten auf die Träger.

Schwierigkeitsgrad einfach **Mithelfer** nicht nötig **Zeitaufwand** mittel **Putzfaktor** gering

Eisen, verschnörkelt
Besonders schöne, d. h. alte, verschnörkelte Eisenträger kann man mit etwas Geduld auf Flohmärkten aufstöbern, Eilige werden aber auch im Baumarkt fündig. Dort werden unlackierte und lackierte Träger aus Metall angeboten, die man auf alt trimmen kann.

Holzkonsole

für jede Ecke

Sie sind ein wahrer Heimwerkerprofi? Dann versuchen Sie sich doch einmal an diesem Regal: Das erweckt jeden toten Winkel zum Leben! Anzahl und Größe der Regalböden können Sie natürlich auch nach Ihren Bedürfnissen festlegen, wir geben hier eine Beispielgröße vor.

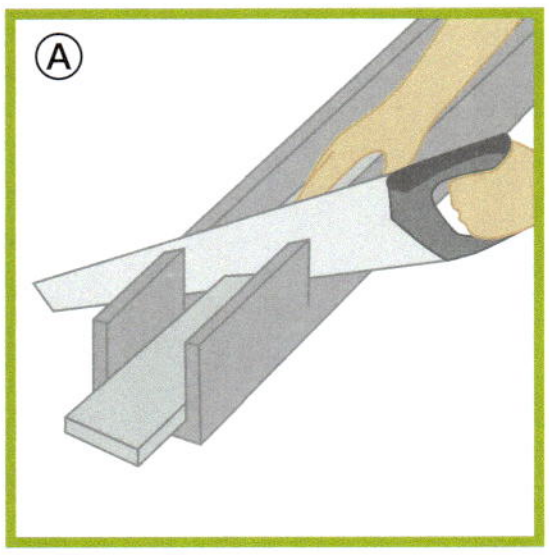

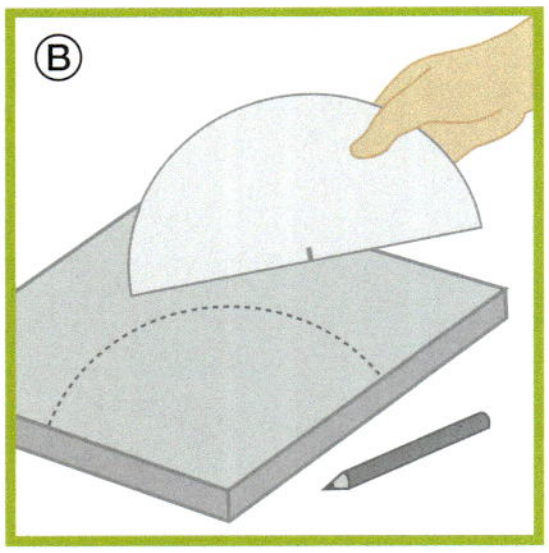

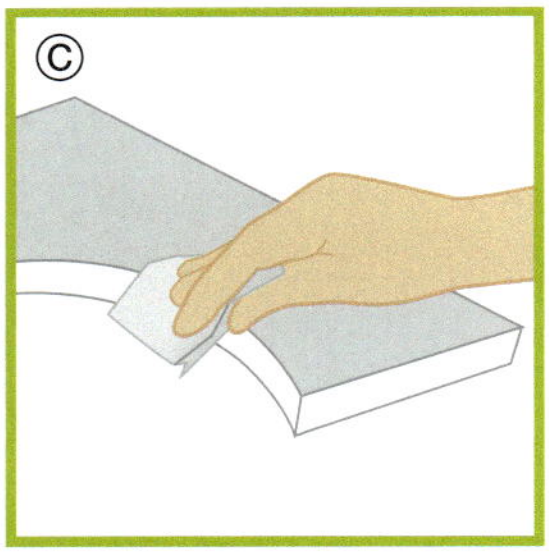

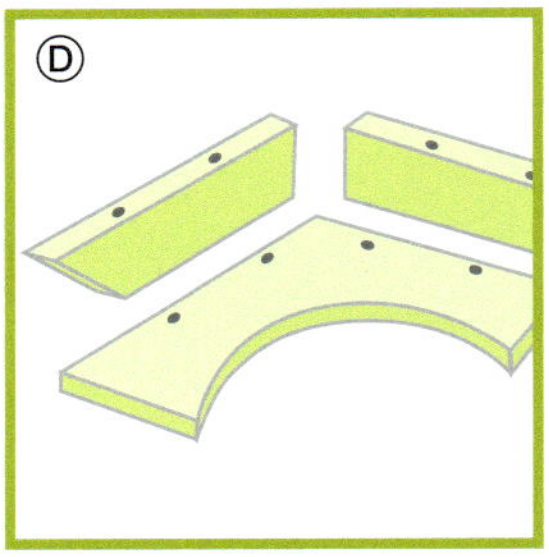

Werkzeug

Maßband, Stift, Cutter, Lineal, Stichsäge, Säge, Gehrungslade, Spachtel, Schleifpapier

Bohrmaschine, Holzbohrer, Senkkopfbohrer,

Schraubenzieher

Lackrolle, Lackwanne, Pinsel

Wasserwaage

Material

Pappe für Schablonen

1 Spanplatte 50 x 50 cm, 22 mm stark

4 Spanplatten 30 x 30 cm, 12 mm stark

8 Holzleisten à 20 cm, 2 cm stark

2 profilierte Holzkonsolen (Fachhandel)

Holzschrauben

Vorstreichfarbe

lichtgrauer Lack

ggf. Montageset für Holzkonsolen

Schrauben, Dübel für die Wandmontage

1. Lassen Sie sich die Platten und Leistenstücke am besten direkt im Baumarkt zuschneiden. Die Leistenstücke schrägen Sie mithilfe der Gehrungslade an jeweils einer Seite im Winkel von 45 Grad ab. (A)

2. Für die nach innen gerundeten Seiten der Regalböden fertigen Sie jeweils eine Schablone für die größere Rundung der oberen Platte und eine für die kleinere Rundung der unteren Platten an und übertragen Sie sie auf die Platten (B). Dann sägen Sie die Rundungen mit der Stichsäge heraus (C). Die Schnittflächen der Platten werden ringsum mit Spachtelmasse geglättet und nach dem Trocknen gründlich abgeschliffen.

3. Die beiden Holzkonsolen bzw. die Leisten werden mit jeweils zwei Schrauben von oben durch die Platte angeschraubt. Zeichnen Sie die Löcher mit jeweils 3 cm Abstand zu den Außenkanten der Konsolen bzw. der Leisten an und übertragen Sie sie auf die Platten (D). Bohren Sie die Löcher (die Bohrung durch die Platten mit einem Senkkopfbohrer) und verbinden Sie die Teile durch versenkbare Holzschrauben. Anschließend können alle Teile mit Vorstreichfarbe grundiert werden.

4. Nachdem die Grundierung getrocknet ist, schleifen Sie alle Teile an und lackieren Sie dann in zwei Schichten. Lassen Sie jede Schicht durchtrocknen.

5. Holzkonsolen sind durch Vertiefungen an der Rückseite für die Wandmontage vorbereitet. Zeichnen Sie die Bohrlöcher an der Wand entsprechend vor, bohren Sie die Löcher, versenken Sie die Dübel und schrauben Sie die Schrauben ein, so dass der Schraubenkopf mit ein wenig Abstand zur Wand stehen bleibt. Die Konsolen können dann über die Schrauben geschoben werden. Ein Montageset gibt Ihnen die Möglichkeit, die Konsolen seitlich ein wenig nachzujustieren – damit sind Sie auf der sicheren Seite.

6. Nun bohren Sie jeweils zwei Löcher durch die Wandleisten der kleineren Platten (mittig in die Leiste mit etwa 5 cm Abstand zu den seitlichen Kanten) und übertragen die Bohrlöcher Platte für Platte auf die Wand. Achten Sie auf gleiche Abstände in der Höhe. Bohren Sie die Löcher in die Wand und setzen Sie die Dübel ein, dann können Sie die Platten anschrauben. Geben Sie einen Tupfen Lack auf die Schraubenköpfe, dann ist das Regal perfekt.

Schwierigkeitsgrad anspruchsvoll **Mithelfer** zum Anhalten und Montieren der Regalböden sehr willkommen **Zeitaufwand** aufwendig **Putzfaktor** gering

Besteck & Möbel

eine tolle Kombination

Eine hellgraue Lackierung und Griffe aus alten Silberlöffeln machen aus einem schlicht langweiligen Küchenschränkchen ein schlicht-elegantes Küchenschränkchen.

1. Schrauben Sie zunächst die Türgriffe des Schrankes ab und verspachteln Sie die Löcher im Holz (A). Unbehandeltes Holz muss vor der Lackierung mit Vorstreichfarbe gestrichen werden, lackiertes Holz wird gründlich angeschliffen. Ist das Schränkchen aus dunklem Holz oder in einem dunklen Ton lackiert, sollte es ebenfalls vorgestrichen werden.

2. Lackieren Sie zuerst alle Flächen mit der Lackrolle dünn und gleichmäßig und lassen Sie die die Lackschicht trocknen. Dann werden alle Bereiche, die Sie mit der Rolle nicht erreichen können, mit dem Pinsel lackiert (B). Anschließend bekommen die Flächen einen zweiten Anstrich mit der Rolle. Lassen Sie den Lack immer gut durchtrocknen.

3. Falls die Biegung der Löffelstiele nicht ausreicht, um als Griffe zu dienen, helfen Sie mit den Händen nach (C). Sie können dazu den Löffel über eine abgerundete Unterlage (z. B. das Balkongeländer, der Handlauf im Treppenhaus) legen und die Biegung des Stiels Stück für Stück verstärken. Das Ende der Stiele muss wieder in eine gerade Fläche zum Aufliegen auslaufen.

4. Klopfen Sie mit dem Körner oder einem dicken Nagel und dem Hammer jeweils eine Vertiefung in den Stiel, eine mittig in den Löffel. Die Vertiefungen markieren die zu bohrenden Löcher und verhindern, dass beim Bohren der Bohrer verrutscht. Bohren Sie anschließend die Löcher in beide Löffel.

5. Markieren Sie die Bohrlöcher der Löffel auf den Schranktüren, indem Sie die Löffel auf die vorgesehenen Stellen halten und die Löcher mit einem Stift auf die Türen übertragen. Bohren Sie dort die Löcher mit dem Holzbohrer vor. Nun müssen Sie die Löffel nur noch anschrauben.

Werkzeug

- Spachtel
- Schleifpapier
- Lackrolle
- Lackwanne
- kleiner Pinsel
- Stift
- Hammer
- Körner oder Nagel
- Bohrmaschine
- Metallbohrer
- Holzbohrer
- Schraubenzieher

Material

- Holzspachtelmasse
- ggf. Vorstreichfarbe
- hellgrauer Lack (seidenmatt)
- 2 alte Silberlöffel
- 4 Rundkopfschrauben für Holz

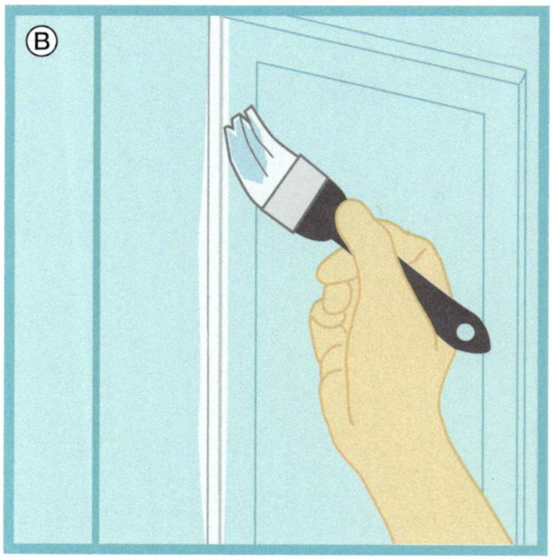

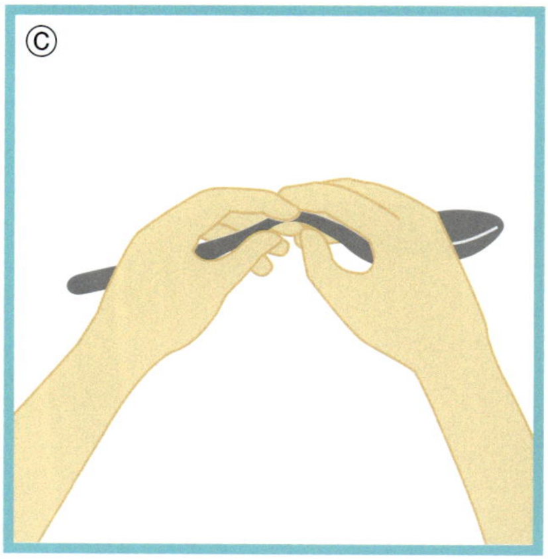

Schwierigkeitsgrad mittel **Mithelfer** nicht nötig **Zeitaufwand** gering bis mittel **Putzfaktor** gering

Vielseitig verwendbar

Falls Sie Gefallen am Thema „Heimwerken mit Besteck" gefunden haben – nur zu, machen Sie weiter! Wie wäre es zum Beispiel mit einem Kronleuchter? Ein alter Rahmen findet sich auf dem Flohmarkt, Haken in jedem Baumarkt – und wie man Löcher in Besteck bohrt, wissen Sie ja jetzt auch!

Blickfang **Schuhregal**

Frauen haben ja nicht einfach Schuhe. Sie verfügen über eine Schuhsammlung, und die will gezeigt werden. Dieses Regal funktioniert nur für die Exemplare mit Absatz – aber wer will die anderen schon vorzeigen?

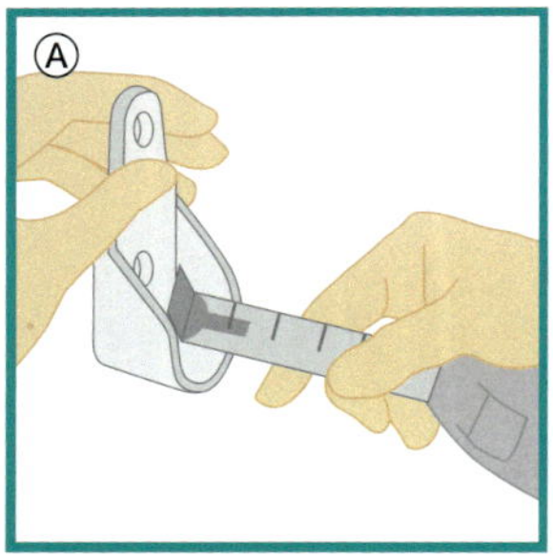

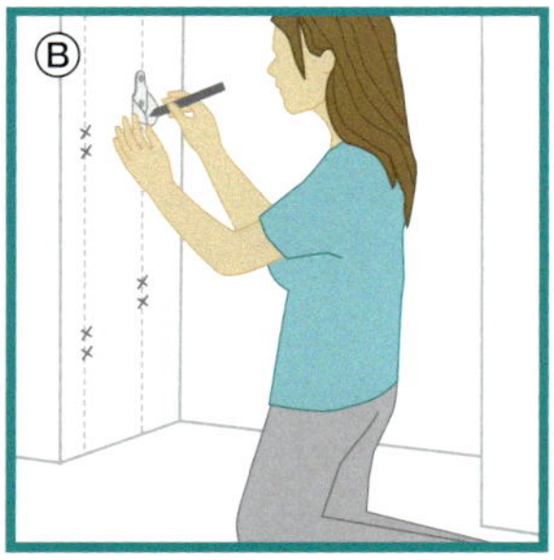

Werkzeug

Maßband
Pinsel
Schleifpapier
Wasserwaage
spitzer Bleistift
Bohrmaschine
Schraubenzieher

Material

2 Holzstangen pro Schuhreihe, 15 mm Durchmesser
Vorstreichfarbe
weißer Lack
Klarlack
2 Schrankrohrlager pro Stange (Seitenwandlager), 15 mm (Eisenwarenhandel)
Schrauben für die Lager, Dübel
Haftgrund für Metall (zum Sprühen)

1. Messen Sie die Breite der Nische aus, danach richtet sich die Länge der Holzstangen. Ziehen Sie zweimal die Dicke der Rohrlager ab und, je nach Tiefe der Auflagefläche (A), ein paar Millimeter beidseitig für den Spielraum, den Sie zum Einhängen der Stangen brauchen. Auf die so ermittelte Länge lassen Sie die Stangen im Baumarkt zusägen.

2. Streichen Sie die Stangen zunächst mit Vorstreichfarbe an. Nachdem diese getrocknet ist, wird angeschliffen. Danach bekommen die Stangen einen Anstrich mit weißem Lack; nach dem Trocknen wird nochmals lackiert. Tragen Sie darüber noch eine Schicht Klarlack auf, das macht die Lackierung strapazierfähiger.

3. Was jetzt folgt, ist Maßarbeit: Zeichnen Sie die Bohrlöcher für die Rohrlager nach folgenden Abständen (von Lagermitte zu Lagermitte) auf den Seitenwänden der Nische an: Die vorderen Stangen müssen mindestens 5 cm zurückversetzt liegen, damit die Schuhspitzen nicht aus der Nische herausschauen.

4. Auf einer senkrechten Linie (für die vordere Stangenreihe) wird ein Lager an der vorgesehenen untersten Position angehalten und die Bohrlöcher markiert. Das Lager wird dann um 22 cm nach oben versetzt und dort werden wiederum die Bohrlöcher markiert usw., bis links und rechts die Positionen für alle Lager der vorderen Stangen angezeichnet sind. (B)

5. Nun folgt die hintere Reihe. Die Lager werden hier auf einer senkrechten Linie angebracht, die 13 cm hinter der Senkrechten für die Vorderreihe verläuft. Die unterste Stange muss hier aber 8 cm höher liegen als die unterste Stange der vorderen Reihe. Halten Sie ebenfalls jeweils im Abstand von 22 cm ein Lager an, um die Bohrlöcher anzuzeichnen. Lassen Sie nach unten und nach oben etwas Raum, damit die Nische nicht überfrachtet wirkt. Auf der gegenüberliegenden Seite verfahren Sie genauso.

6. Bohren Sie die Löcher auf der linken Seite, versenken Sie die Dübel und schrauben Sie die Lager an.

7. Für den nächsten Schritt wäre ein Helfer von Vorteil: Halten Sie auf der rechten Seite das Lager an der markierten Stelle an die Wand, legen Sie die Stange ins linke Lager ein und kontrollieren Sie mit der Wasserwaage, ob alles stimmt (C). Nichts wäre hier fataler als eine schräge Stange. Gehen Sie so Stange für Stange vor, bohren Sie die Löcher auf der rechten Seite und montieren Sie die Lager. Nun können alle Stangen an ihren Platz.

Schwierigkeitsgrad leicht

Mithelfer ein Mithelfer zum Lackieren gern gesehen, zum Montieren unverzichtbar

Zeitaufwand mittel bis groß (wegen der Trockenzeiten)

Putzfaktor gering

Regal
aus Gewindestangen

Einfaches Prinzip, viele Möglichkeiten. Ob hängend mit lackierten Platten oder stehend mit rohen Dielen, ob Sie ein paar Teller oder ein paar Hundert LPs unterbringen wollen – das Prinzip des Gewindestangenregals ist allen Anforderungen gewachsen.

1. Zeichnen Sie mithilfe einer Schablone die Bohrlöcher in den Ecken an (A) und zusätzlich je zwei Bohrlöcher auf der halben Länge der Platten (B). Schneiden Sie dazu ein Pappquadrat von 8 x 8 cm zu und platzieren Sie ein Loch genau in der Mitte. Wenn Sie die Schablone an den Ecken der Platten bzw. auf der halben Plattenlänge exakt auflegen, liegen alle Bohrlöcher jeweils 4 cm von den Außenkanten entfernt. Durchbohren Sie die Platten anschließend entsprechend der Markierungen.

2. Als nächstes werden die Platten von allen Seiten mit der Rolle grundiert. Nach dem Trocknen werden die Platten mit Schleifpapier geglättet.

3. Nun bekommen die Platten eine Lackierung in zwei Schichten (jede Schicht gut trocknen lassen).

4. Für die Montage brauchen Sie unbedingt zwei Helfer. Schrauben Sie zunächst die Gewindestangen fest in die Dübel ein.

5. Dann schrauben Sie auf jede Stange eine Mutter bis zur der Höhe, auf der die obere Platte anstoßen soll (also bis etwas über die halbe Höhe der Stange hinaus).

6. Legen Sie je eine Unterlegscheibe um die Bohrlöcher der ersten Platte, jetzt wird die Platte auf die Stangen geschoben. Es folgt auf jeder Stange eine Unterlegscheibe und eine Mutter.

7. Nun werden wieder jeweils eine Schraube, eine Unterlegscheibe und dann die zweite Platte angebracht. Nach unten wird das Regalbrett mit einer Hutmutter auf jeder Stange fixiert. (C)

8. Zum Schluss justieren Sie die Muttern, bis die Regalböden genau ausgerichtet sind.

Werkzeug
Stift
Schere
Lineal
Bohrmaschine
Holzbohrer
Lackrollen, Lackwanne
Schleifpapier
Wasserwaage

Material
2 MDF-Platten, 38 mm stark, 25 cm x 200 cm
Pappe für Schablone
Grundierung
weißer Lack
6 Gewindestangen, 8 mm Durchmesser, 100 cm lang
18 einfache Muttern
24 Unterlegscheiben
6 Hutmuttern
6 Messing-Spreizdübel

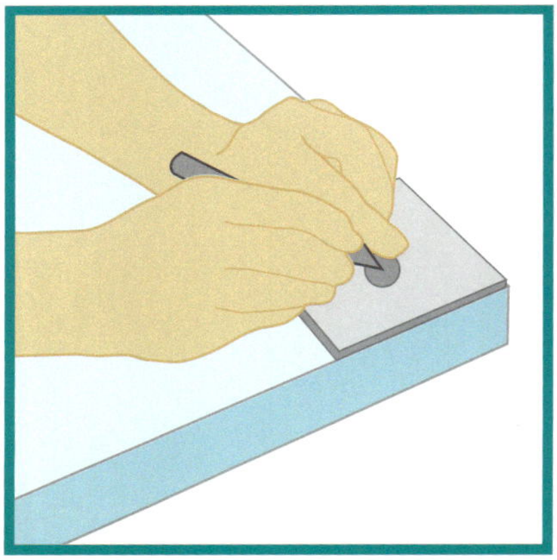

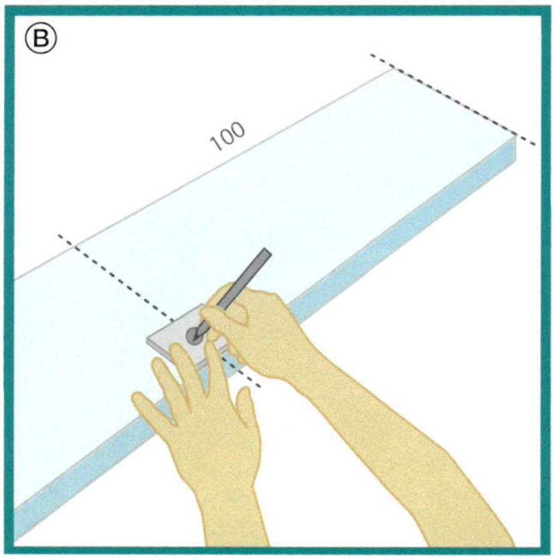

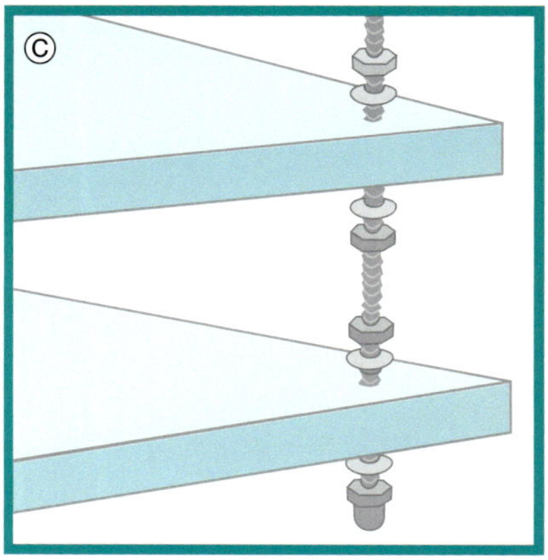

Schwierigkeitsgrad einfacher, als das schöne Stück vermuten lässt **Mithelfer** unbedingt zwei Helfer für die „Auffädelarbeit" organisieren **Zeitaufwand** gering bis mittel **Putzfaktor** gering

Standregal

Für die stehende Version benötigen Sie einen Regalboden mehr (hier rohe Baudielen, 4 cm stark) als Deckplatte. Die Hutmuttern bilden den oberen Abschluss auf den Gewindestangen, unten erhalten sie aufschraubbare Möbelfüße. Mit Zahlenschablonen und schwarzem mattem Lack können Sie die Beschriftung aufbringen.

Sideboard – Möbelbauen für Eilige

Schneller kann ein Möbelstück wohl nicht gebaut werden. Sägen, bohren, leimen und zusammenstecken – das Einzige, was hier überhaupt dauert, ist das Trocknen des Leims. Mit der niedrigen Höhe lässt sich das Sideboard auch als Sitzbank nutzen.

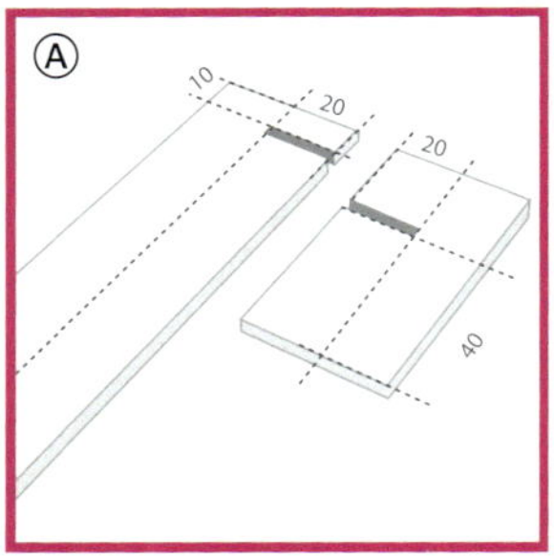

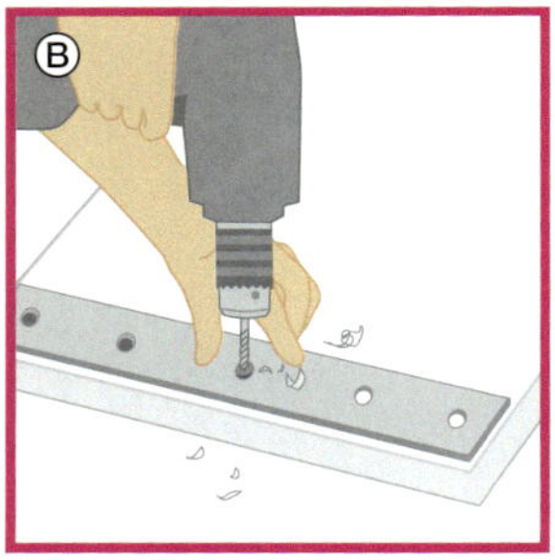

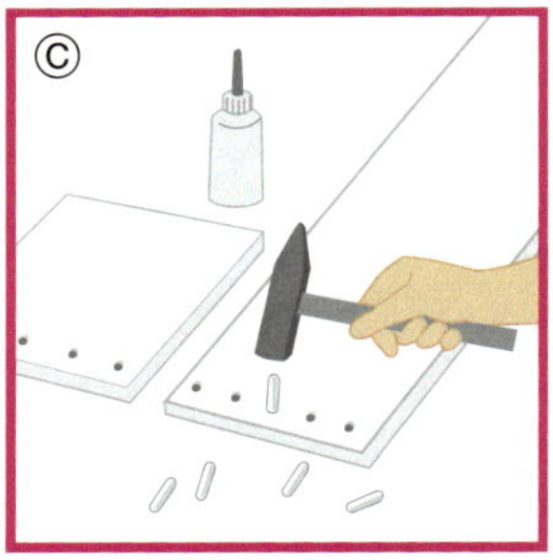

Werkzeug

Stift
Lineal
Stichsäge
Schleifpapier
Bohrmaschine
Holzbohrer
etwas dickeres Tuch

Material

Massivholzplatten Fichte:
28 mm x 40 cm x 170 cm
28 mm x 40 cm x 40 cm
28 mm x 40 cm x 60 cm

flache Holzleiste 28 mm x 40 cm
Holzleim
5 Holzdübel 2,5 cm lang, 8 mm Durchmesser
Hammer
einfache Kerze (weiß)
Holzwachs

1. Lassen Sie sich die Holzplatten im Baumarkt auf die richtige Größe zusägen.

2. Die Ausschnitte an der langen und der mittleren Platte, durch die sich die beiden Platten dann zusammenschieben lassen, sägen Sie mit der Stichsäge aus. Zeichnen Sie dazu den Einschnitt in die lange Platte auf der später dem Raum zugewandten Seite an in einer Breite von 28 mm und einer Länge von 20 cm. Der Einschnitt erfolgt 10 cm vor der rechten Kante der Platte. Der Einschnitt für die mittlere Platte liegt auf der zur Wand gerichteten Seite, ebenfalls 28 mm breit und 20 cm lang. Der Einschnitt beginnt auf 40 cm Höhe, d. h. es bleiben analog zur kurzen Platte 40 cm als Seitenteil unter der langen Platte stehen (A). Alle Schnittflächen müssen Sie sorgfältig glatt schleifen.

3. Aus der Holzleiste stellen Sie eine Schablone für die Bohrlöcher her, indem Sie die Bohrlöcher in den Abständen 2 cm – 12 cm – 12 cm – 12 cm – 2 cm zwischen beiden Schmalseiten aufzeichnen und vorbohren. (B) Mithilfe dieser Schablone können Sie nun alle Löcher bohren, einmal auf einer Schnittfläche der kurzen Platte und dann auf der Unterseite der langen Platte entlang des später aufliegenden Endes. Die Löcher müssen mindestens 1,5 cm tief sein, damit genug Platz für Dübel und Leim ist.

4. Geben Sie nun Leim in alle Bohrlöcher und auch auf die Flächen zwischen den Löchern (C). Verbinden Sie beide Platten mit den Dübeln, klopfen Sie die kurze Platte leicht mit der Seitenfläche des Hammers (damit keine Dellen im Holz entstehen, Sie können vorsichtshalber auch ein etwas dickeres Tuch unterlegen) gegen die lange Platte, bis beide gut aneinander sitzen. Dann drehen Sie die Platten auf die Seite, so dass der Schlitz an der langen Platte nach oben gerichtet ist.

5. Schieben Sie nun die mittlere Platte ein. Wo es hakt, müssen Sie mit Schleifpapier ein bisschen nachhelfen. Für ein leichteres Einschieben sorgt auch Kerzenwachs: Fahren Sie einfach mit einer Kerze über die Innenflächen.

6. Jetzt können Sie das Sideboard aufstellen und das Holz mit einem schützenden Wachs behandeln.

Schwierigkeitsgrad bei geübtem Umgang mit Bohrmaschine und Stichsäge – gering

Mithelfer gern (zum Halten und Bewegen der Platten)

Zeitaufwand gering

Putzfaktor gering

Material & Werkzeug für den Möbelbau

Platten für den Möbelbau

- **Leimholzplatten** sind Massivholzplatten aus miteinander verleimten Holzlamellen, meist aus Fichten- oder Kiefernholz.
- **Sperrholzplatten** sind aus mehreren quer zueinander liegenden Schichten aufgebaut. Sie sind besonders homogen und je nach Stärke sehr belastbar.
- **Spanplatten** sind die am häufigsten beim Möbelbau verwendeten Platten. Sie bestehen aus zerspanten und mit Leim vermischten Holzabfällen, die zu Platten gepresst werden. Sie sind sehr preiswert und universell einsetzbar.
- **Mitteldichte Faserplatten (MDF)** sind aus fein zerfasertem Holz mit Leim gepresst und haben eine sehr feine Struktur, wodurch sie besonders für hochwertige Lackierungen geeignet sind.

Knowhow Schleifpapier

Schleifpapier gibt es von grob bis fein. Die verwendete Körnung richtet sich danach, ob man aufrauen oder glätten will und wie grob oder fein die zu behandelnde Fläche ist.

- Ein rauer, harter Untergrund braucht zunächst ein gröberes Papier, von dem man Schritt für Schritt zum feineren Papier übergeht.
- Um glatte Oberflächen anzurauen, nimmt man ein feineres Papier, damit die Oberfläche nicht zerkratzt wird.
- Wenn man größere Flächen mit Schleifpapier behandeln will, hilft es, wenn man das Papier um einen Schleifblock aus Holz oder Kork legt.
- Schmale Fugen: Extrem schmale Oberflächen erreicht man, wenn man Schleifpapier um einen Messerrücken legt.

Pinselkunde

Größe
Die richtige Größe richtet sich im Allgemeinen nach der Größe der zu streichenden oder lackierenden Fläche, denn ein größerer Pinsel nimmt auch mehr Farbe bzw. Lack auf.

Borsten
Je dichter die Borsten des Pinsels sind, umso weniger Streifen hinterlässt er. Wichtig ist auch, dass der Pinsel keine Borsten verliert.

Flachpinsel
eignet sich gut für den Auftrag auf große, ebene Flächen, z. B. Tischflächen, Türen

Rundpinsel
eignet sich für kleine und schwer erreichbare Flächen, z. B. Ecken, Kanten

Schablonierpinsel
spezieller Pinsel für Schablonenarbeiten auf Wänden oder anderen Untergründen, hat kurze, starke Borsten

Lackrollen
Lackrollen werden mit verschiedenen Oberflächen angeboten, vom Schaumstoff über Flausch bis zu Gummi. Eine ganz normale, für das Lackieren eher feinporige Schaumstoffrolle funktioniert eigentlich immer gut. Es gibt sie auch in schmalerer Ausführung, was für bestimmte Arbeiten sinnvoll ist.

Schrauben

- **Holzschrauben:** Diese Schrauben werden direkt in ein vorgebohrtes Loch im Holz geschraubt. Bei den Holzschrauben ist es wichtig, auf die Köpfe zu achten. Sie können je nach Form nach dem Eindrehen erhaben, flach oder ins Holz versenkt sein.
- **Wandschrauben:** Schrauben dieser Art werden in einen in der Wand eingelassenen Dübel vom gleichen Durchmesser eindreht. Die Köpfe von Wandschrauben liegen gemeinhin flach auf der Wand, für Aufhängungen gibt es Schraubhaken.
- **Schrauben für Faserplatten (Span- und MDF-Platten):** Für Faserplatten sollten ausschließlich dafür bestimmte Schrauben verwendet werden. Sie laufen nicht konisch zu, sondern sind zylindrisch, das Gewinde reicht bis zum Kopf. Für die Größe gilt: 1/5 der Plattenstärke für den Durchmesser, 2,5-fache Plattenstärke für die Länge.

Werkzeugverleih & Zuschneideservice

In vielen Städten gibt es Firmen, die Werkzeug und Maschinen aller Art verleihen. Wenn Sie nicht sowieso über einen gut ausgestatteten Hobbykeller verfügen, sollten Sie diese Möglichkeit nutzen. Auch Baumärkte bieten diesen Dienst oft an, zudem kann man dort auch fast alles zuschneiden lassen.

Unverzichtbare Werkzeuge

- **Bohrmaschine:** Eines der wichtigsten Werkzeuge beim Heimwerken ist die Bohrmaschine, die einen Steinbohrer, Holzbohrer und Senkkopfbohrer mit sich bringt.
- **Akkuschrauber:** Für Arbeiten, bei denen unzählige Schrauben eingedreht werden müssen, ist es sinnvoll, einen Akkuschrauber zu benutzen.
- **Stichsäge:** Beim Bauen von Möbeln aus Holz kann der Einsatz einer Stichsäge unerlässlich sein. Wenn Sie sich eine ausleihen, lassen Sie sich die Bedienung zeigen. Sie werden feststellen, dass es einfacher ist, als man denkt.

CB

Wohn-accessoires

Wichtige **Werkzeuge**

Hier brauchen Sie alles: Cutter und Schere, Hammer, Pinsel, Schleifpapier, Sägen, Spachtel, Bürsten, Schraubenzieher … Sollten Sie über einen gut ausgestatteten Werkzeugkasten verfügen, kommt er bei den Projekten in diesem Kapitel endlich mal ausgiebig zum Einsatz!

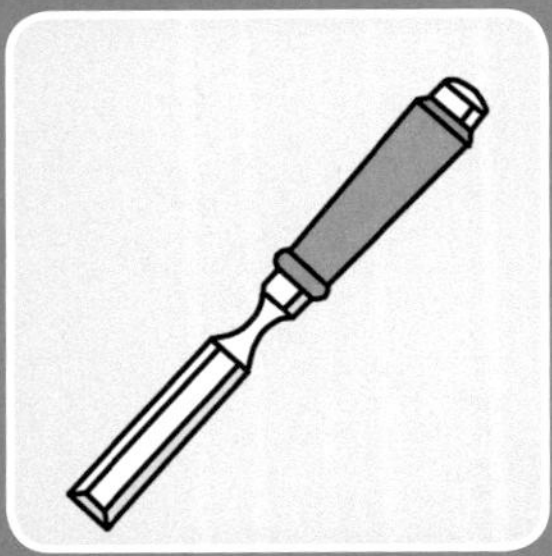

Beitel

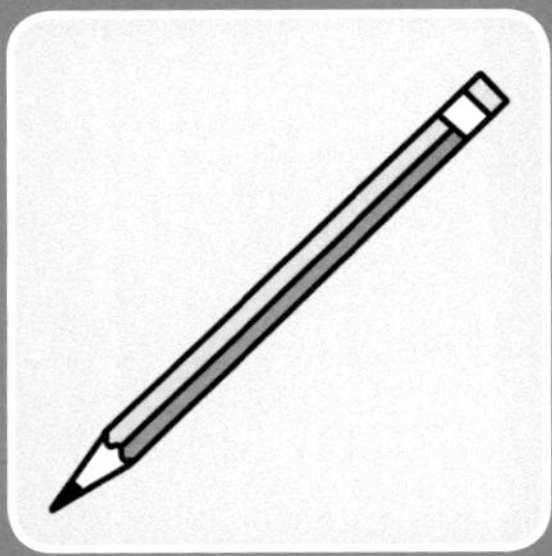

Bleistift

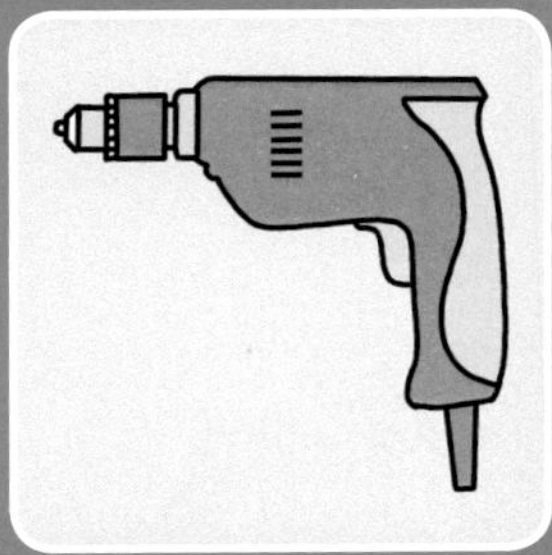

Bohrmaschine

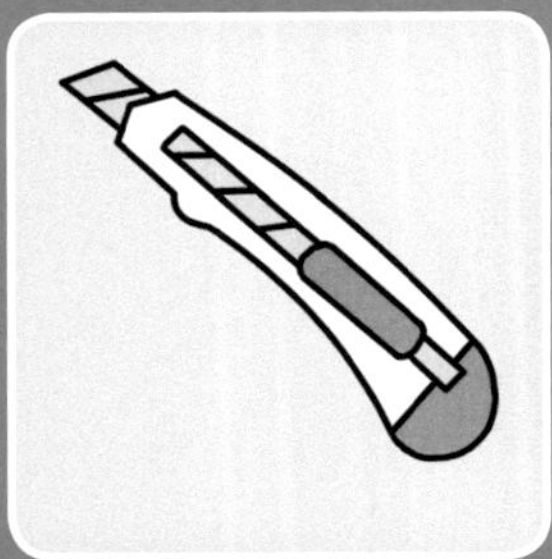

Cutter

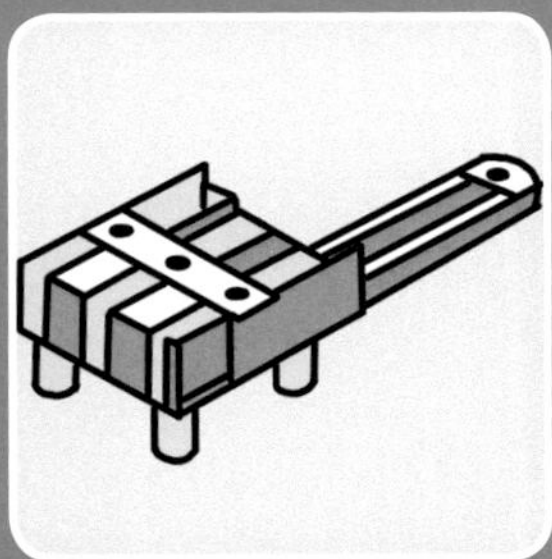

Dübellehre

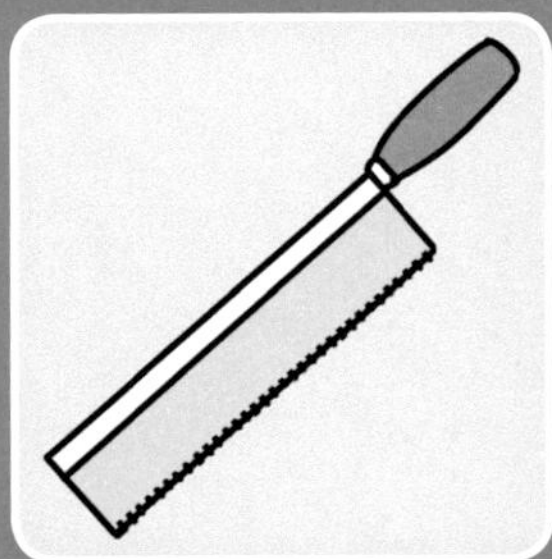

Feinsäge

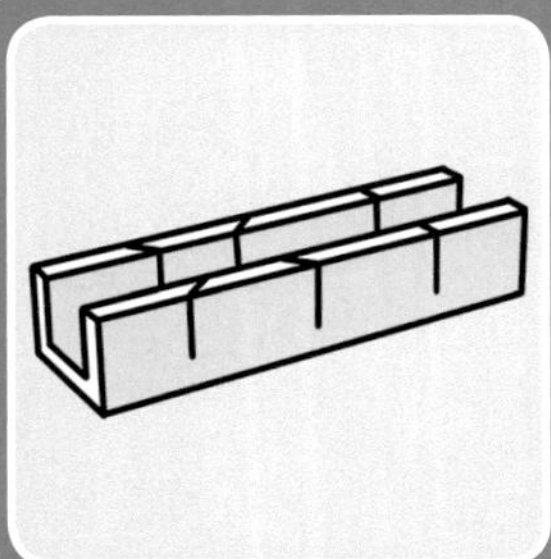

Gehrungslade

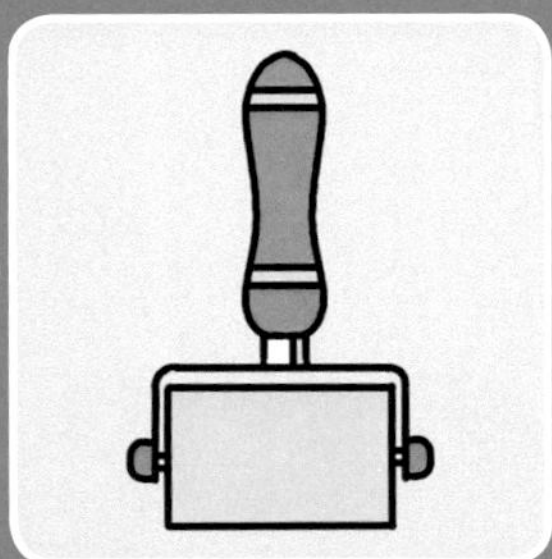

Gummiwalze

Hammer

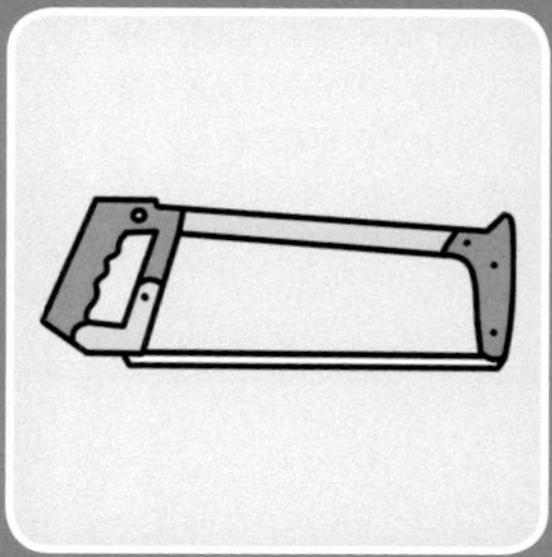

Handmetallsäge

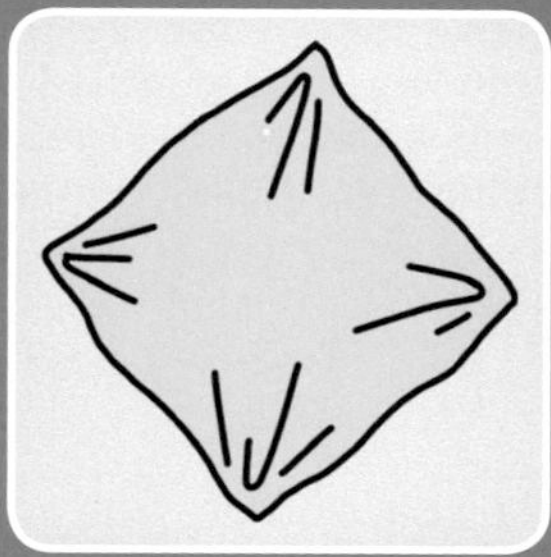

Lappen

Malerkrepp

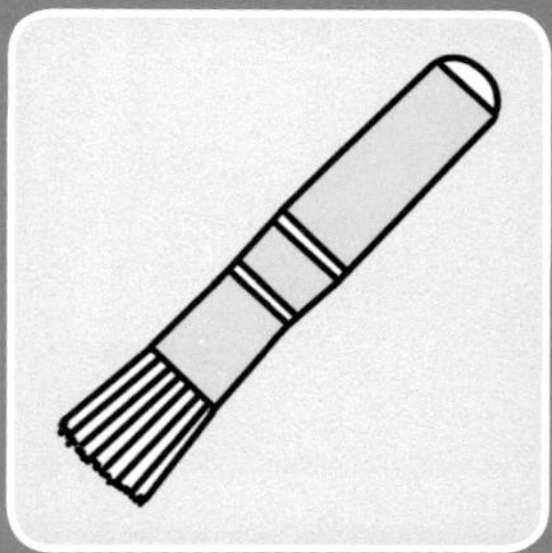

Pinsel

Quast

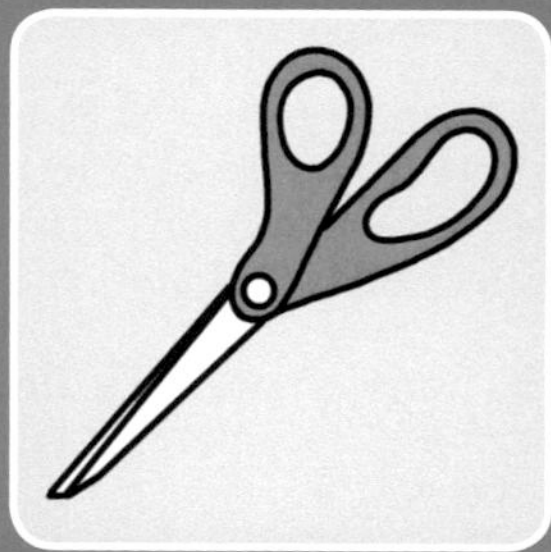

Schere

Schleifpapier

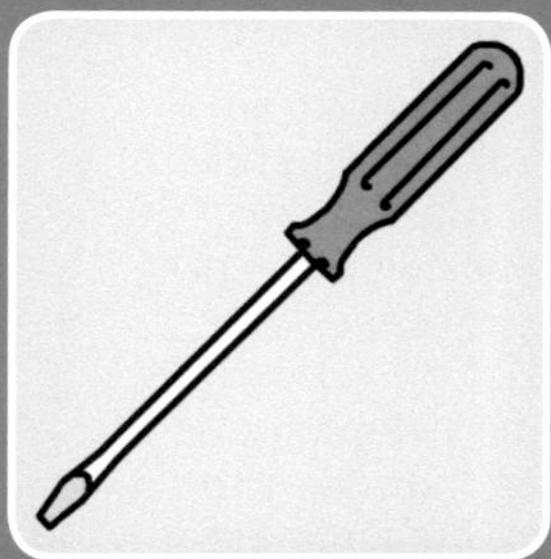

Schraubenzieher

Spachtel

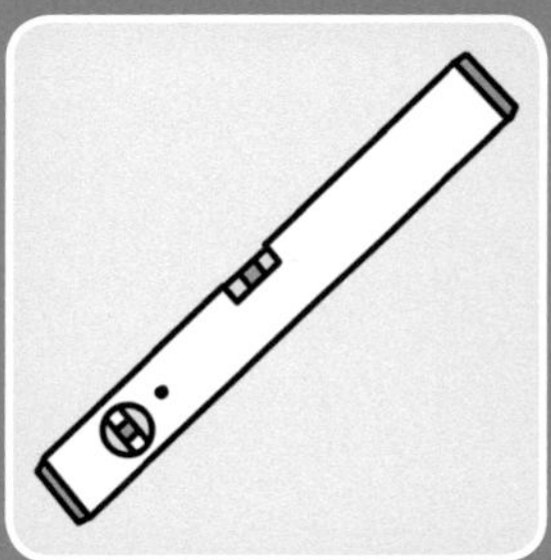

Wasserwaage

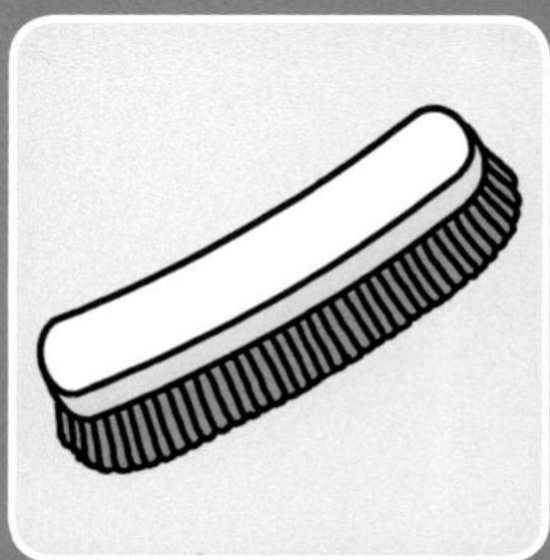

weiche Bürste

Zollstock/Maßband

Traumhafte
Lampenschirme 1

Eine Lampe für Träume von fernen Ländern und großen Abenteuern, eine Lampe, die Erinnerungen an heiße Sommertage weckt, eine Lampe für Ihre romantische Lieblingsecke ... Anstatt lange und womöglich vergeblich nach einem ganz speziellen Stück zu suchen, machen Sie es doch einfach selbst!

Landkartenlampe

1. Für die Landkartenlampe wählen Sie eine einseitig bedruckte Landkarte aus. Kleiner Tipp: Besonders freundlich wirkt später eine Region mit vielen Wasserflächen und kleineren Landflächen.

2. Als Grundlage dient eine schlichte Stehlampe mit einem glatten, weißen, zylindrischen Schirm. Sie können von einem Lampenschirm auch den Bezug abnehmen und ihn durch eine stabile, transparente Spezialfolie für Lampenschirme ersetzen.

3. Messen Sie Höhe und Umfang des Lampenschirms und übertragen Sie die Maße auf die Landkarte. (A)

4. Schneiden Sie den Streifen aus der Karte aus und sprühen Sie die Rückseite gleichmäßig mit Sprühkleber ein (am besten im Freien).

5. Legen Sie den Kartenstreifen auf den Schirm auf und streichen Sie ihn ringsum fest. Achten Sie darauf, dass keine Blasen entstehen. Falls die Enden des Streifens überlappen, können Sie dort mit Cutter und Lineal vorsichtig nachschneiden.

6. Überkleben Sie den oberen und unteren Rand des Kartenstreifens mit einem farblich passenden Klebeband. Wenn die Naht an den Streifenenden deutlich sichtbar ist, wird auch sie mit einem Streifen Klebeband abgedeckt. (B)

7. Die Bordüre mit kleinen Troddeln kleben Sie von innen mit transparentem, doppelseitigem Klebeband an.

(A)

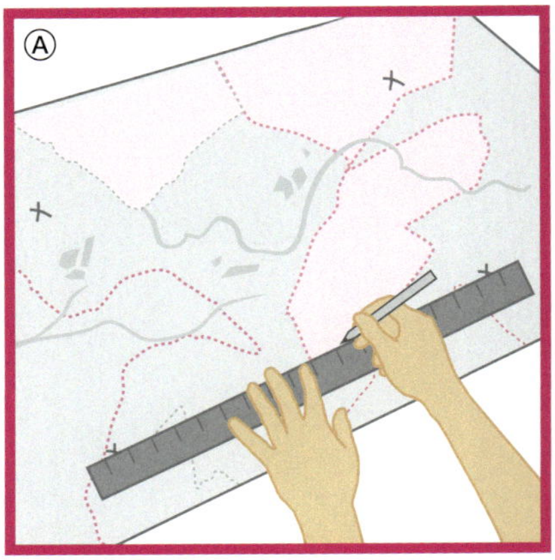

(B)

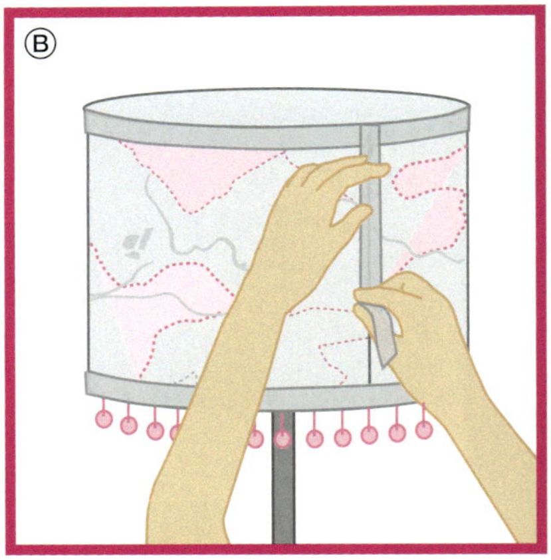

Hell statt dunkel

Wenn eine Lampe nicht nur dekorativ aussehen, sondern zudem auch noch Licht spenden soll, empfiehlt es sich, mit hellen Materialien zu arbeiten. Dunkle Stoffe oder dunkle Farben lassen nur wenig Licht durchscheinen.

Werkzeug

Maßband
Stift
Lineal
Schere
Cutter

Material

Landkarte
Stehlampe
Lampenschirmfolie (Bastel-/Hobbybedarf)
Sprühkleber
schmales transparentes doppelseitiges Klebeband
Troddelbordüre (Polsterei- oder Schneidereibedarf)
farbiges Klebeband

Schwierigkeitsgrad leicht

Mithelfer Das schaffen Sie ganz allein!

Zeitaufwand mittel

Putzfaktor gering

Traumhafte

Lampenschirme 2

Werkzeug

Lampenschirm, möglichst weiß

transparente selbstklebende Folie

Acrylfarbe oder Deco-Painter

Material

Schwarzer Konturenstift

Schere

Cutter

Pinsel

Zeichenblock

Blütenlampe

1. Wenn Sie eher zu Blumenmotiven neigen, zeichnen sie abstrakte Blütenmotive mit dickem schwarzen Konturenstift auf ein Blatt Papier, so dass die Linien auch durch den Klebeschutz der Folie erkennbar sind. Messen Sie, wie bei Lampe A, den Lampenschirm aus und schneiden entsprechend die Folie zu. Oben und unten ca. 1 cm zugeben.

2. Anschließend legen Sie die Musterzeichnung unter die transparente Folie. Mit feinem Pinsel und Acrylfarben oder Decopainter das Muster auf die Folie übertragen. (A)

3. Farbe trocknen lassen. Dann die Folie auf den Lampenschirm aufkleben, den Überstand oben und unten nach innen schlagen.

Romantische Stofflampe

1. Für dieses Modell bekleben Sie einen alten weißen Lampenschirm mit weißem, festen Tüll oder steifem Organza. Drapieren Sie den Stoff locker, so dass er Wellen und Falten bildet.

2. Anschließend schneiden Sie aus demselben Stoff mit einem Heißschneider Rechtecke und Kreise aus und drapieren diese folgendermaßen zu Blüten oder Schleifen: Für die Blüten raffen Sie den Stoff von unten in der Mitte leicht zusammen und drehen bzw. falten ihn in Form. Für die Schleifen raffen Sie die Mitte und falten Sie die Seiten auseinander. Heften Sie die Blüten oder Schleifen mit einem starken Faden und einer Stopfnadel. (B)

3. Nun können Sie Ihre Kunstwerke mit dem gleichen Faden mit mehreren Stichen auf den Lampenschirm nähen. (C)

4. Mit Rocaille-Perlen und Schmuckdraht können Sie kleine „Staubgefäße" oder Verzierungen für die Blüten bilden und mittig in den Blüten mit vorsichtigen Stichen befestigen.

Werkzeug

Schere

Heißschneider

Stopfnadeln

Material

Lampenschirm, möglichst aus weißem Stoff

fester Organzastoff oder grober Tüll

Schmuckdraht

Rocaille-Perlen

Heißschneider

Sprühkleber

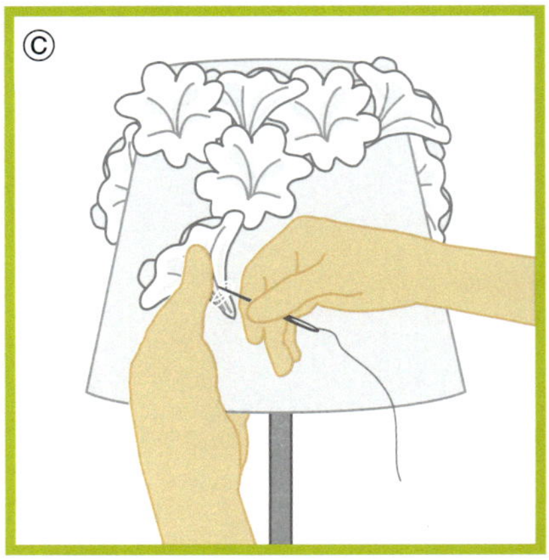

Schwierigkeitsgrad leicht **Mithelfer** Das schaffen Sie ganz allein! **Zeitaufwand** mittel **Putzfaktor** gering

Wichtig für alle Lampen

Immer nur Materialien verwenden, die wärmebeständig sind. Außerdem sollten Sie sich nie an der Elektrik einer Lampe zu schaffen machen – das könnte fatale Folgen haben! Wenn Sie den Lampenschirm verzieren, reicht das völlig aus!

Blütenträume

Mit diesen Stoffblüten können Sie nicht nur Lampen, sondern auch Kissen, Decken und Vorhänge verzieren. Es muss ja auch nicht immer flächendeckend sein: Einzelblüten sind schnell angefertigt und machen noch den langweiligsten Stoff zum Blickfang.

Schöner Schein: **Lichtspirale**

Blickfang an der Wand und Lichtspender der Extraklasse, zudem noch selbst geschaffen – um diese Lichtinstallation wird man Sie beneiden!

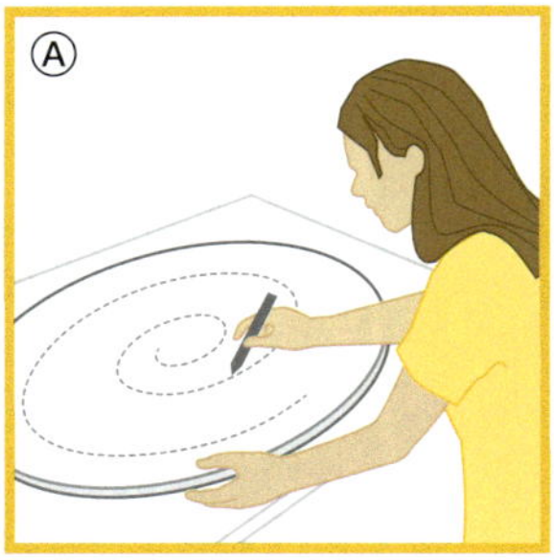

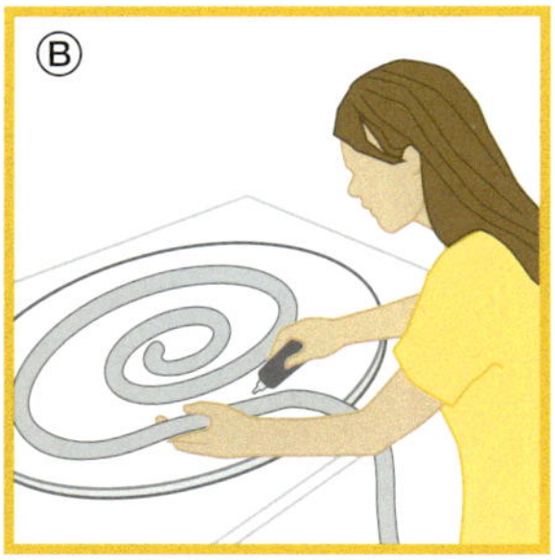

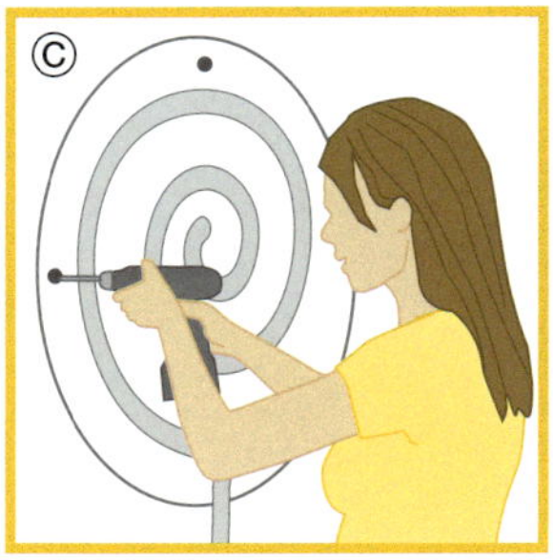

1. Lassen Sie sich im Fachgeschäft als Untergrund für Ihre Lichtspirale eine runde Scheibe aus dünnem Plexiglas schneiden. Der Einfachheit halber können dort auch schon die Löcher für die spätere Aufhängung angebracht werden: Am sichersten hängt die spätere Installation mit drei Befestigungen: oben, rechts und links (also auf 12, 3 und 9 Uhr).

2. Messen Sie die Löcher der Scheibe aus und markieren Sie die entsprechenden Stellen für die Dübel an der Wand. Überprüfen Sie mit der Wasserwaage, ob die Markierungen waagerecht sind. Anschließend Löcher bohren und Dübel einsetzen.

3. Legen Sie mit einer dicken Kordel eine Muster-Spirale auf die Scheibe und zeichnen Sie den Verlauf mit einem Bleistift nach (A). So ermitteln Sie auch gleich, wie lang Ihr Lichtschlauch sein muss – einfach die verbrauchte Kordel nachmessen. Lichtschlauch gibt es als Meterware, die allerdings immer nur in bestimmten Abständen geschnitten werden kann: Das müssen Sie bei der Bestimmung der Länge berücksichtigen.

4. An der Schnittkante des Lichtschlauches stecken Sie mit wenigen Handgriffen die Anschlussleitung mit dem Netzstecker ein. Genaue Anleitung des Herstellers beachten!

5. Legen Sie den Lichtschlauch in der gewünschten Anordnung auf die Plexiglas-Scheibe: Achten Sie darauf, dass die Anschlussleitung genau mittig am unteren Ende der Scheibe liegt. Jetzt abschnittsweise von innen nach außen den Lichtschlauch mit einem Spezialkleber für Kunststoffe auf der Plexiglasscheibe befestigen (B). Den Kleber anschließend gut trocknen lassen.

6. Nun brauchen Sie einen Helfer, der die Scheibe an die Wand hält. Schrauben Sie dann mit dem Akkuschrauber zuerst die obere Schraube fest (dann hält die Scheibe auch schon von allein), dann die Schrauben links und rechts. (C)

Länger leuchtend

LED-Lichtschläuche gibt es im Fachhandel mit unterschiedlichen Durchmessern und in unterschiedlichen Farbtönen zu kaufen. Gegenüber herkömmlichen Lichtschläuchen bieten sie den Vorteil einer viel längeren Haltbarkeit (bis zu 80.000 Stunden). Für den Innenbereich empfiehlt sich Warmweiß als Leuchtfarbe – so erhalten Sie ein harmonisch-angenehmes Licht.

Werkzeug

Schere
scharfes Messer
Hammer

Material

Plexiglasscheibe, Durchmesser ca. 50 cm
LED Lichtschlauch
Anschlussleitung mit Netzstecker (erforderliche Länge prüfen)
Spezialkleber für Kunststoff
Wanddübel, Schrauben

Schwierigkeitsgrad leicht **Mithelfer** 1, beim Aufhängen der Scheibe **Zeitaufwand** wenn alle Bestandteile zusammen sind, geht die eigentliche Herstellung schnell **Putzfaktor** gering

Stilvoller **Rahmen**

Bilderrahmen mit Passepartouts für mehrere Fotos liegen voll im Trend – was man auch an dem breiten Angebot im Handel sieht. Wie wäre es stattdessen mit einer ganz individuellen Variante, die außer Ihnen garantiert niemand hat?

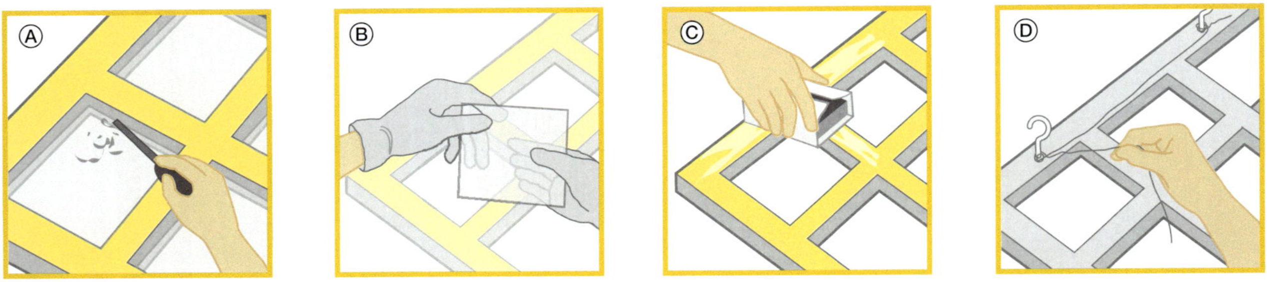

Werkzeug

Beitel
Schleifpapier oder Schwingschleifer
Spachtel
weiche Bürste
Feinsäge
Hammer
Wandhaken

Material

Abbeizmittel
alter Sprossenfensterrahmen (z. B. vom Flohmarkt oder einem Dachboden)
ggf. farbloser Lack, Wachs oder Farbe
Hartfaserplatten, ca. 2,0 bis 2,5 mm dick
Sprühkleber
doppelseitiges Klebeband
Ringschrauben
Bilderdraht, ca. 1 mm stark
Bilderhaken

1. Bei alten Sprossenfenstern sind die Glasscheiben meist eingelegt und mit Kitt befestigt. Löst man den Kitt rundum ab, lassen sich die einzelnen Scheiben komplett entfernen. Sind alle Scheiben entfernt, kann die Arbeit am Rahmen beginnen. (A, B)

2. Vom Zustand des Holzrahmens und von Ihrer Vorstellung, wie er sich später an Ihrer Wand präsentieren soll, hängt ab, wie intensiv Sie den Rahmen bearbeiten müssen. Wenn Sie viel alte Patina erhalten wollen, reicht ein bisschen Nachschleifen mit Schleifpapier schon aus. (C)
Ist dagegen noch viel Lack auf dem Rahmen vorhanden, den Sie gern entfernen möchten, sollten Sie ein Abbeizmittel verwenden. Dann die Farbe mit einem Spachtel abtragen. Wenn Sie einzelne Farbflecken erhalten, ergibt das einen schönen „used"-Effekt. Ist die frühere Farbe komplett abgeblättert, können Sie selbst auch Lack auftragen und nach dem Trocknen partiell wieder entfernen.

3. Die behandelten Flächen anschließend mit klarem Wasser und Bürste abwaschen. (Kleiner Tipp: Dem letzten Waschwasser einen Schuss Essig zugeben.)

4. Wenn Sie den Rahmen nach dem Trocknen mit flüssigem Holz-Wachs bearbeiten, bekommt er wieder neue Frische. Der transparente Wachs trocknet anschließend farblos auf.

5. In den so vorbereiteten Rahmen drehen Sie auf der Rückseite, etwa 1 cm unterhalb der oberen Kante, rechts und links eine Ringschraube in das Holz ein. Zwischen den Ringschrauben spannen Sie einen stabilen Metalldraht, den Sie in den Schrauben fest verknoten (D). Je nach Größe und Schwere des Rahmens sollten Sie ihn mit ein oder zwei Haken an der Wand befestigen.

6. Für die Bilder in den einzelnen Sprossen wählen Sie nach Belieben alte oder neue Fotos, schwarz-weiß oder in Farbe und in unterschiedlichen Größen aus.

7. Sägen Sie die Hartfaserplatten mit einer Feinsäge auf die entsprechenden Fotogrößen zurecht. (Wenn Sie die Fotos vorher ausgewählt haben, können Sie sich die Platten auch im Baumarkt zuschneiden lassen.)

8. Nun befestigen Sie die Fotos mit Sprühkleber auf den Platten, bringen auf der Rückseite in jeder Ecke einen Streifen doppelseitiges Klebeband an und kleben die Fotoplatten zwischen die einzelnen Sprossen vorsichtig an die Wand.

Schwierigkeitsgrad leicht **Mithelfer** nicht nötig **Zeitaufwand** gering **Putzfaktor** gering

Schnäppchen jagen

Professionelle Unternehmer handeln heute mit alten Baumaterialien. Da haben dann auch schöne alte Sprossenfenster ihren Preis. Aber zuweilen lohnt es auch, einfach einmal „über die Dörfer“ zu ziehen und zu schauen, wo alte Häuser saniert werden. Da kann man das eine oder andere Schätzchen dann auch schon mal für kleines Geld bekommen.

Dekostücke:

Mini-Ablagen

Sie haben eine alte Kommode ausrangiert? Prima, werfen Sie die vielen kleinen Schubladen bloß nicht weg. Auch die alten Schaukästen mit Großvaters Schmetterlingssammlung sind viel zu schade für den Sperrmüll. Mit beidem lassen sich noch tolle Bilderrahmen oder Ablageflächen gestalten!

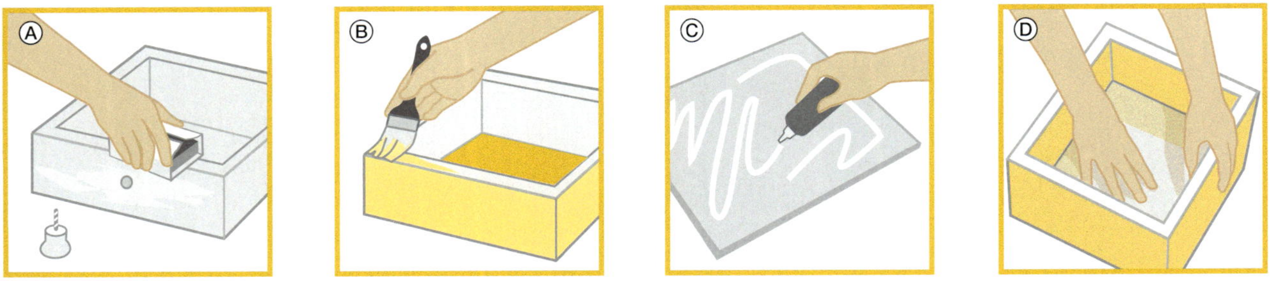

1. Entfernen Sie alle Beschläge, Metallschienen, Knäufe etc. In vielen Fällen wird die Frontseite einer Schublade lackiert oder angestrichen sein und sich dadurch von den übrigen drei Seiten unterscheiden. Entfernen Sie mit Schleifpapier, notfalls mit einem Schwingschleifer, alle Farb- und Lackreste. (A)

2. Wenn die spätere „Rückwand" eine eigene Farbe erhalten soll, beginnen Sie dort mit dem Anstrich. Farbe gut antrocknen lassen, Kanten ggf. mit Malerkrepp abdecken, dann den Rahmen innen und außen streichen. Sie können natürlich auch den gesamten Kasten in Ihrer Lieblingsfarbe streichen. Dazu nehmen Sie am besten Acrylfarbe. (Je nach Holz und gewünschter Farbe zunächst mit Vorstreichfarbe behandeln.) (B)

3. Wenn Sie auf der Rückwand einen Spiegel anbringen wollen, messen Sie die genaue Größe aus und lassen sich im Fachgeschäft einen passenden Spiegel schneiden. Wenn Sie ein altes Reststück haben und selbst schneiden wollen, brauchen Sie dafür einen Glasschneider. Profitipp: Den Kopf des Glasschneiders vor dem Schneiden kurz in Petroleum tauchen. Das sorgt für saubere Schnittkanten. Bei Bedarf die Schnittkante mit Schleifpapier glätten. Dann den Spiegel mit speziellem Spiegelkleber einkleben und trocknen lassen. (C, D)

4. Zum Aufhängen werden auf der Rückseite der Kästen links und rechts Bildösen angeklebt oder angeschraubt – je nachdem, ob die Kästen mit leichter Deko versehen oder aber etwas Schweres hineinstellen möchten. Abstand zwischen den Ösen ausmessen, Markierungen an der Wand anbringen und dort Nägel einschlagen.

5. Anschließend hängen Sie die Kästen an die Wand und dekorieren Sie mit Ihren Lieblingstassen, Bildern oder jahreszeitlich passender Dekoration.

Werkzeug

Schraubenzieher
Schleifpapier oder Schwingschleifer
weiche Bürste
Malerkrepp
Pinsel
Hammer
Glasschneider
Schleifpapier

Material

alte Schubladen
alte Schaukästen
ggf. farblosen Lack, Wachs oder Farbe
Spiegel
Spiegelkleber
stabile Bildösen
Nägel

Schwierigkeitsgrad leicht **Mithelfer** nicht nötig **Zeitaufwand** gering **Putzfaktor** gering

Verzierung
Wer es gern nostalgisch mag, kann eine alte Litze, eine Bordüre oder ein gerüschtes Stück Stoff an den Kanten der Kästen befestigen.

Bildschöne **Garderobe**

Eine für jeden Flur passende Garderobe gesucht? Kein Problem: Mit geringem Aufwand und für wenig Geld können Sie die selbst machen – ganz individuell und für jeden Platz maßgeschneidert.

1. Vermessen Sie die Wand, an der Ihre neue Garderobe angebracht werden soll. Achten Sie darauf, dass die Höhe der Haken (z. B. für ihre Kinder) gut erreichbar ist. Umgekehrt sollten die Haken nicht zu tief hängen, damit auch längere Jacken Platz finden.

2. Markieren Sie zunächst die richtige Höhe der Haken mit einer dünnen Bleistiftmarkierung (mithilfe der Wasserwaage). Dann messen Sie die Größe der Bilder oder Rahmen aus, die über den Haken angebracht werden sollen und markieren Sie auch diese an der Wand. Ausgehend von der Breite der Bilder bestimmen Sie dann den exakten Fixpunkt für die Garderobenhaken (A). Sie können z. B. unter jedem Bild je einen Haken mittig anbringen oder aber auch mehrere Haken in gleichen Abständen – je nach Größe des Bildes. Achten Sie darauf, dass sowohl zwischen den einzelnen Haken, als auch zwischen den Bildern die gleichen Abstände herrschen, sonst sieht das Endergebnis unschön aus.

3. Bestücken Sie nun die Bilderrahmen mit den ausgesuchten Motiven. Sollten Sie alte Holzrahmen verwenden, können Sie diese vorher auch noch mit einer farbigen Lackschicht versehen. Markieren Sie die Wand dort, wo die Nägel für die Bildaufhängung eingeschlagen werden sollen und überprüfen Sie mit der Wasserwaage, ob diese auch ganz waagerecht sind – sonst hängt Ihr Bild später schief. (B)
Wenn Sie es sich ganz einfach machen wollen, verwenden Sie Postkarten oder Poster und befestigen Sie diese mit wiederablösbaren Posterstrips an der Wand.

4. Überprüfen Sie nun noch einmal, ob die Markierungen für die Haken stimmen, bohren Sie anschließend die Löcher für die Garderobenhaken (auf Elektroleitungen achten!), setzen Sie die Dübel ein und schrauben Sie die Haken fest.

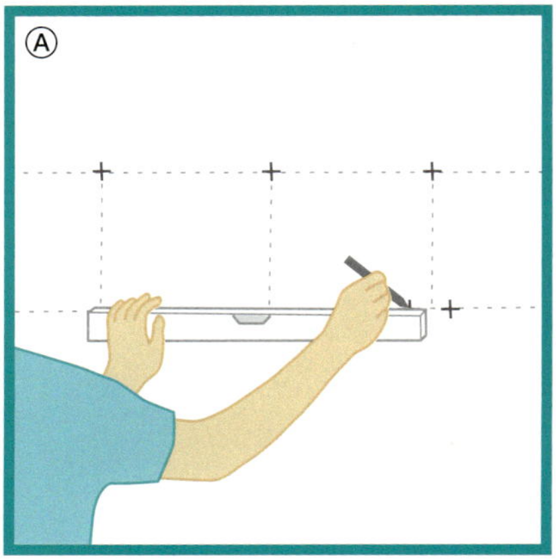

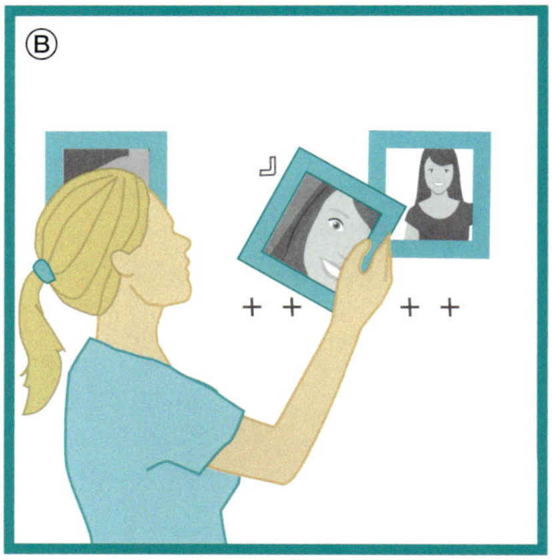

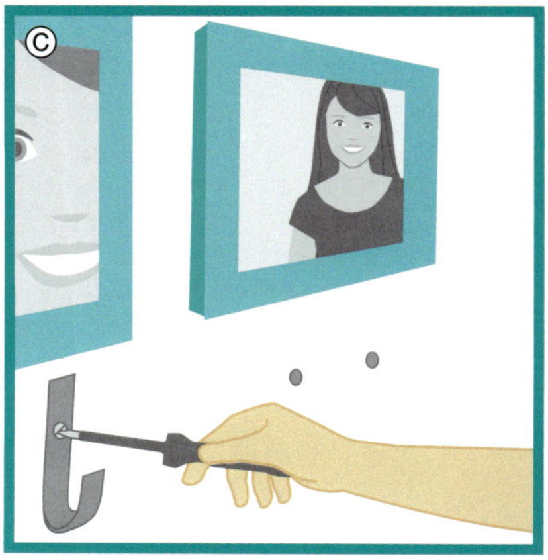

Werkzeug

Wasserwaage
Zollstock
Bleistift
Pinsel
Bohrmaschine

Material

Bilderrahmen
Fotos, Drucke, Postkarten
Garderobenhaken (nach Geschmack)
Dübel, Schrauben, Nägel für die Aufhängung (je nach Wandbeschaffenheit)
ggf. Posterstrips

Schwierigkeitsgrad leicht **Mithelfer** ehe Sie Ihre Freundin erreicht haben, sind Sie schon fertig! **Zeitaufwand** minimal **Putzfaktor** gering

Der Haken

Es gibt ein riesiges Angebot an Garderobenhaken. Für diese kreative Wandgestaltung reichen einfache Haken durchaus aus. Achten Sie beim Kauf nur auf Stabilität und einen ausreichend großen Haken, damit er auch für eine zweite oder dritte Jacke/ Tasche etc. reicht.

Verwechslungssicher

Das Besondere an dieser Garderobe ist, dass Sie jedem Familienmitglied einen eigenen Haken (oder auch mehrere) zuordnen können. So findet jeder auf Anhieb (s)einen freien Haken und Jackenverwechslungen sind passé ... Allerdings sollten die für die Bilderrahmen ausgewählten Motive schon ein bisschen zusammenpassen, damit es nicht zu unharmonisch wirkt.

Tipps & Tricks für kleine Räume

Große Räume und ein großes Portemonnaie – damit ist Einrichten leicht! Kleine Räume und ein kleines Portemonnaie dagegen erfordern Fantasie, eine gute Portion Kreativität und ein geschicktes Heimwerkerhändchen. Statt klobiger Möbel von der Stange heißt es, maßgeschneiderte Individuallösungen zu entwickeln – für die Garderobe, für die Ablage, für die Wanddekoration. Das eröffnet ganz neue „Wohnwelten" ... Worauf Sie achten sollten, wenn Sie kleine(re) Räume individuell gestalten wollen, verraten wir hier.

Mut zur Reduktion

Überfrachten Sie Ihre Wohnräume niemals mit Möbeln. Weniger ist mehr, gerade in kleinen Räumen. Das gilt auch für Accessoires aller Art: Dekorieren Sie mit wenigen, originellen Details, aber verzichten Sie auf Nippesansammlungen auf Regalen und Borden. Klare Linien geben immer Weite.

Größe richtig einschätzen

Möbel in einem Einrichtungshaus sehen oft zierlich und klein aus und entpuppen sich in den eigenen vier Wänden dann als Möbel-Monster. Das hat damit zu tun, dass in den meist großflächigen Hallen eines Möbelhauses die Proportionen völlig anders wirken als im eigenen 15-Quadratmeter-Wohnzimmer. Nehmen Sie daher stets genau Maß. Bauen Sie es zu Hause ggf. aus Pappe und Karton nach und stellen es dort auf, wo es Platz finden soll. So bekommen Sie schnell ein Gefühl für die Dimensionen.

Flexibles Mobiliar

Ein großer Tisch, der nur alle paar Jahre einmal richtig genutzt wird, ist völlig überflüssig.
Es gibt praktische Klapp- oder Ausziehtische, die in der Regel kompakt und klein sind und sich beim Einfall der Großfamilie mit ein paar Handgriffen vergrößern lassen. Ebenso könnte als Ablage- oder Sofatisch ein Rollkasten oder ein Miniregal auf Rollen dienen, das gleichzeitig Stauraum UND Abstellfläche bietet! In der Küche eignen sich z. B. Truhen hervorragend, die man als Sitzbank verwenden kann.

Farbwirkung 1

Arbeiten Sie in kleinen Räumen vorwiegend mit hellen Farben. Farbakzente sind durchaus erlaubt, sollten aber sparsam eingesetzt werden. Wenn Sie auf Ihre Lieblingsfarbe nicht verzichten wollen, streichen Sie diese in verschiedenen Schattierungen, das vergrößert optisch. Keinesfalls sollten Sie in niedrigen, kleinen Zimmern die Decke farbig streichen. Eine weiße Decke zu farbigen Wänden erhöht den Raum dagegen.

Farbwirkung 2

Auch bei der Einrichtung sollten Sie hinsichtlich der Farbe vorsichtiger sein. Das heißt nicht, dass Sie auf Farben verzichten müssen, wichtig ist nur, dass eine gewisse Farbharmonie herrscht. Dies erreichen Sie z. B., wenn Sie Farben aus einer Farbskala wählen.

Weg vom Boden

Alles was auf dem Fußboden aufgestellt ist, nimmt automatisch Platz von der Grundfläche weg und engt ein. Offene Regale in Würfelform, sogenannte „cubes", lassen sich ebenso gut an der Wand befestigen, bieten jede Menge Platz für Bücher, CDs, Taschen oder Schmuck – und sehen dabei auch noch dekorativ aus.

Spiegel

Viel mehr als nur ihr persönlicher „Outfitberater“: Sind Spiegel richtig platziert, lassen sie jeden Raum größer wirken. Gerade in engen Fluren, aber auch im Wohnbereich können Sie mit großzügigen Spiegeln oder Spiegelwänden tolle Effekte erzielen.

Licht

Gerade in kleinen Räumen ist es ganz wichtig, dass stets genug Licht hereinkommt. Verzichten Sie also auf schwere, dunkle Rollos und verwenden Sie stattdessen luftige, transparente Stoffe für Gardinen.

Kein Mustermix

Kleine Zimmer eignen sich nicht für kribbelbunte Muster – und leider definitiv nicht für den angesagten Mustermix. Wenn Sie nicht auf gemusterte Tapeten oder Stoffe verzichten wollen, wählen Sie möglichst gleichmäßige Muster und gestalten Sie die Umgebung mit gleichen Farbtönen, keinesfalls in Kontrastfarben.

Ordnung ist Pflicht

In kleinen Zimmern fällt Chaos – und sei es noch so charmant angerichtet – besonders schwer ins Gewicht. Daher ist regelmäßiges Aufräumen angesagt – und Verstauen von Krimskrams und nicht alltäglich verwendeten Gegenständen in uneinsehbaren Schränken, Truhen, Kommoden unabdingbar.

Einzelfalllösung

Statt sperriger Garderoben oder klobiger Staubereiche für Jacken und Taschen: Gestalten Sie kreative Einzel-Haken-Lösungen in unterschiedlichen Höhen: Haken gibt es in vielen unterschiedlichen Formen und Größen. Sie bieten mindestens ebenso viel Platz wie eine klassische Garderobe – und sorgen auch noch für eine ausgefallene Wandgestaltung.
Siehe z. B. S. 110

Grün-Kultur

Keine Wohnung ohne Pflanzen. Aber probieren Sie statt raumgreifender Bodenpflanzen doch einmal leicht und filigran wirkende Blumen-Installationen an der Wand, mit schicken Haken und Hängetöpfen. Sie werden verblüfft sein.

Aus Alt mach Neu

In der Mode und im Möbelbereich ist „Vintage“ schon seit Jahren ein Zauberwort, um das sich nicht selten auch stolze Preise ranken: Gebrauchte Designer-Kleidung oder Möbelstücke aus den 1920er bis 1970er Jahren stehen hoch im Kurs. Aber auch im Heimwerkerbereich lassen sich nach dem „Vintage“-Prinzip tolle Einrichtungsstücke gestalten – aus alten Fensterrahmen, Schubladen oder Lampen werden mit ein bisschen Geschick attraktive Unikate im „used-Look“, um die Ihre Freundinnen Sie beneiden werden. Erst recht, wenn sie wüssten, dass Sie dafür alles andere als Designer-Preise bezahlt haben. Daher: Aus Alt mach Neu – gehen Sie häufiger auf den Trödelmarkt.

Eine für alle: Handtaschenwand

Gehen Sie das Thema „Frauen und Handtaschen“ doch einmal ganz offensiv an: Gestalten Sie eine Wand in Ihrem Flur mit Ihren Lieblingsstücken. So bekommen diese einen tollen Auftritt – und Sie können sich jeden Morgen neu für das Modell des Tages entscheiden …

1. Die Taschen lenken Blick und Aufmerksamkeit auf die Wand. Also sollte diese auch einen „guten Eindruck“ machen. Bevor Sie die Taschen aufhängen, könnte vielleicht ein schneller Anstrich in Ihrer Lieblingsfarbe nicht schaden. Das hat den Vorteil, dass Sie auch bei der Farbgebung für den Taschen-Hintergrund schon einen besonderen Akzent setzen können. Streichen Sie die gesamte Wand oder nur ein Areal (Ränder zuvor abkleben, siehe S. 14). Lassen Sie die Farbe gut trocknen, bevor Sie mit der Montage der Haken beginnen. (A)

2. Markieren Sie zunächst, vielleicht mit kleinen Klebepunkten, die Stellen, an denen Sie die Haken montieren wollen. Bedenken Sie dabei, dass die Taschen Platz zum Hängen benötigen, vor allem, wenn sie längere Bügel und Riemen haben.

3. Sind die Positionen festgelegt, bohren Sie Löcher in die Wand und stecken Dübel ein. Achtung: Wenn Sie unterschiedliche Kleider- und Garderobenhaken verwenden, müssen Sie darauf achten, ob Dübel und Schrauben in unterschiedlichen Längen benötigt werden. Anschließend die Haken montieren. (B)

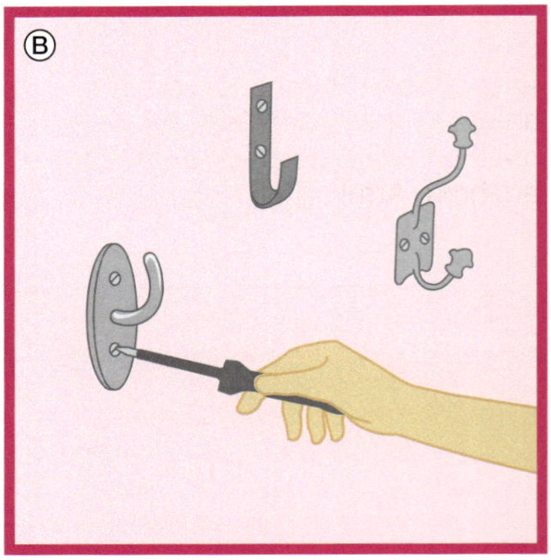

4. Blüten aus Stoff oder Kunststoff gibt es in großer Auswahl im Hobbymarkt zu kaufen, sind aber auch ganz leicht selbst zu basteln (siehe Blütenlampe S. 98). Umwickeln Sie die Stiele der Blüten mit Blumendraht und befestigen Sie sie an den Haken. So geben Sie Ihrer Handtaschenwand noch das „gewisse Etwas“. (C)

5. Jetzt nur noch die Handtaschen aufhängen – fertig!

Werkzeug
Pinsel
Wasserwaage
Zollstock
Bleistift
Bohrmaschine

Material
Wandfarbe
Kleiderhaken
Stoffblumen
Blumendraht

Schwierigkeitsgrad leicht **Mithelfer** Taschenshopping mit der besten Freundin – das hat was! **Zeitaufwand** minimal **Putzfaktor** gering

Stilmix
Je vielfältiger, desto besser. Seien Sie bei Auswahl und Zusammenstellung der Taschen kreativ, kramen Sie alte Schätzchen hervor. Vielleicht finden Sie nicht nur in Ihren eigenen Beständen, sondern auch im Schrank der Großmutter oder auf dem Flohmarkt ausgefallene Stücke, die sich an der Wand besonders gut machen – und natürlich auch an Ihrem Arm!

Mini-Regale
für Lieblingsstücke

Diese Regale sind für jedes Fleckchen geeignet und vor allem eins: mit ein bisschen Geschick leicht nachzubauen. Rücken Sie Ihre Lieblingsschuhe, Einzelstücke, Designertaschen und High-Fashion-Accessoires endlich mal ins rechte Licht!

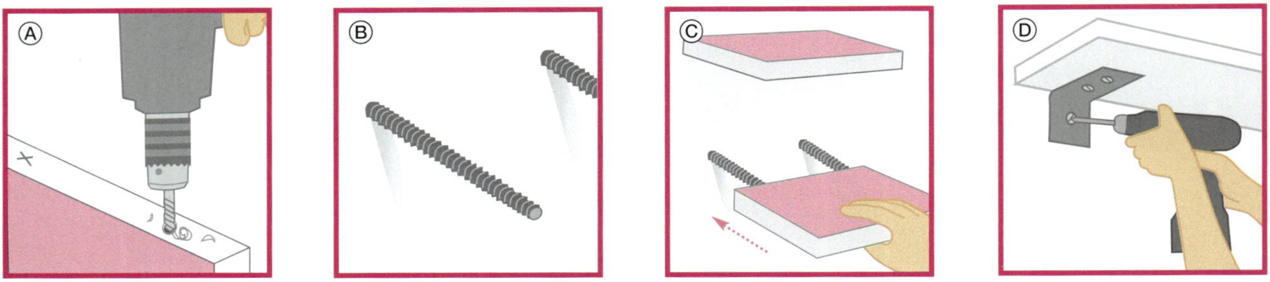

Wenn Sie extrem fit im Heimwerken sind, können Sie Ihre Miniregale selbst bauen:

1. Holzbretter oder alte Regalböden auf die richtige Länge bringen – mit einer Handkreissäge ist das schnell gemacht. Schnittkante mit Schleifpapier glatt schleifen.

2. Nun folgt die Farbgebung: Wollen Sie die Regalbretter in einer bestimmten Farbe lackieren, sollten sie das Holz zuvor mit etwas gröberem und anschließend mit feinem Schleifpapier bearbeiten. Das Holz säubern. Lackiert wird immer in Richtung der Maserung. Je intensiver die Farbe zur Geltung kommen soll, desto häufiger sollten Sie überstreichen. Generell sind mindestens ein zweiter, meist auch ein dritter Anstrich sinnvoll. Wichtig: Vor jedem neuen Anstrich muss die Oberfläche erneut angerauht werden.

3. Markieren Sie an der Wand genau die Stellen, an denen die Miniregale später hängen sollen. Prüfen Sie, dass alle Abstände exakt gleich sind. Markieren Sie die Punkte für die Aufhängung, damit Sie die Bohrmaschine an der richtigen Stelle ansetzen.

4. Bohren Sie zwei Löcher in die Wand und zwei ins Regal (für Miniregale reichen 2 Löcher, bei breiteren Böden sollten es mehr sein). (A)

5. Setzen Sie je einen Gewindestab in die Wandlöcher ein. (Kein Dübel, kein Kleber notwendig, der Gewindestab hält durch sein Gewinde!) (B)

6. Anschließend das Regalbrett auf die Stäbe schieben (C). Die Tücke liegt darin, dass die Löcher in der Wand wie im Regal exakt gerade sein müssen, damit die Konstruktion nicht wackelt. Je nach Dicke des Holzbrettes kann es schwierig sein, Löcher für eine unsichtbare Aufhängung in die Bretter zu bohren. In diesem Fall sollten Sie sich eventuell für eine Befestigung mit Winkeln entscheiden. (D)

Einfacher haben Sie es mit Miniregalen, die Sie als Komplettpaket kaufen. Das Schöne daran: Komplettpakete liefern Wanddorne, Dübel und Schrauben für die unsichtbare Aufhängung gleich mit. Und die Bretter sind passgenau vorgebohrt. Da kann wirklich nicht mehr viel schief gehen.

Werkzeug
Pinsel
Wasserwaage
Zollstock
Bleistift
Schleifpapier
Bohrmaschine
Handmetallsäge

Material
Wandfarbe
Holzbretter oder Regalböden
Gewindestäbe (10 mm Durchmesser)
ggf. Holzlackfarbe für die Regale

Schwierigkeitsgrad mittel **Mithelfer** nicht unbedingt nötig, das Ganze macht aber zu zweit sicher mehr Spaß **Zeitaufwand** mittel **Putzfaktor** gering

Tipp

Sollten Sie sich für eine Befestigung mit Wandregalhaltewinkeln entscheiden, sollten Sie bei der Auswahl darauf achten, dass Form und Stil zum Holz passen und proportional zur Größe des Brettes passen. Die Wandregalhaltewinkel an das Regal anschrauben, Dübel in die Wand bringen und das Regal festschrauben.

Repräsentativ:

Tellerbord

Sie lieben schönes Porzellan? Prima, dann zeigen Sie das auch, damit es standesgemäß bewundert werden kann! Ein Tellerbord – exakt zu Ihrer Wand und Ihren Tellern passend – ist dann genau das Richtige.

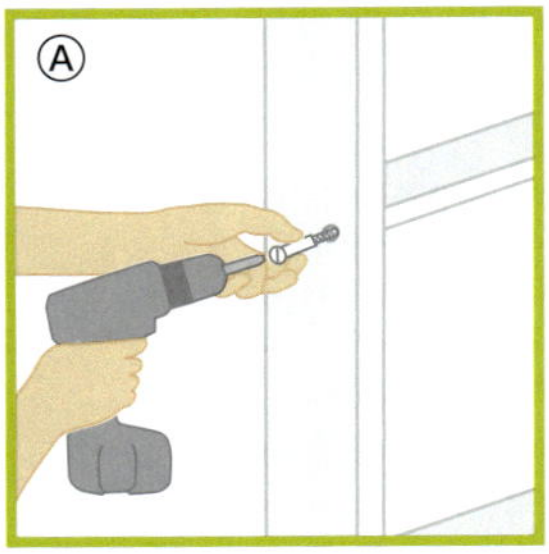

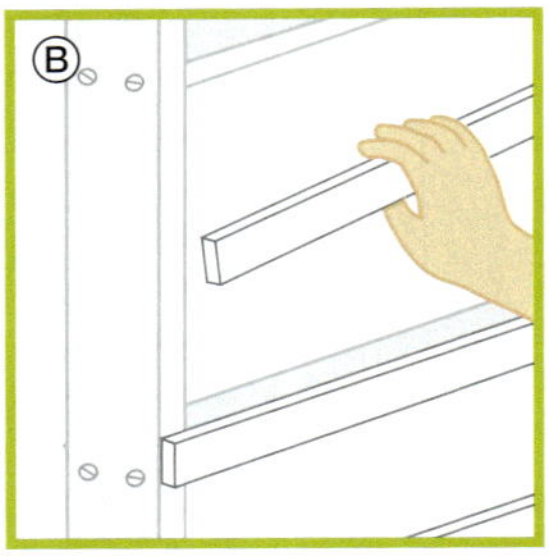

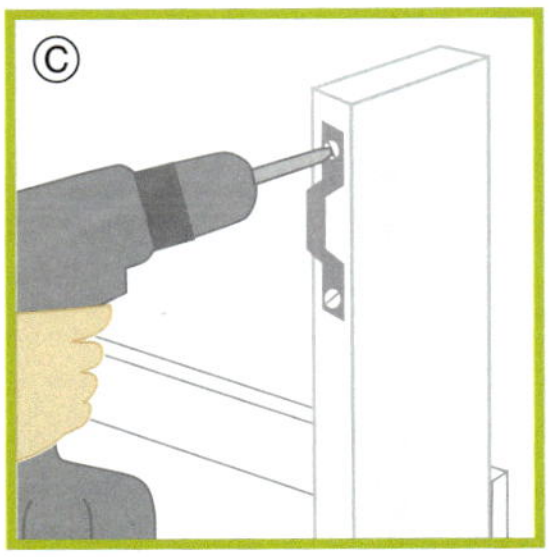

Werkzeug

Gehrungslade
Säge
Zollstock
Bleistift
(Stand-)Bohrmaschine
Dübellehre
Schraubenzieher
ggf. Spanngurte

Material

Holz- oder MdF-Platten, für den Rahmen 8 cm breit, 2 cm dick; für die Sicherungsleisten: 2 cm breit, 2 cm dick
Holzschrauben
Schrankaufhängung
Dübel
Haken
Lasur oder Lack
Holzleim

1. Maßnehmen ist wieder einmal die halbe Miete: Legen Sie zunächst die Breite des Regals fest. Bestimmen sie die Höhe und die Abstände der Fächer nach der Größe der Teller, die Sie ausstellen wollen. Dann können Sie die Holzlatten zuschneiden. Wenn Sie eine Gehrungslade und eine Säge zur Hand haben, ist das ein Kinderspiel. MdF-Platten können Sie sich aber auch einfach im Baumarkt zuschneiden lassen.

2. Zeichnen Sie an den senkrechten Längsbrettern die Position der Querbretter auf. Mit einer Dübellehre und einem Holzbohrer bohren Sie für jedes Regalbrett zwei Löcher. Achtung: Die Löcher nicht zu nah an die Kante setzen. (Mindestabstand ca.1,5 cm)

3. Geben Sie etwas Holzleim auf die Holzschrauben, stecken Sie diese in die Löcher und schrauben Sie innen die Regalbretter an. Achten Sie darauf, dass die Schrauben mitten in den Brettern liegen, sonst können sie leicht aussplittern. (A)

4. Wenn alle Regalteile zusammengefügt sind, werden die zweifachen Sicherungsleisten mit Holzleim an den senkrechten Seiten angeklebt (B). Der gesamte Klebstoff muss jetzt gut trocknen. Das klappt besonders gut, wenn Sie um die gesamte Konstruktion Spanngurte legen und diese fest zusammenziehen.

5. Vor der Lackierrunde bringen Sie auf der Rückseite des Regals zwei Schrankaufhängungen an (C). Achten Sie darauf, dass sie das Gewicht von Regal plus Porzellan auch tragen können.

6. Wenn der Holzleim abgebunden hat, können Sie mit dem Anstrich beginnen. Holz leicht anschleifen, eventuell vor dem Lackieren eine Grundierung auftragen. Farbanstrich mindestens einmal, besser zweimal wiederholen. (D)

7. Nun noch: Regal aufhängen, Teller einstellen – was für ein Wandschmuck!

Breite und Gewicht

Ein Tellerbord lässt sich in der Breite natürlich völlig flexibel gestalten. Da Porzellan aber in der Regel ordentlich Gewicht mitbringt, sollte eine Breite von einem Meter nicht wesentlich überschritten werden. Andernfalls muss eine zusätzliche Rückenverstrebung bzw. Mittelunterstützung eingebaut werden.

Schwierigkeitsgrad verlangt schon ein bisschen Geschick

Mithelfer unbedingt zu zweit oder dritt arbeiten

Zeitaufwand mittel

Putzfaktor gering

Rahmen für **Schmuckstücke**

Bei Ihnen herrscht immer Chaos in der Schmuckschatulle? Damit ist jetzt Schluss! Ein kreatives Schmuckregal schafft Ordnung und stellt Ihre Schätze aus – so, wie sie es verdient haben. Vielleicht nicht ganz unwichtig: Dieses „Regalsystem" ist ausbaufähig …

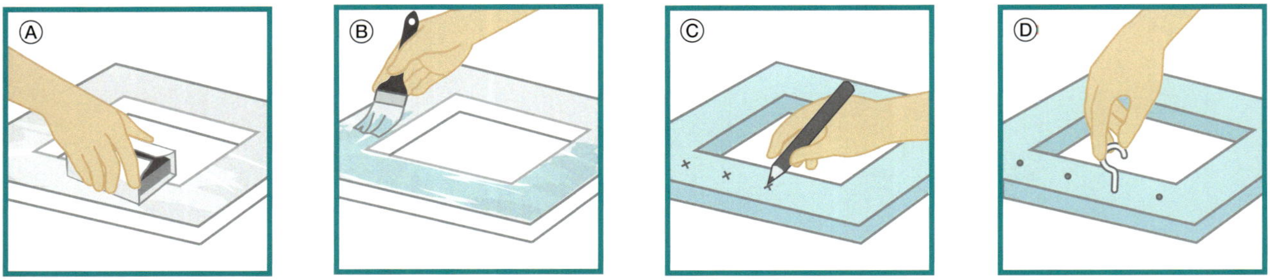

1. Unabhängig davon, wie viele Schmuckrahmen Sie auswählen, betrachten Sie diese immer als Einheit. Das heißt: Sowohl die Auswahl der Postkarten oder Fotos, als auch die Farbe der Rahmen sollten ein harmonisches Gesamtbild ergeben. Weiße Rahmen sind für die Farbenpracht bunten Schmucks ein idealer Hintergrund. Vielleicht gönnen Sie der Wand stattdessen ein bisschen Farbe? Sie wissen ja nun, wie's geht. (S. 14)

2. Wenn Sie doch lieber die Wand weiß lassen und den Rahmen Farbe geben möchten, nehmen Sie unbehandelte Holzrahmen und schleifen diese zunächst ein wenig an. (A) Anschließend zweimal lackieren, dazwischen gut trocknen lassen. Nach dem völligen Trocknen der letzten Lackschicht die Bilder einfügen. (B)

3. Mit Lineal und Bleistift die Punkte zum Einschrauben der Haken markieren. (C) Am dekorativsten ist es, wenn nur der untere Rahmen bestückt wird. Die Schrauben sollten ca. 2 cm von der Unterkante entfernt angebracht werden, damit sie nicht ausreißen können. Haken festschrauben. (D)

Stabilität

Bei der Auswahl der Bilderrahmen sollten Sie auf möglichst stabile Rahmen Wert legen. Nur so können Sie gewährleisten, dass die Schmuckhaken bei längerer Beanspruchung nicht ausreißen.

4. Nun müssen die Bilderrahmen nur noch an die Wand: Punkte für die Nägel mit Bleistift an der Wand markieren. (Achtung: Vor allem bei Haken mit mehreren Ösen sollten Sie die Markierungen mit der Wasserwaage kontrollieren, sonst hängt Ihr Schmuckregal später schief.) Anschließend Nägel anbringen, die Rahmen aufhängen.

5. Jetzt kommt die Kür: Sortieren Sie Ihre Schmuckschätze und verteilen Sie sie auf die Bilder.

Werkzeug

Schleifpapier
Pinsel
Bleistift
Lineal
Hammer

Material

mehrere modellgleiche Bilderrahmen
Postkarten oder Fotos
kleine Haken
Nägel
Lasur oder Lack

Schwierigkeitsgrad super einfach

Mithelfer nicht nötig

Zeitaufwand gering

Putzfaktor gering

Paravent –
Raumteiler mit Schick

Ein Paravent ist nicht nur ein dekoratives, sondern auch ein ungemein nützliches und vielseitiges Möbelstück. Er dient als Raumteiler oder als Sichtschutz und wird selbst, zusammengeklappt und an die Wand gelehnt, fast unsichtbar. Und aus tapezierten Spanplatten ist er schnell und einfach herzustellen.

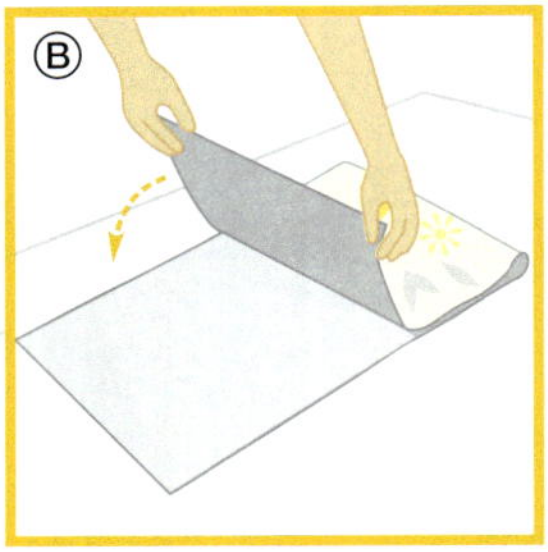

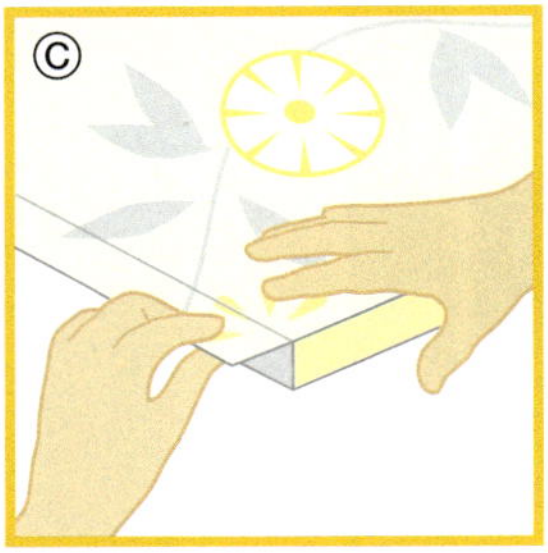

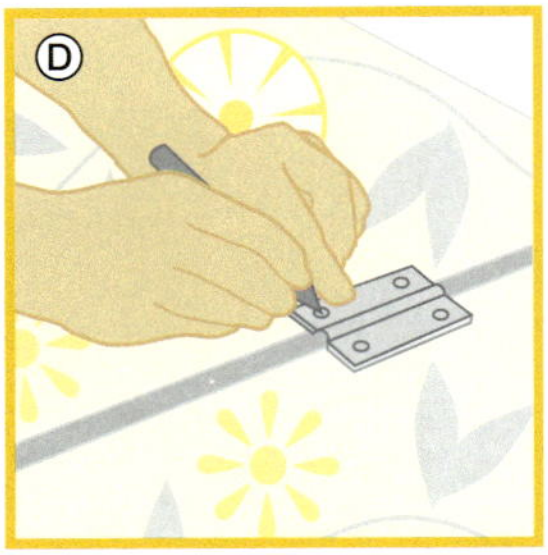

Werkzeug
Spachtel
Schleifpapier
Schere
Malerfolie
Eimer
Quast
Lappen
Gummiwalze
Maßband
Stift
Bohrmaschine, Holzbohrer
Schraubenzieher

Material
3 Spanplatten 19 mm stark, maximal 52 cm breit
Holzspachtelmasse
Tapete
Kleister
4 Scharniere mit Schrauben

1. Ein praktisches Format für die drei Elemente des Paravents ist jeweils die knappe Breite einer Tapetenrolle (minus 1 cm, damit sich jede Seite nahtlos inklusive der Seitenflächen bekleben lässt) mal die gewünschte Höhe. Die Spanplatten können Sie sich im Baumarkt zuschneiden lassen. Glätten Sie die Schnittflächen mit Spachtelmasse und schleifen Sie sie nach dem Trocknen an.

2. Schneiden Sie 6 Tapetenbahnen in der Länge der Platten plus 1 cm (für die halbe Ober- bzw. Unterseite) zu. Die Ecken schneiden Sie jeweils rechtwinklig von beiden Seiten um einen halben Zentimeter heraus, um beim Kleben um die Kanten herum kein überschüssiges Papier an den Ecken zu haben. (A)

3. Rühren Sie den Kleister nach den Angaben des Herstellers an und legen Sie die ersten drei Tapetenbahnen eine nach der anderen mit der Rückseite nach oben auf einen mit Folie ausgelegten Tisch. Kleistern Sie die Tapete gleichmäßig und nicht zu dick ein, legen Sie sie locker zusammen (Kleister auf Kleister) und lassen Sie sie durchweichen (B). Kleistern Sie auch die übrigen Platten vor.

4. Nun bekleben Sie die flach auf den Boden gelegten Platten. Legen Sie die Tapete locker auf, dann streichen Sie mit einem Lappen mit leichtem Druck von der Mitte ausgehend zu den Rändern. Wiederholen Sie das mit der Gummiwalze, damit keine Blasen entstehen.

5. Die überstehenden Ränder der Tapete legen Sie sorgfältig um die Kanten (C) und streichen sie zunächst mit der Hand, dann mit der Walze fest. Austretender Kleister lässt sich mit einem feuchten Lappen abwischen. Lassen Sie die tapezierten Seiten gut durchtrocknen, bevor Sie die Rückseiten in Angriff nehmen.

6. Um die Bohrlöcher für die Scharniere anzuzeichnen, legen Sie zwei Platten aneinander und schieben Sie sie mit den Schmalseiten gegen die Wand, damit sie nicht verrutschen. Legen Sie nun die Scharniere über beiden Platten auf. Geben Sie den Platten etwas Abstand für das Scharniergelenk (D). Achtung: Der Abstand vom Scharnier zur unteren Kante der Platten muss genau gemessen und absolut gleich sein, damit der Paravent eine einheitliche Standfläche bekommt. Zeichnen Sie die Bohrlöcher an und bohren Sie anschließend die Löcher in beiden Platten vor.

7. Das mittlere Element wird nun umgedreht und an die dritte Platte gelegt. Hier verfahren Sie genauso. Zum Schluss schrauben Sie die vier Scharniere an. Fertig!

Schwierigkeitsgrad leicht

Mithelfer „aus einer Hand" wird das Ergebnis immer noch am besten

Zeitaufwand mittel; am meisten Zeit braucht die Vorbereitung

Putzfaktor bei guter Vorbereitung gering

Mobiles **Kastenregal**

Ein wahrer Alleskönner ist dieses kleine Regal aus einzelnen Würfelkästen – Regal, Schränkchen, Beistelltisch … Und Rollen sorgen für die nötige Mobilität, damit es seine Aufgaben überall erfüllen kann.

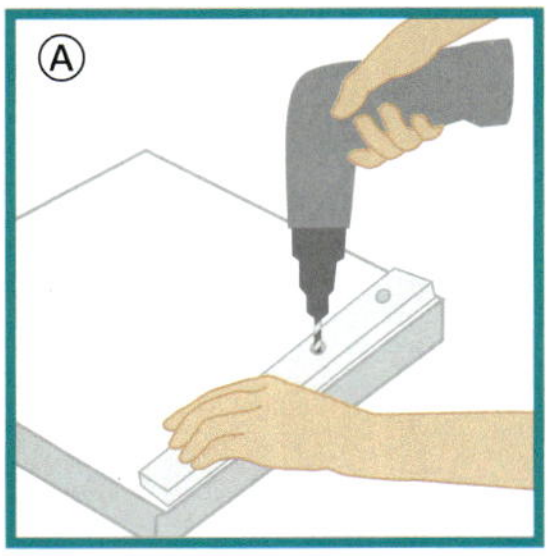

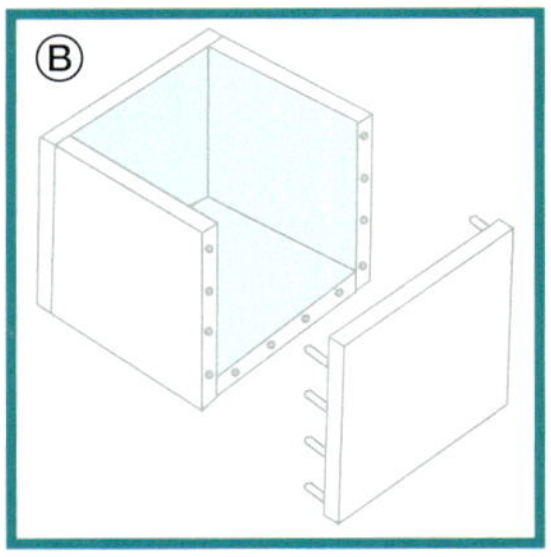

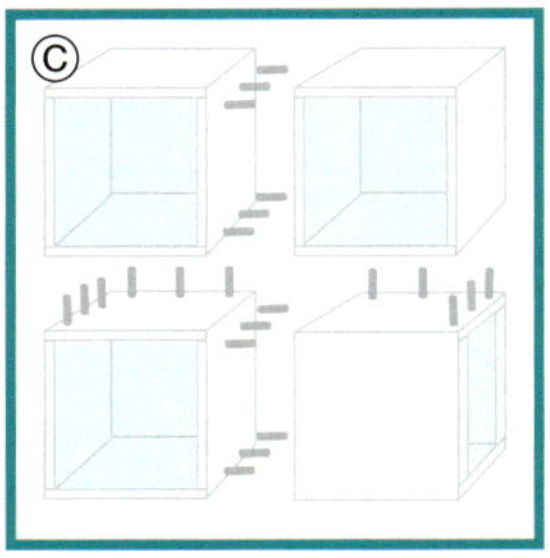

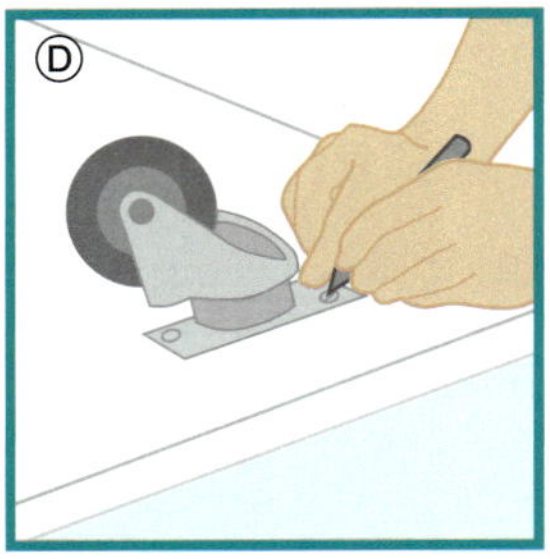

Werkzeug

Maßband, Stift
Bohrmaschine, Holzbohrer 6 mm
Hammer
6 Schraubzwingen
Spachtel
Pinsel
Lackrollen, Lackwanne

Material

pro Kasten:
2 Spanplatten: 36 x 33 x 1,5 cm
2 Spanplatten: 36 x 36 x 1,5 cm
1 Spanplatte: 33 x 33 x 1,5 cm
32 Holzdübel, Durchmesser 6 mm

2 Holzleisten: 36 x 1,5 cm
Holzleim
21 Dübel, 6 mm Durchmesser (für die Verbindungen zwischen den Kästen)
Pappe (zum Unterlegen der Schraubzwingen)
Holzspachtelmasse
Schleifpapier
Grundierung
Malerkrepp
Lack in Mauve, Hellblau, Weiß
4 Möbelrollen, Schrauben

1. Lassen Sie sich alle Platten und Leisten im Baumarkt zusägen.

2. Die vier Würfel werden zunächst einzeln zusammengebaut. Fertigen Sie dazu aus einer der Holzleisten eine Bohrschablone an, indem Sie vom Rand aus in den Abständen 4 – 7 – 7 – 7 – 4 cm 4 Löcher in die Leiste bohren (A). Bohren Sie anschließend entsprechend der Skizze alle Löcher mithilfe der Schablone in die Platten. Die Schablone ist gleichzeitig die Führung für den Bohrer, damit Sie wirklich senkrecht bohren. Die Löcher müssen mindestens 1,5 cm tief sein, damit Platz für Dübel und Leim ist.

3. Geben Sie etwas Holzleim in die Bohrlöcher und bestreichen Sie auch die dazwischenliegenden Flächen. Anschließend setzen Sie die Dübel ein und verbinden die Platten (klopfen Sie leicht mit der Seitenfläche des Hammers nach, damit die Platten fest aneinandersitzen). Lassen Sie den Leim gut trocknen. (B)

4. Setzen Sie die Würfel probeweise nach Belieben zusammen, im Beispiel sind drei Würfel nach vorn, einer zur Seite des Regals geöffnet.

5. Die Würfel sollen jetzt miteinander verdübelt werden. Dazu fertigen Sie aus der zweiten Holzleiste eine Bohrschablone an mit 3 Bohrungen vom Rand aus in den Abständen 6 – 8 – 8 – 6 cm. Entsprechend der Skizze bohren Sie nun mithilfe der Bohrschablone alle nötigen Löcher in die Würfel.

6. Anschließend wird wieder etwas Holzleim in die Löcher gefüllt und in diesem Fall auch vollflächig auf die zu verbindenden Seiten der Würfel gestrichen (bis zu den Außenkanten ringsum), dann werden die Dübel eingesetzt und die Würfel miteinander verbunden. Auch hier können Sie durch vorsichtiges Klopfen mit der Seitenfläche des Hammers nachhelfen. (C)

7. Um die Würfel beim Trocknen des Leims zu fixieren, verwenden Sie Schraubzwingen, wo zwei Öffnungen nebeneinander liegen (dort lassen sich die aneinanderliegenden Seitenplatten durch die Zwingen verbinden; legen Sie ein Stück

Schwierigkeitsgrad recht anspruchsvoll (für Bohrmaschinen-„Profis“) **Mithelfer** ein Mithelfer für das Aneinanderfügen, Drehen und Wenden dringend empfohlen **Zeitaufwand** relativ hoch, auch durch die Trocknungszeiten **Putzfaktor** mittel

Pappe zwischen Zwinge und Platte, damit keine unschönen Abdrücke entstehen). Beschweren Sie das Regal mit einer gleichmäßigen Last (z. B. einem auf den Kopf gestellten Tisch), damit die beiden „Etagen“ des Regals fest aufeinandersitzen. Lassen Sie dann den Leim gut durchtrocknen.

8. Nun werden die sichtbaren Schnittflächen (d. h. die Schmalseiten der Platten rings um die Öffnungen der Kästen) und die äußeren Fugen zwischen den Platten verspachtelt und nach dem Trocknen mit Schleifpapier geglättet.

9. Anschließend grundieren Sie das Regal von innen und außen und lassen die Grundierung trocknen.

10. Beim Lackieren beginnen Sie mit den Fächern. Kleben Sie also zuvor bei den Fächern, die nicht in Weiß lackiert werden, die umliegenden Kanten ab. Dann streichen Sie zunächst die unzugänglicheren Stellen mit dem Pinsel, die Flächen lackieren Sie in zwei Schichten mit der Rolle. Entfernen Sie anschließend das Malerkrepp.

11. Die Außenflächen des Regals können Sie gleich im Anschluss in Weiß lackieren, nur Vorsicht an den Kanten zu den Fächern hin, die in einer anderen Farbe lackiert sind: Hier muss der Lack in den Fächern vollständig durchgetrocknet sein. Dann können Sie die Innenseiten zum Schutz mit Malerkrepp abkleben und auch die Kanten weiß lackieren. Malerkrepp anschließend abziehen und den Lack wiederum gut trocknen lassen.

12. Zum Schluss wird das Regal von unten mit Rollen bestückt. Stellen Sie das Regal dazu vorsichtig auf den Kopf und setzen Sie die Rollen in den Ecken mit jeweils 2 cm Abstand zu den Außenkanten auf. Übertragen Sie die Bohrlöcher der Rollenplatte auf den Regalboden (D) und bohren Sie die Löcher leicht vor (bloß nicht durch die Platte bohren!). Nun können Sie die Rollen montieren und Ihr Meisterstück aufstellen.

Stauraum, Nischen & Abstellflächen

Platz ist in der kleinsten Hütte, weiß das Sprichwort. Aber ausreichend Stauraum in den eigenen vier Wänden muss man sich zuweilen mit einer gehörigen Portion Kreativität hart arbeiten. Angesichts hoher Mietpreise und kleiner Wohneinheiten ist das kluge Planen von Stauraum, die Einbeziehung von Nischen und das Schaffen ausreichender Abstellflächen eine tolle Herausforderung für einfallsreiche Heimwerkerinnen. Ein paar Tipps und Tricks verraten wir hier.

Hochregale

Über dem Türrahmen bietet sich meist reichlich Stauraum für Dinge, die man nicht regelmäßig braucht. Hier lassen sich gut Regale anbringen: Sie haben den Vorteil, dass sich oberhalb der Blickhöhe liegen und dadurch den Raum optisch nicht verkleinern – oder auch ganz praktisch gedacht, den Laufbereich (z. B. in einem Flur), nicht schmälern.

Schrägen

Der Platz unter Schrägen, z. B. in einer Dachgeschosswohnung, ist häufig „toter", weil ungenutzter Raum. Auch hier können Regal- oder einfache Schranksysteme perfekten Stauraum eröffnen. Um die Regalbretter und die verstauten Kleidungsstücke, Küchengeräte etc. vor Staub und neugierigen Blicken zu schützen, kann ein einfacher Vorhang für Abhilfe sorgen – und zudem noch einen schönen Hingucker für die Wohnung schaffen.

Nischen

Fast jede Wohnung hat die eine oder andere Nische, die allzu oft nur ein Staubfänger ist, mehr oder weniger lieblos ausgefüllt mit einer Topfpflanze. Auch hier lässt sich ganz einfach durch die Montage von Regalbrettern in der Breite der Nische Vorrats- oder Stauraum schaffen. Eine andere Möglichkeit ergibt sich, wenn man Stangen – je nach Nischenhöhe ein oder zwei – anmontiert, um dort z. B. Blusen oder Hemden aufzuhängen (die kann man gut auch in zwei Etagen übereinander hängen). Mit einem schicken Vorhang von der Decke bis zum Boden wird so aus einer Schmuddelecke ein optimaler – und viel weniger klobig wirkender – Kleiderschrankersatz. Am besten aber bauen Sie ein Schuhregal in eine solche Nische – auf S. 84 zeigen wir, wie's geht.

Stauraum – auch da, wo man ihn überhaupt nicht vermutet

… im Schlafzimmer 1

Bestimmt unterm Bett: Stabile Kisten aus Pappkarton oder Kunststoff, denen sie ein paar Rollen verpassen, lassen sich gut zum Verstauen von selten gebrauchten Schuhen, Taschen und Kleidern nutzen.

… im Schlafzimmer 2

Oder dort, wo Ihr Schlafzimmer nur dekorative Nachttischchen aufweist: Bauen Sie eine Holzkonstruktion über die Kopfseite des Bettes mit Regalen, die an den Seiten bis auf den Boden reichen, für Bücher, CDs, den Wecker, Schmuckschatullen etc.

… im Flur

Verbannen Sie allzu große Garderobenschränke aus Ihrem Flur. Die nehmen Licht und die Großzügigkeit, die einem Eingangsbereich immer gut bekommt. Setzen Sie stattdessen auf kleine Schrankelemente, auf kreativ gestaltete Kleiderhaken, auf Regale in Ecken und Winkeln. Auch an der Wand kann ein Regal mit geringer Tiefe viel Ablagefläche bieten, ohne allzu viel Raumbreite zu beanspruchen.

… im Bad

Ganz oben oder ganz unten gibt es auch in vielen Bädern oft genug ungenutzten Platz. Ganz oben: Hochregale mit geringer Tiefe bieten für so manches Fläschchen, Döschen, Töpfen Platz, das nicht jeden Tag benutzt werden muss; ganz unten: Vielleicht lässt sich Ihr Waschbecken mit geringem Aufwand in einen komfortablen Schrank umbauen. Oder Sie bauen eine flache Holzkiste, in der Sie Badelaken und Handtücher verstauen.

EVERY-
THING
IS GOOD
BOY

Stoffe für jeden Raum

Wichtige **Werkzeuge**

Dieses Kapitel dreht sich um Stoffe aller Art, und dementsprechend können Sie Farbrolle und Schleifpapier ausnahmsweise links liegen lassen. Auch wenn Sie in einigen Fällen mit Akkuschrauber und Elektrotacker hantieren können – gefragt sind bei den folgenden Projekten vor allem Nähmaschine, Schere, Schneiderkreide und Schnittmusterpapier. Und eines ist sicher: Sie werden jede Menge Stecknadeln brauchen ...

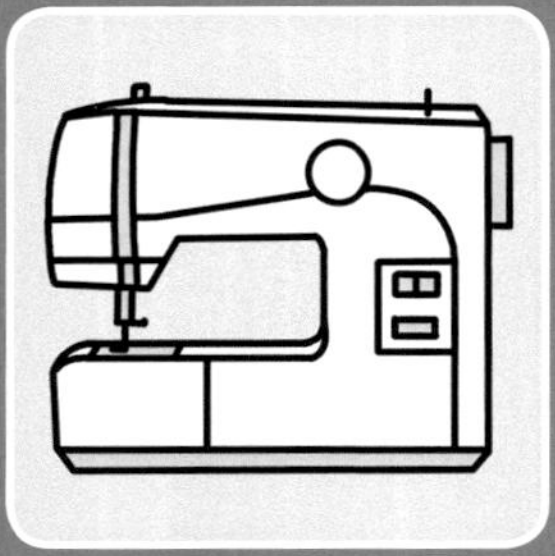

Nähmaschine

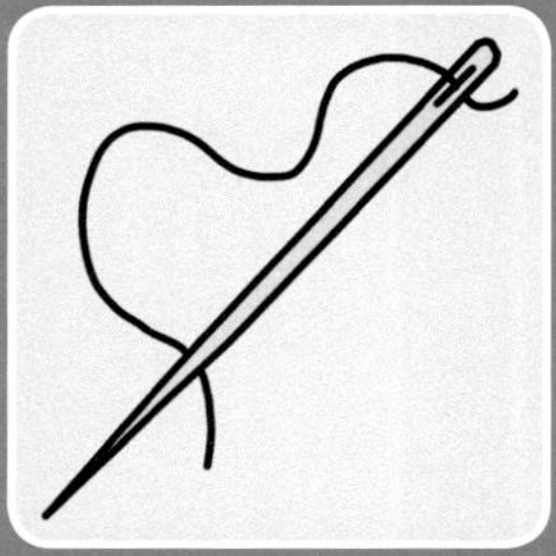

Nähnadeln

Säge

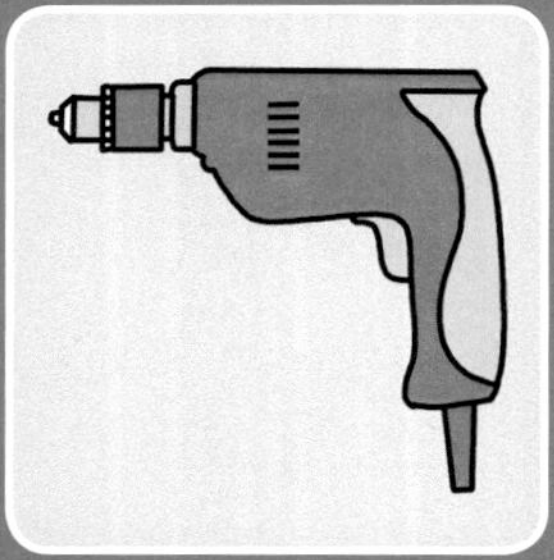

Bohrmaschine

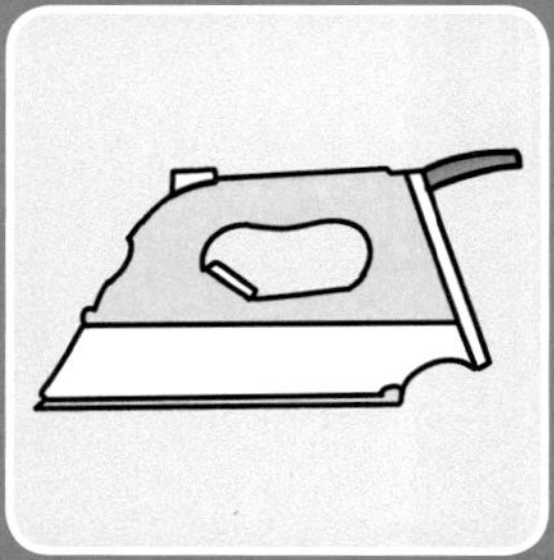

Bügeleisen

Elektrotacker

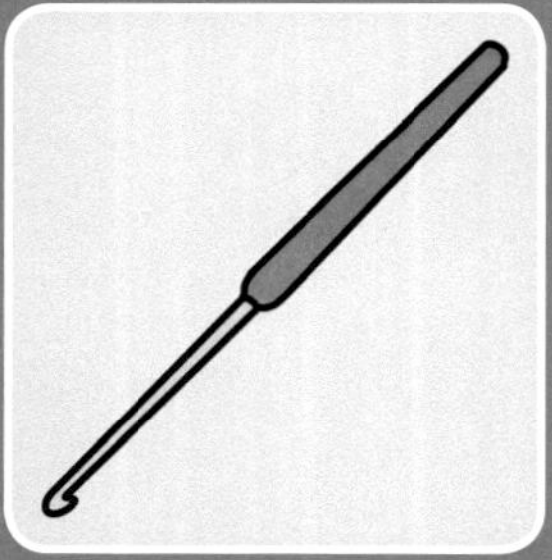

Häkelnadel

Hammer

Maßband

Schneiderkreide

Schneiderschere

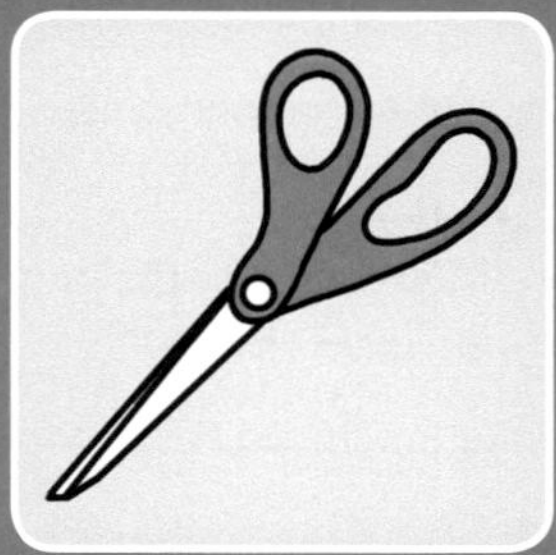

Schere

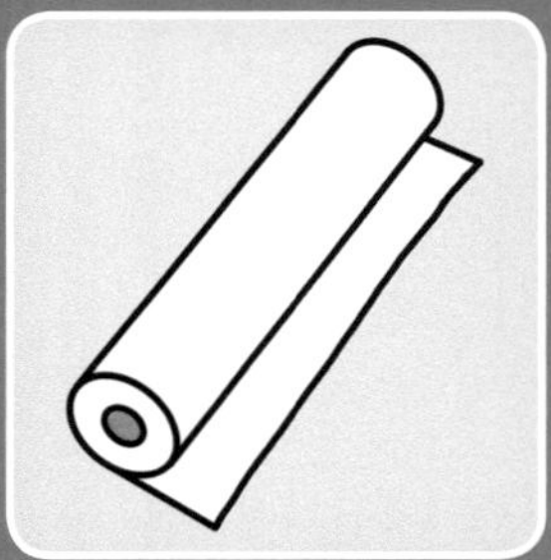

Schnittmusterpapier

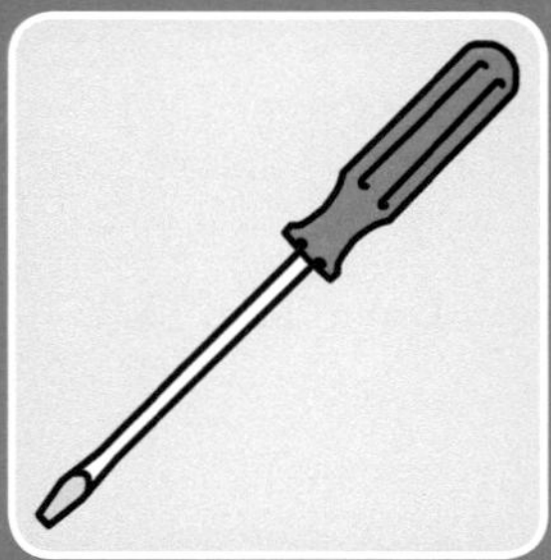

Schraubenzieher

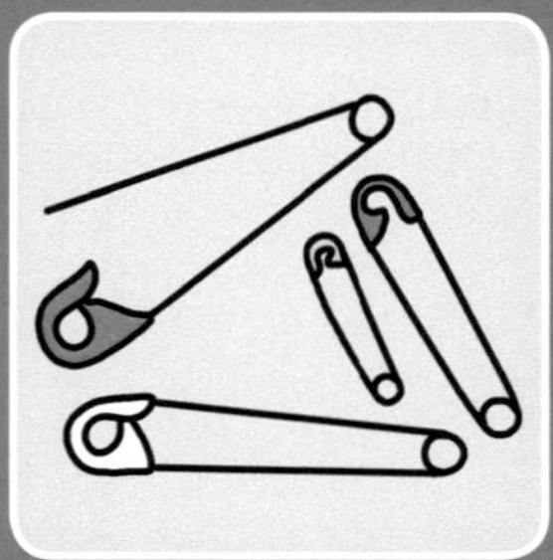

Sicherheitsnadeln

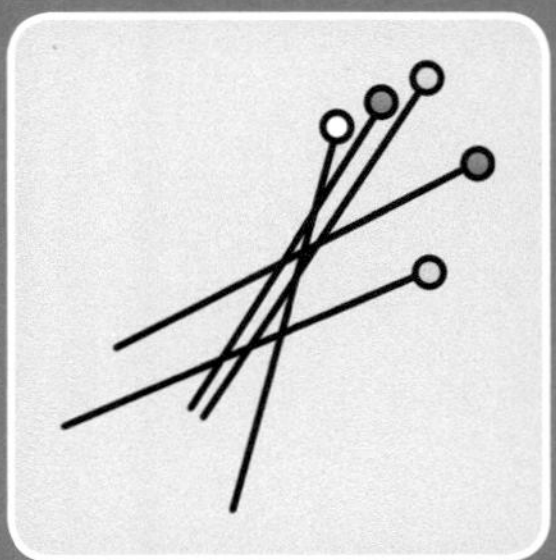

Stecknadeln

Tacker

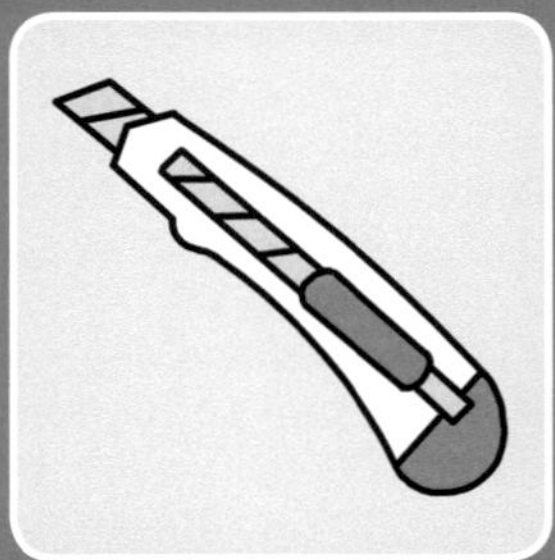

Teppichmesser/Cutter

Bunte **Kissenhüllen** 1

Kissen sind wie Modeschmuck: Sie peppen das „Outfit“ Ihrer Wohnung auf, bieten grenzenlose Variationsmöglichkeiten, lassen sich schnell mal wechseln – und sind für kleines Geld zu haben!

1. Zunächst messen Sie das Füllkissen aus. Die genauen Maße plus ca. 1,5 cm Nahtzugabe an jeder Seite übertragen Sie mit Schneiderkreide direkt auf die linke Seite des Stoffes. (A) Oder Sie fertigen zunächst aus Papier (Seidenpapier, geht aber auch mit alter Zeitung) ein Schnittmuster an. Das erspart Ihnen beim zweiten oder dritten Kissen die Vorarbeit.

2. Den Stoff für beide Kissenseiten zuschneiden. Falls Sie ein Kissen aus mehreren Stoffstreifen oder -stücken nähen wollen, empfiehlt es sich, vorher die Kombination der Stoffe zu skizzieren, die Größen zu ermitteln und die Stücke so zusammen zu nähen, dass am Ende zwei für die Kissengröße passende Quadrate oder Rechtecke entstanden sind.

3. Die Schnittkanten mit einem groben Zickzackstich auf der Nähmaschine versäubern. (B)
Falls Ihre Nähmaschine einen Spezialfuß zum Einnähen eines Reißverschlusses hat, legen Sie die beiden Stoffstücke mit der linken Seite nebeneinander, so dass die beiden Kanten, an denen der Reißverschluss angebracht werden soll, aneinanderstoßen.

4. Einen Saum von ca. 1 cm umschlagen, eventuell anbügeln.

5. Den Reißverschluss einstecken und mit der Maschine einnähen. Anfang und Ende mit ein paar Querstichen heften.

6. Wenn Sie den Reißverschluss von Hand einnähen, legen sie die beiden Stoffstücke rechts auf rechts aufeinander, schließen mit der Nähmaschine drei Seiten und stecken an der vierten Seite den Reißverschluss fest. Mit Nadel und Faden und kleinen Stichen auf beiden Seiten einnähen. (C)

7. Anschließend drehen Sie den Stoff auf rechts. Dabei sollten Sie vor allem die Ecken sorgfältig in Form drücken. Nach Belieben können Sie die fertigen Kissen mit kleinen Troddeln verzieren.

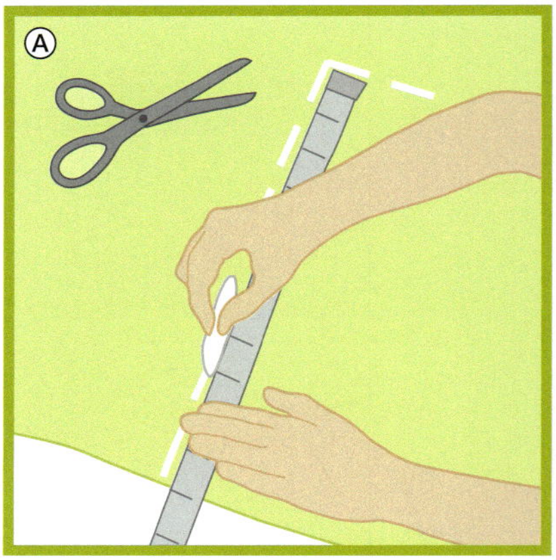

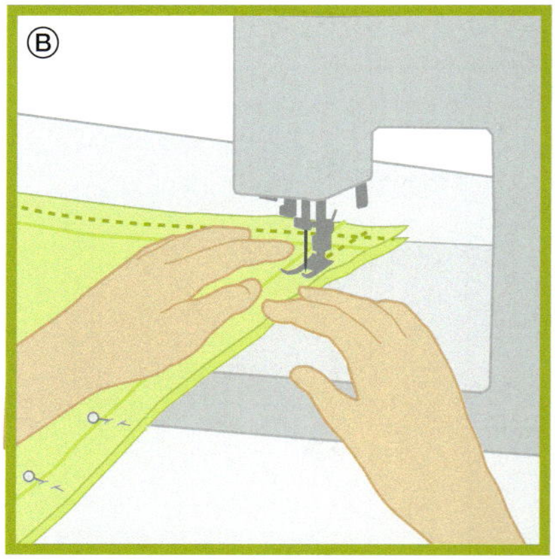

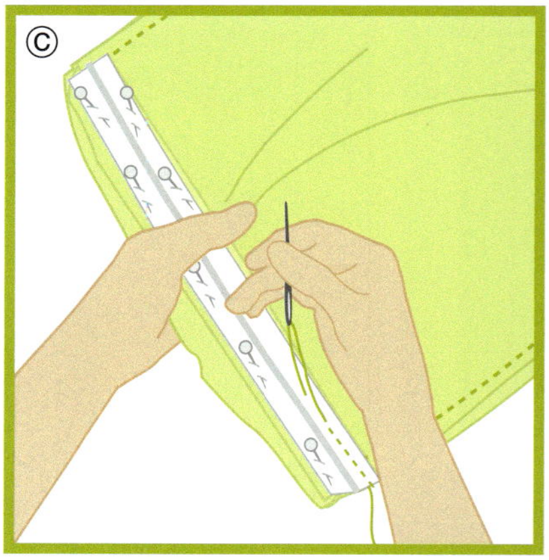

Werkzeug

Maßband
Schneiderschere
ggf. Schnittmusterpapier
Stecknadeln
Bügeleisen
Nähmaschine
Nähnadeln

Material

Füllkissen
beliebiger Stoff, Größe abhängig von Größe des Füllkissens (bei der Berechnung auf jeder Seite ca. 1,5 cm Nahtzugabe)
farblich passendes Nähgarn
Reißverschluss in passender Farbe und Länge

Schwierigkeitsgrad eher gering

Mithelfer nicht nötig, aber macht in Gesellschaft deutlich mehr Spaß – und jede kann ihr eigenes Kissen nähen

Zeitaufwand pro Kissen ca. 2 Stunden

Putzfaktor gering

Waschbarkeit

Kissen, die viel strapaziert werden, müssen häufiger mal gewaschen werden. Darauf sollten Sie bei der Auswahl des – pflegeleichten – Stoffes achten.

Stoffauswahl

Grundsätzlich lässt sich aus jedem Stoff ein Kissen arbeiten. Allerdings eignen sich besonders feine Stoffe (Seide) eher für Dekokissen. Je intensiver Kissen auch genutzt werden, desto robuster sollte der Stoff sein.

Bunte **Kissenhüllen** 2

Retro, aber richtig. Auch Trends aus den 1930er Jahren leben wieder auf, ganz aktuell die sogenannten YoYo-Blüten. Sie werden als bunte Verzierungen für alle Arten von Dekoration wiederentdeckt, ob nun als Broschen, auf Decken – oder eben Kissenhüllen!

Statt Reißverschluss

Wenn Sie Probleme mit dem Einnähen eines Reißverschlusses haben, können Sie sich auch für den sog. „Hotelverschluss" entscheiden. Dabei bleibt eine Seite offen, bekommt aber eine breite, nach innen eingeschlagene Klappe als „Einschubtasche".

1. Für die Yoyos schneiden Sie aus Stoffresten Kreise aus – je nach gewünschter Größe der späteren Blüten. Die Kreise sollten jedoch nicht weniger als 10 cm Durchmesser haben, sonst wird das Arbeiten so mühsam.

2. Die Schnittkante der Kreise etwa einen halben Zentimeter umschlagen, leicht anbügeln und einmal rundherum nähen. Der Faden sollte doppelt so lang sein wie der Umfang des Kreises. Die beiden Fadenenden unverknotet hängen lassen. (A)

3. Nun drücken Sie Ihren Zeigefinger in die Mitte des Kreises und ziehen gleichzeitig vorsichtig an beiden Fadenenden. So zieht sich die Yoyo-Blüte zusammen (B). Die Enden der Fäden miteinander verknoten. Die Yoyo-Blüte flachdrücken und zurechtziehen.

4. Anschließend können Sie Ihrer Fantasie freien Lauf lassen: Schmücken Sie Ihr Yoyo mit einem Zierknopf (C) oder einer kleinen Kunststoffblüte oder nähen Sie zwei Yoyos unterschiedlicher Größen übereinander. Wenn Sie es gern bunt mögen, stellen Sie Yoyos aus vielen unterschiedlichen Materialien und in verschiedensten Farben her.

5. Zum Schluss die Yoyos auf der Oberseite der Kissenhülle in regelmäßigen Abständen (ggf. vorher markieren) annähen.

Werkzeug

Maßband
Schneiderschere
Stecknadeln
Bügeleisen
Nähnadeln

Material

Stoffreste
Faden
evtl. Zierknöpfe, künstliche Blüten etc. zur Dekoration

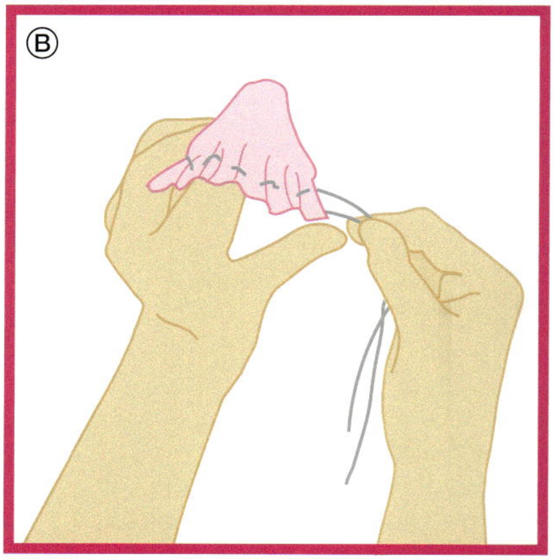

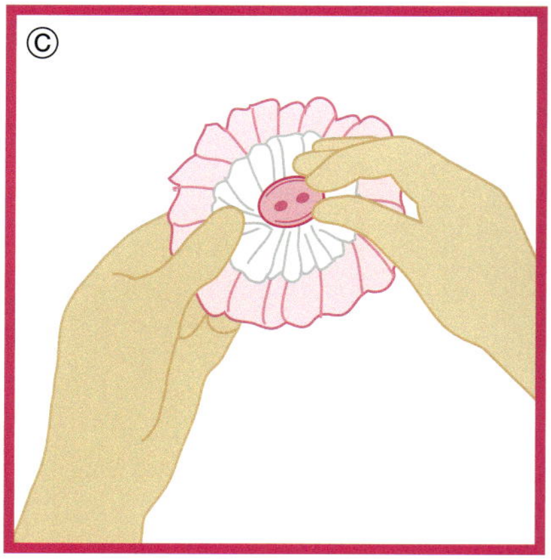

Schwierigkeitsgrad eher gering

Mithelfer nicht nötig, aber macht in Gesellschaft deutlich mehr Spaß – und jede kann ihr eigenes Kissen nähen

Zeitaufwand pro Kissen ca. 2 Stunden

Putzfaktor gering

Farbenfroh & praktisch: **Sitzwürfel**

Der bezogene Schaumstoffwürfel ist eine Wiederentdeckung aus den 70er Jahren. Er ist praktisch, vielseitig und witzig, bringt Farbe ins Wohn- oder Kinderzimmer – diesen Kerl kann man tatsächlich gebrauchen.

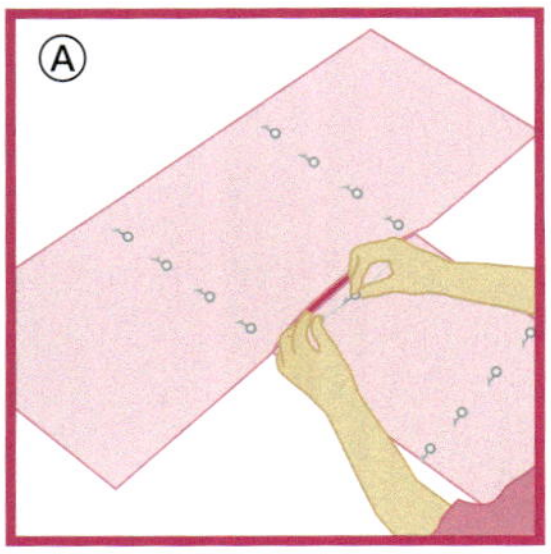

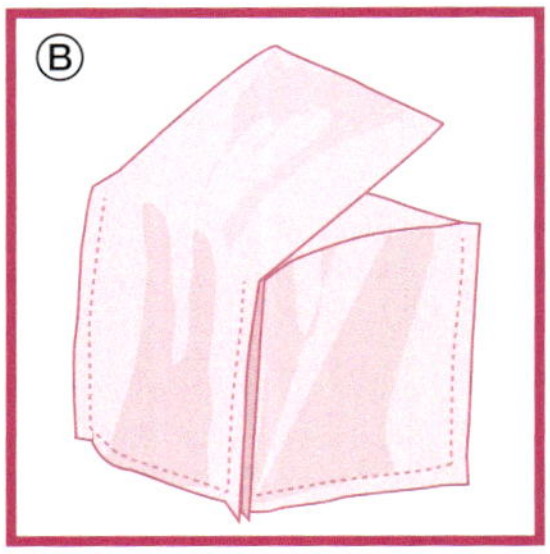

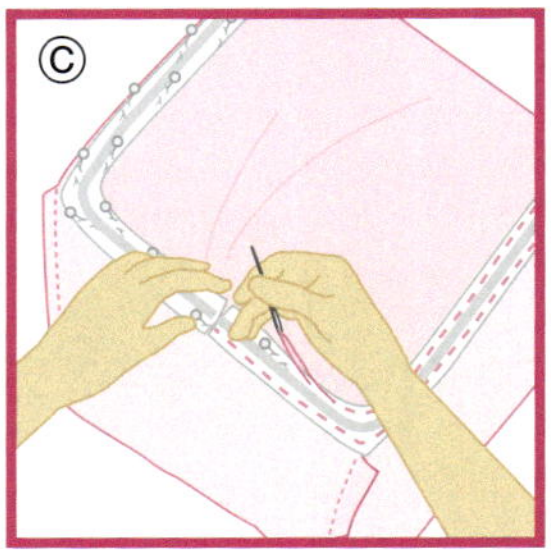

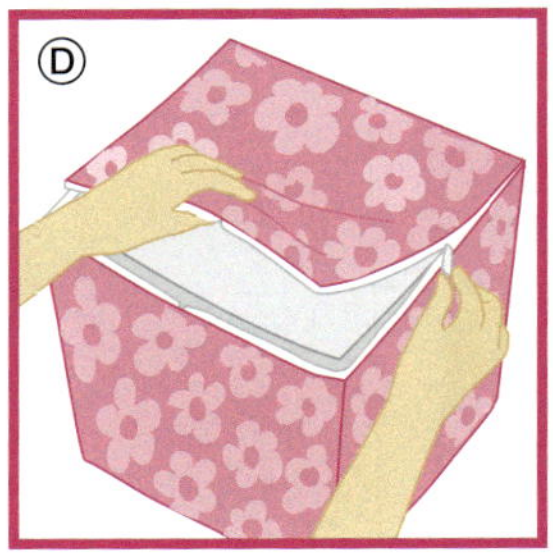

1. Teilen Sie den Bezugsstoff zunächst genau in der Mitte, so dass zwei Bahnen zu je 45 cm Breite entstehen. Jede dieser Bahnen umfasst drei Würfelflächen. Dritteln Sie die Bahn und markieren Sie die einzelnen Würfelflächen mit Stecknadeln – so behalten Sie besser den Überblick.

2. Im nächsten Schritt nähen Sie die Bahnen zusammen. Dazu breiten Sie eine Stoffbahn mit der rechten Seite nach außen flach aus. Die zweite Stoffbahn legen Sie, ebenfalls mit der rechten Seite nach außen, am mittleren Quadrat an und stecken sie mit Nadeln fest (A). Nun nähen Sie sie mit engen Stichen auf der Nähmaschine zusammen.

3. Nun stecken Sie sukzessive die Nähte an vier weiteren Würfelseiten fest und nähen diese anschließend zusammen. Achten Sie unbedingt darauf, dass jede fertige Würfelkante immer exakt 40 cm beträgt – denken Sie an die Nahtzugaben! Schließen Sie vor allem die Ecken sehr sauber.

4. Jetzt haben Sie bereits einen Würfel mit Deckel (B). An den verbliebenen drei offenen Kanten nähen Sie von Hand die beiden Reißverschlüsse ein (C). Dadurch haben Sie später immer die Möglichkeit, die Bezüge abzuziehen und zu waschen oder bei einer anderen Farbgestaltung Ihres Zimmers einfach einen Alternativbezug aufzuziehen. Beginnen Sie mit dem Einnähen jeweils am hinteren Ende, also an der geschlossenen Würfelseite, so dass die beiden Zipper einander auf der Mitte der vorderen offenen Würfelkante begegnen, wenn sie geschlossen werden.

5. Drehen Sie anschließend den Würfelbezug auf rechts. Bügeln Sie die Nähte gut. Die Ecken sorgfältig von innen durchdrücken, so dass eine Spitze entsteht.

6. Nun noch den Schaumstoffwürfel einfüllen, Reißverschlüsse schließen. Fertig! (D)

Werkzeug

Nähmaschine
Stecknadeln
Nähnadel
Nähgarn
Bügeleisen

Material

strapazierfähiger Bezugsstoff in kräftigen Farben und Mustern, 90 cm breit, 130 cm (inkl. 5 cm Nahtzugabe) Länge

zwei farblich passende Reißverschlüsse à 65 cm

1 Würfel aus Polstermöbelschaum, Kantenlänge 40 cm

Schwierigkeitsgrad je nach Erfahrung mit Reißverschlüssen: gering bis mittel **Mithelfer** nicht erforderlich **Zeitaufwand** gering **Putzfaktor** gering

Hauptsache bunt
Wenn Sie es gern besonders farbenfroh mögen, können Sie statt der Stoffbahnen auch Quadrate mit unterschiedlichen Stoffmustern wählen, die Sie jeweils auf 42 x 42 cm zurechtschneiden und sukzessive zusammen nähen.

Baldachin
für jeden Tisch

Stoffe kann man wirklich überall einsetzen, wo ein Farbtupfer nötig ist. Versuchen Sie es doch einmal mit etwas Textil über statt auf dem Tisch. Ein Hauch von Orient in Ihrem Esszimmer gefällig? Probieren Sie es aus: Unter einem Baldachin isst es sich herrschaftlich.

1. Zunächst wie immer: ausmessen und die Größe des künftigen Baldachins ermitteln. Bei der Stoffmenge einkalkulieren, dass der Baldachin nicht straff gespannt, sondern locker in sanften Wellen hängen soll, d. h. knapp das Doppelte der Größe an Stoff kalkulieren.

2. Den Stoff zurecht schneiden. Alle Kanten knapp umschlagen, leicht anbügeln und mit der Nähmaschine steppen. (A)

3. Die Schlaufen für die spätere Aufhängung fertigen. Schneiden Sie dazu aus dem Stoff schmale Streifen, ca. 3 cm breit, oder gern auch breiter, und 15 cm lang. Säumen Sie sie mit knappem Abstand von der Längskante, die kurzen Seiten dabei offen lassen. An dem so entstandenen „Schlauch" befestigen Sie an einer Seite eine größere Sicherheitsnadel. Diese Sicherheitsnadel – und mit ihr den Stoff – nach innen und einmal komplett durch ziehen. (B)

4. Die Streifen bügeln, in entsprechendem Abstand an den kurzen Seiten des Baldachins mit der Nähmaschine aufsteppen, so dass daraus Schlaufen entstehen.

5. An der Decke über dem Esstisch zwei Punkte rechts und links mittig über dem Tisch und auf einer geraden Linie markieren. Dort zwei Ringschrauben mit ausreichend großer Öse eindrehen. Einen Bambusstock durch die Ringösen schieben. Jeweils einen Bambusstab rechts und links durch die Baldachinschlaufen schieben.

6. Eine ausreichend lange Zierkordel zunächst rechts und links außen und dann an der oberen Bambusstange verknoten. Die dritte Stange mittig unter dem Baldachin anbringen. (C)

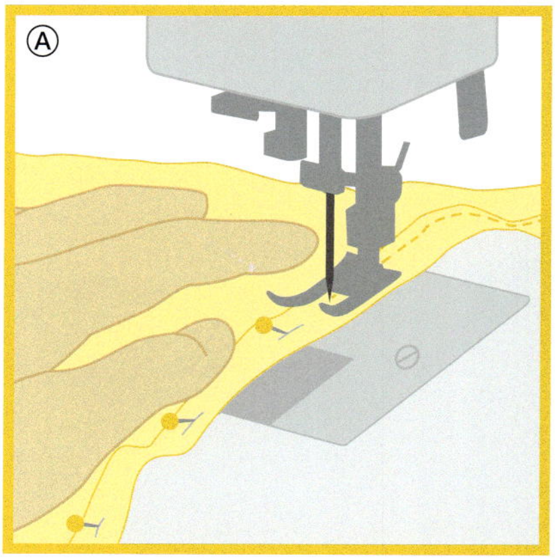

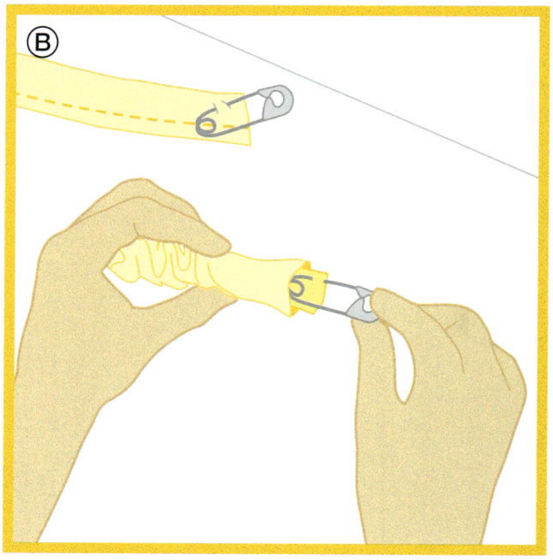

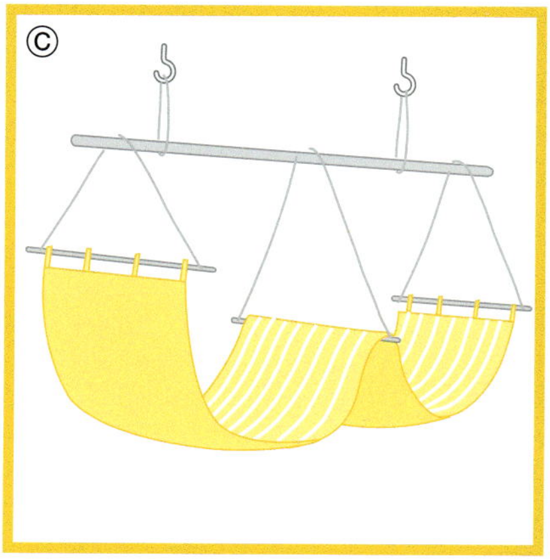

Werkzeug

Maßband
Schneiderschere
Bügeleisen
Nähmaschine
Stecknadeln
Sicherheitsnadeln

Material

Stoff nach Belieben, z. B. ein zarter Organzastoff
Bambusstangen
Ringschrauben
Zierkordel oder -band

Schwierigkeitsgrad gering **Mithelfer** zum Begutachten der Gesamtoptik kann ein zusätzliches Augenpaar nicht schaden **Zeitaufwand** ein halber Tag **Putzfaktor** gering

Stoffauswahl

Im Wohnbereich empfiehlt es sich, mit sehr leichtem, transparentem Stoff zu arbeiten. Ansonsten kann ein Baldachin schnell erdrückend wirken. Im Schlafraum eignen sich auch schwerere Stoffe.

Schöner träumen: **Himmelbett**

Schlafen wie im Himmel … Wer möchte das nicht? Aber auch der schönste Himmel braucht hin und wieder ein bisschen frische Farbe. Ein neuer Anstrich für das Holzgestell und neue Vorhänge: Schon ist die Welt – nein: der Himmel – wieder in Ordnung!

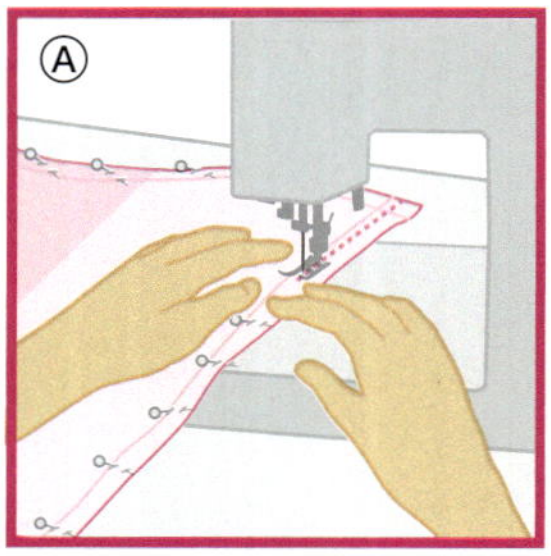

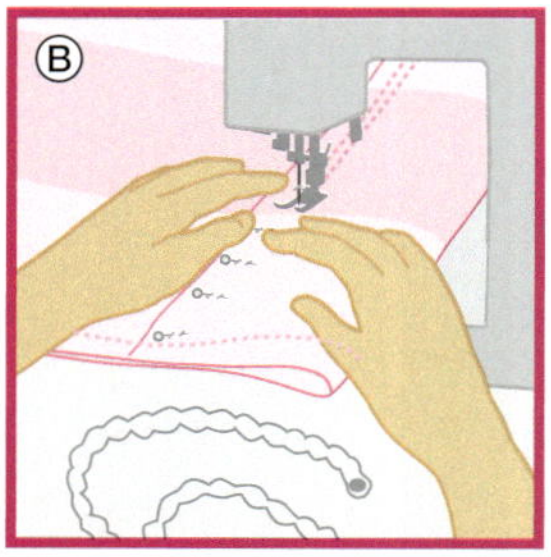

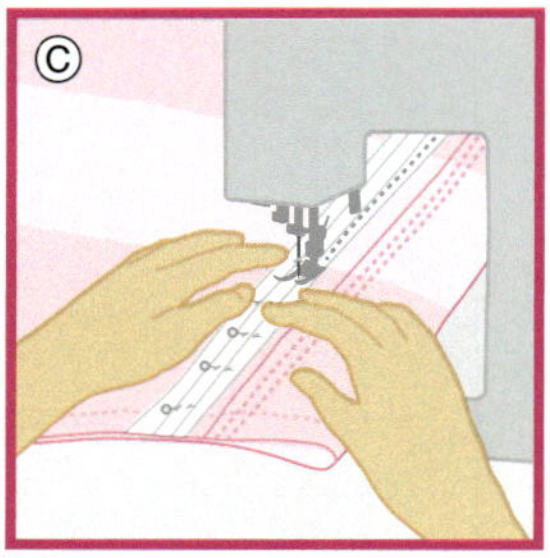

1. Das Himmelbett sollte schon vorhanden sein – aber bei der vielfachen Auswahl in den Möbelhäusern ist das sicher kein Problem, höchstens das Entscheiden. Falls es sich um ein Holzgestell handelt, kann dies passend zur Farbe des Vorhangstoffes frisch gestrichen werden. Wenn die Holzbalken ausreichend breit sind, können Sie diese auch mit dem Vorhangstoff beziehen: Stoff so zuschneiden, dass sich die Kanten um ca. 1–2 cm überlappen, dann festkleben oder -tackern.

2. Vorhandene Vorhangleisten vor dem Streichen oder Beziehen abschrauben, anschließend wieder befestigen. Falls diese noch nicht vorhanden sind, keine Sorge: Es gibt diverse Aufhängsysteme, die alle sehr leicht auf die richtige Länge zu bringen und zu befestigen sind. Die klassische Variante ist die Vorhangschiene, in die Klemmen eingehakt werden. Suchen Sie sich einfach ein passendes System für Ihr Bett aus.

3. Aber zu dem Wichtigsten, den Vorhängen: Zuerst wird Maß genommen. Beim Ausmessen der Vorhänge die dreifache Breite pro Vorhang kalkulieren. In der Länge 10 cm für den Saum und ca. 7 cm für die Oberkante zugeben. Für die seitliche „Bordüre" aus dem zweiten Stoff jeweils zehn Prozent der gesamten Breite rechnen (bei 2 Metern wären das z. B. 20 cm).

4. Den Bordürenstoff mit Stecknadeln am Hauptstoff feststecken, dann mit der Nähmaschine ansteppen. An den Längsseiten einen schmalen, ca. 1 cm breiten Saum einschlagen, leicht anbügeln und steppen. (A)

5. Nun den unteren Saum schön breit einschlagen, feststecken und steppen. (B) Wenn der Vorhang richtig schwer fallen soll, können Sie in die entstandene Saumlasche jetzt ein Bleiband einlegen. Anschließend die Seiten des Saums ebenfalls zusteppen, das Bleiband dabei mit befestigen, damit es nicht hin- und herrutschen kann.

6. Jetzt die Oberkante des Vorhangs in Angriff nehmen: Ebenfalls einen Saum einschlagen, etwa 6–7 cm breit, und absteppen. Direkt unter der Saumkante ein Kräuselband aufstecken und anschließend feststeppen. (C)

7. Jetzt mit Hilfe der Kräuselfäden den Vorhang auf die richtige Breite bringen. Die Kräuselfäden an beiden Seiten verknoten. Krokodilklemmen in regelmäßigen Abständen direkt auf den Stoff setzen und in die Gardinenleiste einstecken.

Werkzeug
Maßband
Schneiderschere
Stecknadeln
Bügeleisen
Nähmaschine

Material
Vorhangstoff in zwei Farben bzw. Mustern gleicher Qualität
Kräuselband
ggf. Bleiband
Nähgarn

Schwierigkeitsgrad mittel **Mithelfer** solche Stoffmassen lassen sich zu zweit definitiv besser handhaben **Zeitaufwand** je nach Anzahl der benötigten Vorhänge zwei bis drei Tage **Putzfaktor** gering

Ausmessen

Am Anfang steht die Maßarbeit: Je sorgfältiger Sie Ihre neuen Himmelbett-Vorhänge ausmessen, desto geringer ist der spätere Risikofaktor. Bedenken Sie vor allem: Je dichter in Kräuseln oder Falten der Vorhang hängen soll, desto größer der Stoffverbrauch. In der Regel geht man von der zwei- bis dreifachen Breite aus.

Kleines ABC des Nähens

Mit schönen Stoffen kann man zaubern – nicht nur im Mode-, sondern auch im Einrichtungsbereich. Für alle Näh-Einsteigerinnen erklären wir in unserem kleinen Näh-ABC, worauf es beim Verarbeiten von Stoffen ankommt und was es zu beachten gilt.

Ausmessen
Gute Vorbereitung ist auch beim Nähen die halbe Miete: Das Maßband ist dabei ein wichtiger Helfer. Vor dem Zuschnitt eines Stoffes müssen immer die genauen Maße für das zu fertigende Teil genommen werden. Maße notieren, ggf. auf ein Schnittmuster (aus Papier) übertragen. Das Schnittmuster ausschneiden, auf den Stoff legen, mit Kreide oder Stecknadeln die Maße übertragen. Dann den Stoff zuschneiden. Einmal verschnittener Stoff ist meist nicht mehr zu retten.

Bügeln vor dem Zuschneiden
Alle Stoffe vor dem Zuschneiden bügeln und Lagerkniffe entfernen. Bei empfindlichen Stoffen muss immer mit einem feuchten Tuch gebügelt werden. Sonst bügeln Sie unschönen Glanz auf den Stoff! Liegt der Stoff doppelt, den Stoff auseinander falten und auch die Bruchkante glatt bügeln. Die Bügeltemperatur richtet sich nach dem Material. Empfehlenswert ist immer ein Dampfbügeleisen.

Glatte Stoffe zuschneiden
Seide oder Viskose können sehr glatt sein und verrutschen beim Zuschneiden leicht. Damit Ihnen Pannen erspart bleiben, sollten Sie eine rutschhemmende Unterlage verwenden - hierfür eignet sich zum Beispiel ein einfaches Leinentuch.

Heften
Bevor Sie eine Naht steppen, sollte diese zunächst geheftet werden. Dazu legen Sie die Stoffteile rechts auf rechts und stecken die Nahtlinie mit Stecknadeln zusammen oder nähen sie mit einem Heftfaden grob zusammen.

Musterrichtung
Wenn ein Stoff eine Musterrichtung hat, ist beim Zuschnitt Vorsicht geboten. Alle Schnittteile müssen so auf den Stoff gelegt werden, dass die oberen bzw. unteren Kanten in die gleiche Richtung zeigen.

Nahtzugabe
Gleichmäßig breite Nahtzugaben erleichtern die Arbeit. Denn bei aufeinander liegenden Stoffkanten treffen automatisch auch die Nahtlinien aufeinander. Nahtzugaben sind beim Ausmessen bzw. beim Erstellen eines Schnittmusters mit zu berücksichtigen.

Rechte Seite
Die rechte Seite ist immer die Vorderseite eines textilen Gewebes. Bei gemusterten oder Struktur-Stoffen lassen sich linke und rechte Seiten leicht unterscheiden. Bei uni gewebten Stoffen muss man schon ein bisschen genauer hingucken. Da hilft im Zweifel ein Blick auf die Webkante: Die hat kleine Löcher, die immer von rechts nach links gestochen werden, d. h. die glatte Seite der Löcher ist rechts.

Saum
Der Saum ist die untere Kante des Stoffes. Ist die Länge markiert, wird die Saumzugabe nach innen umgeheftet, gebügelt und gleichmäßig auf die gewünschte Breite (Faustregel: 4 cm) zurückgeschnitten. Dann wird der Saum von Hand oder mit der Maschine angenäht. Dabei unterscheidet man zwischen offenkantig (einfache Stofflage) und eingeschlagen (doppelte Stofflage). Bei allen offenkantigen Säumen muss die Saumzugabe vor dem Annähen versäubert werden.

Steppen
Gesteppt wird immer mit der Nähmaschine. Wenn Sie wenig Erfahrung im Umgang mit einer Nähmaschine haben, macht es Sinn, zunächst an einem alten Stoffstück die verschiedenen Sticharten, Nadelstärken etc. auszuprobieren.

Steppstich (Maschine)
Mit diesem Stich können alle Näharbeiten, ausgenommen das Versäubern der Nahtzugaben, ausgeführt werden.

Steppstich (Handarbeit)
Mit diesem Handstich können Sie Stoffteile (z. B. auch Stoff und Reißverschluss) fest zusammennähen. Gearbeitet wird von rechts nach links und von der rechten Stoffseite aus. Stechen Sie die Nadel einen Stich zurück und zwei Stiche nach vorn, z. B. bei einer Stichlänge von 3 mm setzen Sie einen Stich (auf der Rückseite des Stoffes, so wie Sie ihn vor sich halten) von links nach rechts und dann (auf der Vorderseite) 6 mm nach vorn, als von rechts nach links.

Versäubern
Zum Versäubern von Naht- und Saumzugaben verwenden Sie am einfachsten den Zickzackstich (elastischer Dreistich-Zickzackstich) Ihrer Nähmaschine. So verhindern Sie das Ausfransen der Nahtzugabe.

Waschen
Bei Naturfasern (Baumwolle und Leinen) besteht Einlaufgefahr. Damit Sie später beim ersten Waschen des fertigen Stückes keine böse Überraschung erleben, empfiehlt es sich, den Stoff bereits vor dem Zuschneiden zu waschen und evtl. in den Trockner zu geben.

Zickzackschere
Die Zickzackschere schneidet Stoff mit einer Zickzackkante aus. Feste Stoffe können durch Abschneiden mit einer solchen Schere versäubert werden. Ein Versäubern mit einem Zickzackstich ist dann nicht mehr erforderlich.

Nähgarn-Kunde

Beim Verarbeiten von Stoffen für die Innenausstattung ist die Wahl des richtigen Nähgarns bedeutsam, z. B. hinsichtlich der Reißfestigkeit. Nähgarne sind in unterschiedlichen Farben und Qualitäten im Handel erhältlich. Sie eignen sich zum Nähen mit der Maschine oder zum Nähen von Hand. Je nach Einsatzgebiet steht Nähgarn aus Nylon, PA-Nylon, Polyester, reiner Baumwolle oder Seide zur Verfügung. Welches Nähgarn für die jeweilige Verarbeitung das Richtige ist, hängt vom Stoff und den Anforderungen der Naht ab.

PA-Nylongarn
für Decken oder Dekorstoffe

Baumwollgarn
eignet sich für nicht dehnbare Stoffe, da es selbst nicht elastisch ist und daher zu schnell reißt

Garn aus Polyester
sieht zwar weniger schön aus als Baumwollgarn, ist dafür reißfest und elastisch

Knopflochgarn
ist etwas dicker und sorgt daher für ein schönes Nahtbild, also für alle Ziernähte gut geeignet

Garn aus Seide
bietet sich für alle feinen und dehnbaren Stoffe an

Spezialgarn
für besonders schwere Stoffe (z. B. Segeltuch), Beratung im Fachhandel

Zum Sitzen fast zu schade: **Stuhlhussen**

Auch Stühle brauchen ab und zu einmal ein neues Outfit. Mit einer raffinierten Husse verwandeln Sie Ihre alten Schätzchen in neue, noble Sitzgelegenheiten!

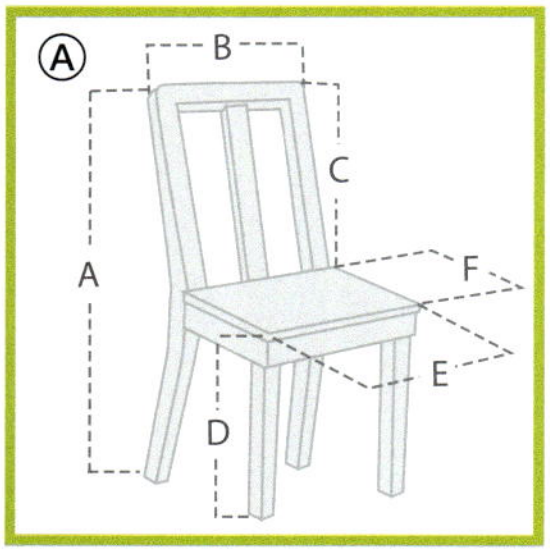

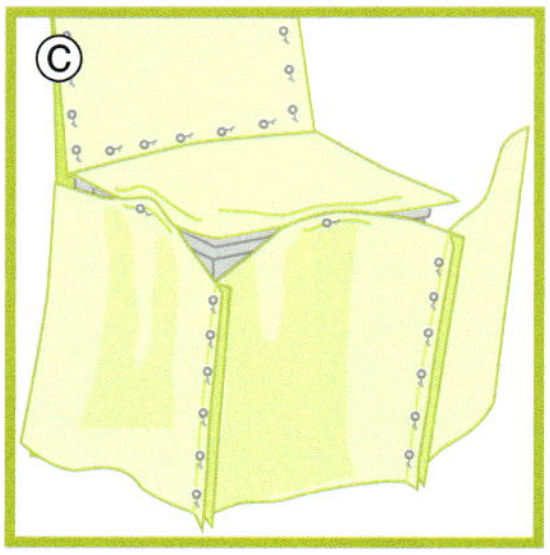

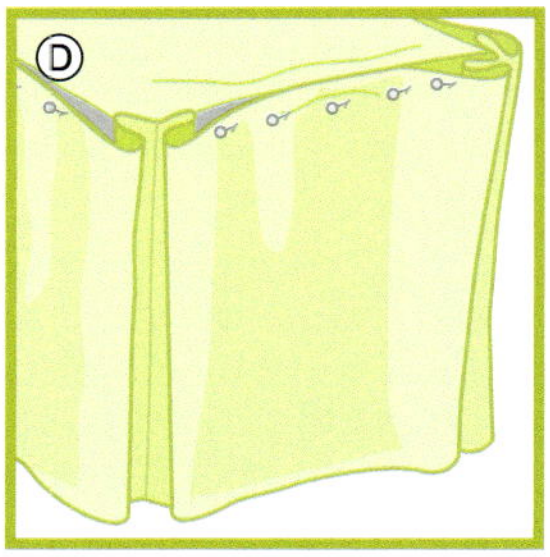

1. Messen Sie den Stuhl aus und fertigen Sie danach ein Schnittmuster an. Folgende Maße brauchen Sie: die gesamte Stuhlhöhe „A“ von der Oberkante bis zum Boden inklusive der Lehnenstärke; die Breite der Rückenlehne „B“ sowie die Höhe „C“; die Maße der Sitzhöhe „D“; die Sitzfläche „E“ und „F“. (A) Beachten Sie (siehe Schnittmuster rechts): Für das Rückenteil 5, die Lehne 1 und die Sitzfläche 2 sind jeweils ringsum eine Nahtzugabe von 3 cm einzurechnen. Bei den Flächen 3 und 4 (2 x für die rechte und linke Seite) müssen zur Breite 45 cm für die Kellerfalten zugegeben und unten 7 cm für Naht und Saum einberechnet werden.

2. Um späteren Ärger zu vermeiden, empfiehlt es sich unbedingt, das Schnittmuster zur Probe auf dem Stuhl zusammenzustecken. Dann erst das Schnittmuster mit Kreide auf den Stoff übertragen und diesen zuschneiden.

3. Die beiden Teile der Rückenlehne mit der linken Seite nach außen an dem Stuhl zusammenstecken. (B)

4. Die senkrechten Schürzenteile 3 und 2 x 4 (rechte und linke Seite) rechts auf rechts zusammenstecken. Die beiden Nähte mit einer Nahtzugabe von jeweils 1,5 cm auf der Nähmaschine steppen. Die Mitte des mittleren Schürzenteils 3 wird rechts auf rechts an die Mitte der Sitzfläche 2 gesteckt und von hier aus gleichmäßig zu beiden Seiten weiter festgesteckt. Auf die gleiche Weise werden die beiden Schürzenteile 4 ebenfalls mittig an der Seitenmitte der Sitzfläche ausgerichtet und mit Nadeln fixiert. (C)

5. Der restliche Stoff ergibt die Kellerfalten. Er wird jetzt so gefaltet, dass an jeder Stuhlecke eine etwa 10 cm tiefe Falte entsteht. Die Falten sind ebenfalls mit Nadeln an der Sitzfläche festzustecken. (D)

6. Wenn alle Teile exakt gesteckt sind, beginnt die Arbeit an der Nähmaschine. Sorgfältig und mit kleinen Stichen die Nähte schließen.

7. Die Nadeln entfernen, die Husse – noch immer mit der linken Seite außen – auf den Stuhl ziehen und den Sitz prüfen. Wieder abziehen und überflüssige Nahtzugaben abschneiden und Nähte ausbügeln.

8. Jetzt noch die untere Saumlänge prüfen, einen doppelten Saum (sorgt für schönen Fall) abstecken, steppen – fertig ist Ihre selbstgenähte Husse!

Werkzeug
Stecknadeln
Packpapier
Schneiderkreide
Maßband
Schneiderschere
Nähmaschine

Material
alte Stühle
fester Stoff (ggf. vorgewaschen)
reißfestes Nähgarn

Schwierigkeitsgrad Hussen sind nur etwas für näherfahrene Heimwerkerinnen.

Mithelfer zum Aufziehen auf die Stühle sehr praktisch

Zeitaufwand mittel bis länger dauernd (der erste Stuhl braucht am längsten, dann geht's schneller)

Putzfaktor gering

Nur nicht zu edel

Bei der Auswahl des Stoffes unbedingt zu bedenken: Stühle müssen in der Regel strapazierfähig sein. Hauchzarte weiße Seide mag ja toll aussehen, aber spätestens, wenn das erste Rotweinglas oder die Kaffeetasse umgefallen ist, ist es mit der eleganten weißen Husse vorbei.

Vorwaschen

Der Stoff für eine Stuhlhusse sollte waschbar sein und am besten vorgewaschen werden, damit später nicht die fertige Stuhlhusse einläuft und nicht mehr passt.

Schnittmuster

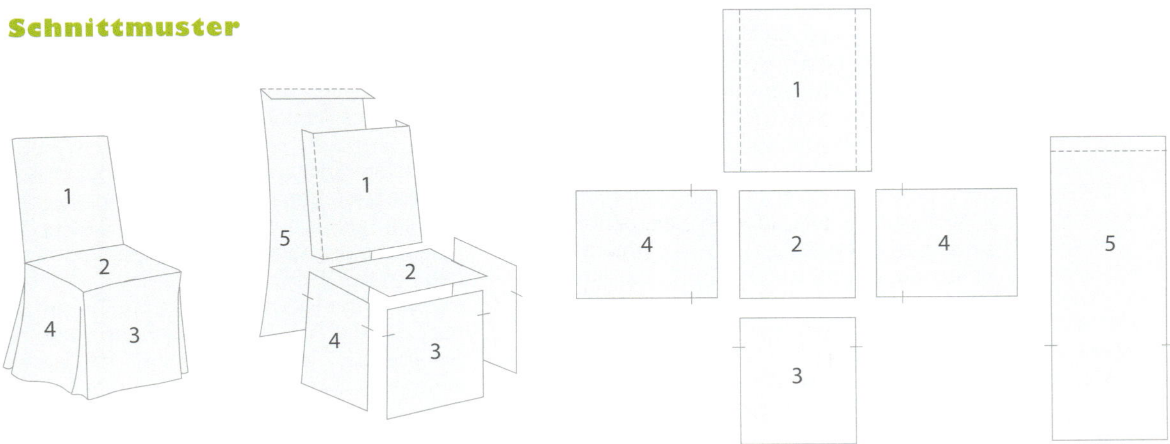

Rollos
für alle Fenster

Sie haben keine Lust mehr darauf, am Schreibtisch oder in der Küche wie im Schaufenster zu sitzen? Dann ist es Zeit für ein schickes Rollo an Ihrem Fenster! Ungemein praktisch und zudem noch ausgesprochen dekorativ.

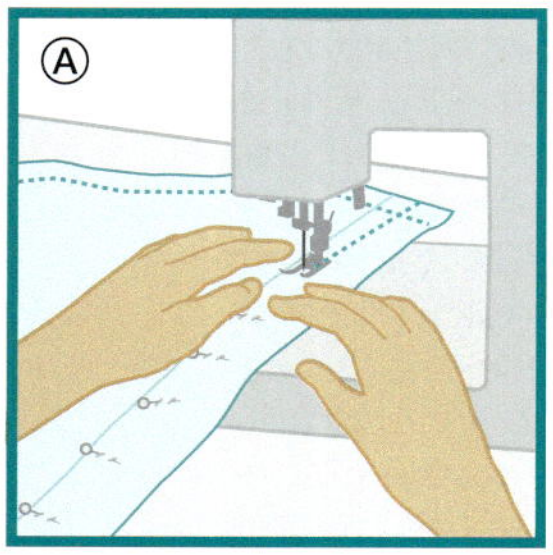

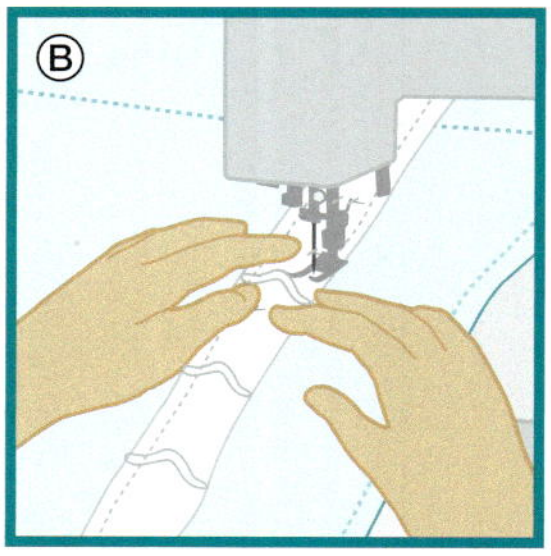

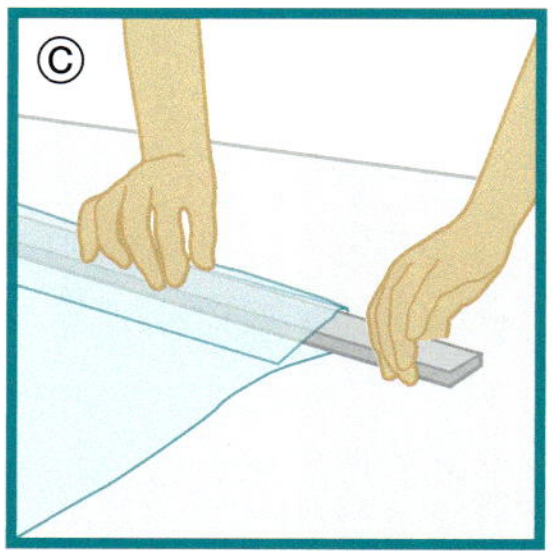

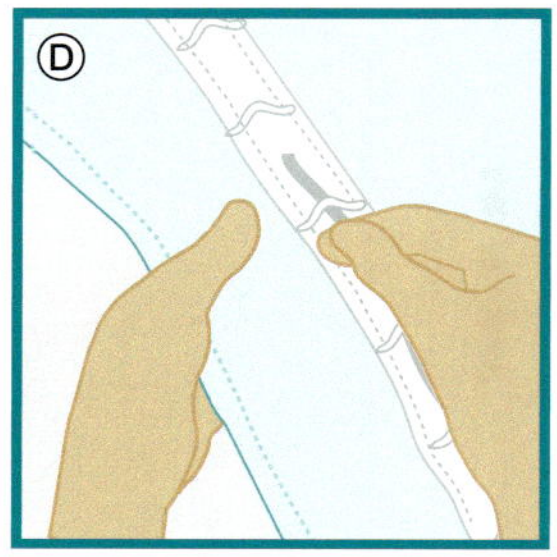

Werkzeug

Bügeleisen
Stecknadeln
Maßband
Schere
Nähmaschine
Fuchsschwanz

Material

Stoff nach Wahl
Spezialmontageband (gibt es z. B. beim Raumausstatter)
Holzleisten (2 cm breit, 1 cm dick)
Raffrolloband (2-fache Länge des Rollos)
Schnur (3-fache Rollolänge + 1-fache Rollobreite)
selbstklebendes Haftband

1. Zunächst wie immer: ausmessen!

2. Zwei Rechteckleisten mit einem Fuchsschwanz auf Fensterbreite zusägen. (Oder Leisten bereits im Baumarkt auf die richtige Länge sägen lassen.)

3. Den Stoff auf die gewünschte Fensterbreite plus 2 cm Nahtzugabe (Breite) und 8–10 cm Saumzugabe (Höhe) zuschneiden. Die Seitenkanten mit der Nähmaschine säumen (A). Oben und unten den Saum umsteppen, so dass eine Lasche (für die Holzleisten) entsteht. Wenn Sie Ihr Rollo aus unterschiedlichen Stoffen kreieren wollen, nähen Sie zunächst Streifen in unterschiedlicher Länge zusammen. Dabei die Nähte knapp versäubern, weil man sie ggf. durchscheinen sieht. Danach verfahren wie oben beschrieben.

4. Auf der Rückseite des Rollos das Raffrolloband aufsteppen – jeweils mit etwa 10 cm Seitenabstand (B). Bei Rollos, die breiter als 80 cm werden, empfiehlt es sich, in der Mitte ein drittes Band aufzusteppen, damit das Rollo später nicht durchhängt. Beim Aufsteppen darauf achten, dass die Ösen der Bänder immer exakt auf gleicher Höhe liegen.

5. In die Saumlaschen oben und unten die Holzleisten einschieben (C). Auf die obere Leiste jeweils über dem Raffband rechts und links zwei kleine Ringschrauben ins Holz eindrehen – und zwar vorsichtig durch den Stoff hindurch!

6. Selbstklebendes Haftband am Fenstersturz, ggf. am Rolladenkasten anbringen. Um den Halt des Haftbandes zu erhöhen, können Sie das Band zusätzlich antackern oder mit einigen Nägeln mit großflächigem Kopf fixieren. Sollte kein geeigneter Untergrund zur Anbringung des Rollos vorhanden sein, empfiehlt es sich, eine Holzleiste in der Breite des Rollos auf den Fenstersturz aufzuschrauben. Auf dieser Leiste kann dann das Haftband problemlos wie oben beschrieben angebracht werden. Genauso verfahren Sie, wenn Sie das Rollo direkt am Rahmen des Fensterflügels mit Hilfe des selbstklebenden Haftbandes befestigen wollen.

7. Jetzt muss noch die Schnur durchgezogen werden. Beginnen Sie links unten, knoten Sie die Schnur dort in der ersten Öse fest und fädeln Sie sie dann durch alle darüber liegenden Ringe (D). Oben angekommen, ziehen Sie sie durch die Ringschrauben und führen sie nach rechts. Auf der rechten Seite verfahren Sie ebenso. Die beiden Schnüre miteinander verknoten. Das Rollo auf das Haftband am Fenster oder an der Wand befestigen.

Schwierigkeitsgrad Es sind zwar viele verschiedene Arbeitsschritte, doch schwer ist es nicht!

Mithelfer Vielleicht haben Sie eine Freundin, die gern Fenster putzt? Das wäre jetzt der richtige Zeitpunkt.

Zeitaufwand mittel

Putzfaktor gering

Vorhänge – wahre Multitalente 1

Vorhänge sind Multitalente: Sie sorgen für Wohnlichkeit, bringen Farbe in jede Wohnung, schützen vor neugierigen Blicken oder dienen als Tür-Ersatz. Und das Beste: Sie sind im Handumdrehen genäht! Der erste Vorhang, den wir Ihnen vorstellen, ist ein romantischer Hauch aus weißem Baumwollbatist.

1. Ausmessen und Vorbereiten: Empfehlenswert ist es, den Batist in der Verkaufsbreite (90 cm) zu verarbeiten. Das erspart Ihnen das Säubern der Schnittkante. Bei der Ermittlung der erforderlichen Stoffbahnen einplanen, dass die Bahnen einander ca. 3–4 cm überlappen sollten. Für den Saum unten etwa 5 cm in der Länge zugeben, für die obere Kante 2 cm. Bei breiteren Fenstern eventuell zwei Vorhänge nähen, die in der Mitte des Fensters aufeinander treffen.

2. Sind die Bahnen zurechtgeschnitten, werden jeweils zwei zunächst exakt so aneinander (überlappend) gelegt, wie sie später hängen sollen. Mit Stecknadeln fixieren. Dann jeweils rechts und links entlang der Überlappung steppen (A). An der oberen Kante einen schmalen Saum steppen, unten einen breiteren.

3. Die Schleifen zum Aufhängen des Vorhangs sollten im Abstand von ca. 10 cm eingeplant werden. Zählen Sie aus, wie viele Schlaufen Sie benötigen – pro Schleife sind es zwei! Schneiden Sie Stoff für die Schlaufen zurecht, etwa 25 cm lang, etwa 9 cm breit. Versäubern sie die kurzen Seiten mit einem feinen Zickzackstich. Die Längsseite mit ca. 0,5 cm Nahtzugabe absteppen.

4. Anschließend die Schlaufen auf rechts drehen. Das geht sehr einfach, wenn Sie eine große Sicherheitsnadel an einer Seite feststecken und sie nach innen ziehen, sie nimmt automatisch den gesamten Stoff mit. Schlaufen dann flachbügeln. (B)

5. Die Haltepunkte für die Schleifen am Vorhang markieren, jeweils links und rechts ganz außen beginnen. Schlaufen jeweils zu zweit (einmal Vorder-, einmal Rückseite) an den Vorhang aufsteppen. (C)

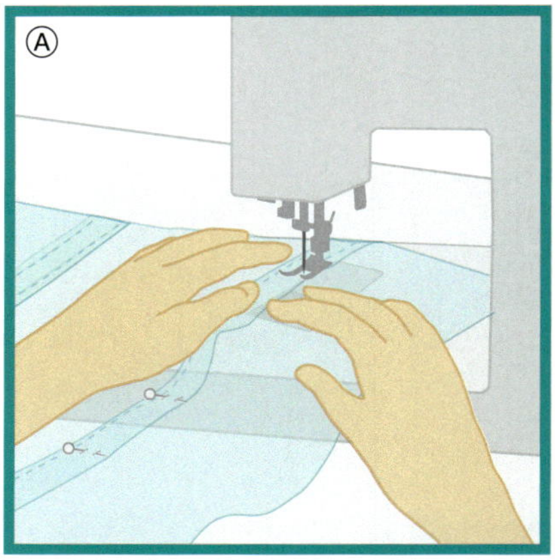

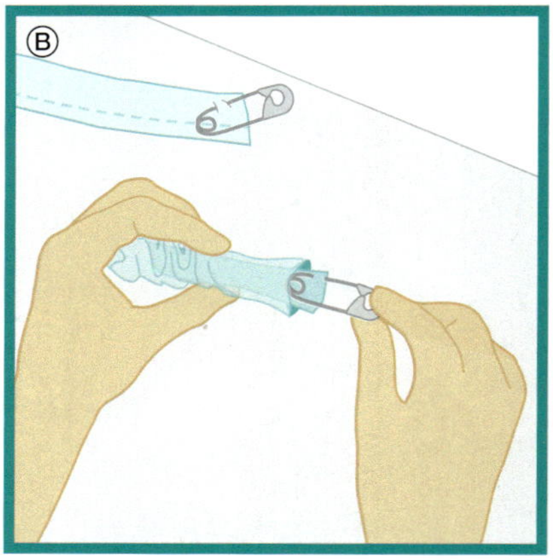

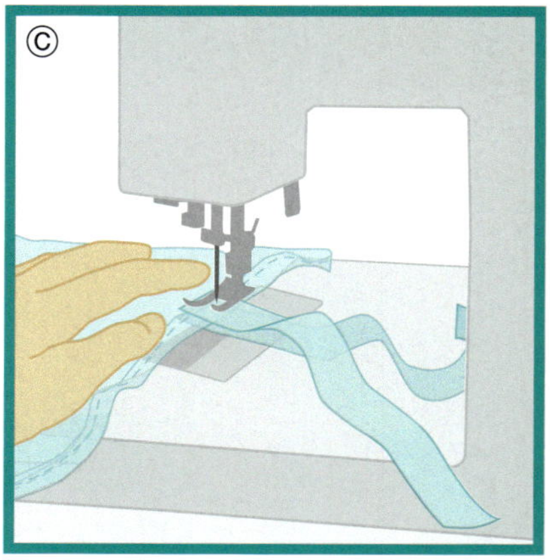

Werkzeug
Bügeleisen
Stecknadeln
Maßband
Schere
Nähmaschine

Material
weißer Baumwollbatist
Nähgarn

Schwierigkeitsgrad leicht **Mithelfer** an der Nähmaschine ist nur für eine Platz! **Zeitaufwand** je nach Größe des Vorhangs einen halben bis einen Tag **Putzfaktor** gering

Maßnehmen

Ermitteln Sie Länge und Breite der künftigen Vorhangfläche – aber beachten Sie die Stoffzugaben: Für einen Vorhang, der in Falten hängen soll, geht man von einer zwei- bis dreifachen Breite aus.

Vorhänge – wahre Multitalente 2

Der zweite Vorhang ist eine Patchworkvariante. Dafür brauchen Sie Stoffe in verschiedenen Mustern, aber gleicher Stoffqualität – sonst sieht's später nicht gut aus. Auch die Farben sollten nicht zu sehr abweichen, da sehr dunkle und sehr helle Stoffe natürlich auch unterschiedlich stark lichtdurchlässig sind.

1. Ausmessen und Vorbereitung: Teilen Sie die ermittelte Größe Ihres Vorhangs in gleich große Rechtecke bzw. Quadrate ein. Legen Sie die Anordnung der unterschiedlichen Muster fest.

2. Anschließend schneiden Sie den Stoff zu, jeweils mit einem Zentimeter Nahtzugabe ringsum. Die Stoffstücke rundum mit feinem Zickzackstich säubern, damit der Stoff nicht ausfransen kann.

3. Nun die Stoffstücke – links beginnend – neben- und untereinander anordnen, mit Stecknadeln zusammenstecken. Dann steppen Sie die Nähte und Kanten (A). Anschließend entfernen Sie die Stecknadeln und bügeln die Nähte sorgfältig aus.

4. Jetzt geht's an die Befestigung: Kleben Sie die Halterungen (Haken oder Ringösen) an den Fensterrahmen. Achtung: Prüfen Sie die Abstände genau, damit der Vorhang später nicht schief hängt! Am besten mit einer Wasserwaage überprüfen.

5. Nun reihen Sie auf der Bambusstange Vorhangclips oder -klemmen auf. Nicht sparen: Wenn der Vorhang in vielen Falten hängen soll, brauchen Sie entsprechend mehr Klemmen. (B)

6. Zum Schluss hängen Sie den fertigen Vorhang in gleichmäßigen Abständen in die Klemmen ein und legen die Bambusstange in die Haken ein. (C)

Werkzeug

Bügeleisen
Stecknadeln
Maßband
Schere
Nähmaschine

Material

unterschiedlich gemusterte Stoffe gleicher Qualität, z. B. leicht transparente Baumwolle
Nähgarn
Bambusstange
Klebehaken
Vorhangsclips oder -klemmen

Vorhangsysteme

Im Handel gibt es inzwischen verschiedenste Systeme zum Befestigen von Vorhängen, die man entweder mittels Teleskopstangen festklemmen oder in tausend Varianten befestigen kann. Die zugehörigen Stangen sind aus Kunststoff, Metall oder Holz. Suchen Sie sich einfach die Variante aus, die Ihnen am besten gefällt oder am praktikabelsten ist.

Schwierigkeitsgrad leicht

Mithelfer an der Nähmaschine ist nur für eine Platz!

Zeitaufwand je nach Größe des Vorhangs einen halben bis einen Tag

Putzfaktor gering

Polsterstühle
mit neuem Bezug

Ihr Lieblings-Sitzmöbel „schwächelt" an den Verschleißkanten? Dann gönnen Sie ihm doch einfach eine neue Haut! Mit einem peppigen Polsterbezug wird aus einem ollen Stuhl-Schätzchen ein schönes neues Sitz-Schmuckstück.

1. Wenn Sie Perfektionistin sind, sollten Sie auch das Holzgestell Ihres Stuhls einer kritischen Prüfung unterziehen. Gibt es da die eine oder andere Macke zuviel, empfiehlt sich nach dem Abschrauben der Polster und vor der neuen Polsterung ein neuer Anstrich. Also: Holz abschleifen, eventuell vorstreichen (je nach gewünschter Farbe), ein- bis zweimal lackieren. (Genaue Anleitung sowie nötige Materialien und Werkzeuge zum Lackieren von Holzmöbeln: S. 58)

2. Zunächst müssen Sie die alten Sitzpolster und – sofern möglich – die Rückenlehne aus dem Stuhlgestell lösen. Eventuell vorhandene Schrauben mit dem Schraubenzieher lösen und beiseite legen. Wenn der alte Stoff noch nicht in Fetzen hängt, sollte er als Untergrund auf der Polsterung belassen werden.

3. Legen Sie das lose Polster auf den neuen Stoff auf und schneiden diesen mit großzügiger Stoffzugabe zu (A). Eventuell auf die linke Seite ein in gleicher Größe zugeschnittenes Vlies unterbügeln.

4. Nun legen Sie den Stoff auf das Polster und spannen ihn. Dabei beginnen Sie am besten an der Hinterseite, also dort, wo das Polster an der Lehne liegt, mit dem Tackern. Den Stoff an der Unterseite festtackern. Dann die gegenüberliegende Seite spannen und festtackern, anschließend die übrigen Seiten (B). Gut aufpassen, dass der Stoff nicht verrutscht. Die Ecken vor dem Festtackern sorgfältig falten.

5. Mit einem möglichen Rückenpolster in gleicher Weise verfahren.

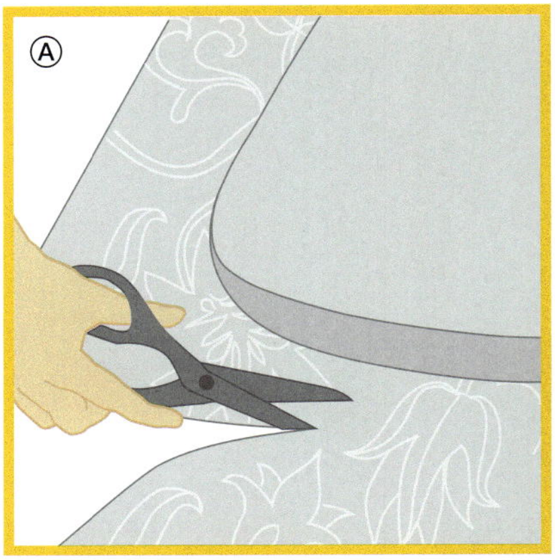

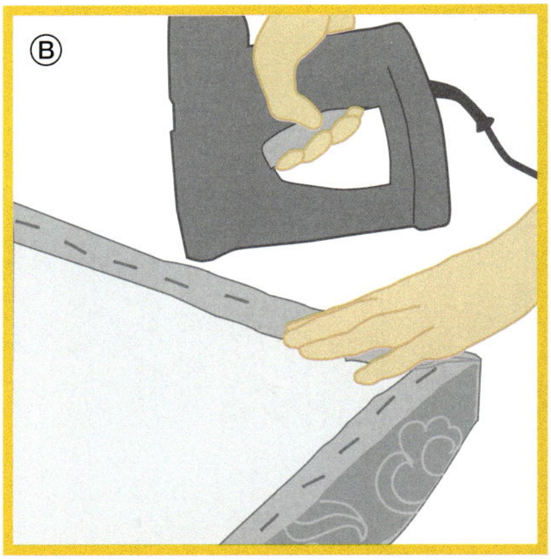

Werkzeug
Elektrotacker
Schraubenzieher
Schere
Bügeleisen
Heißklebepistole

Material
robuster Stoff nach Wahl
ggf. Schaumstoff
ggf. Vlies

Bezugstipps
Sitzpolster sind einfach zu beziehen, weil man die Unterseite nicht sieht. Rückenpolster verlangen da etwas mehr Planung, insbesondere hinsichtlich einer „unsichtbaren" Befestigung des Stoffes.

Schwierigkeitsgrad mittel **Mithelfer** das kriegen Sie allein hin **Zeitaufwand** sollte in zwei Stunden zu schaffen sein (ohne Anstrich) **Putzfaktor** gering

Variante „Beziehen am Stuhl"

Lässt sich das Polster für die Lehne nicht aus dem Gestell lösen, gehen Sie wie folgt vor:

1. Schneiden Sie den Stoff passend für Sitz- und Rückenpolster zu, dabei auch hier wieder auf Stoffzugabe achten.

2. Nun tackern Sie den Bezugsstoff direkt am Holzrahmen fest (A). Auch dabei gilt: Stoff erst sorgfältig glatt streichen, an einer Seite mit dem Tackern beginnen, Stoff spannen.

3. Nachdem alles angetackert ist, den überstehenden Stoff abschneiden. (B)

4. Zum Schluss mit der Heißklebepistole eine hübsche kontrastfarbige Kordel rund um alle Polster kleben (C). Sie ist ein prima Farbtupfer, dient aber vor allem dazu, die Tackernadeln zu verdecken. Deshalb sollte sie lieber etwas dicker als zu fein ausfallen. In gleicher Weise können Sie auch die Bezüge für die Armlehnen anbringen.

Robust statt fadenscheinig

Stoffe auf Sitzmöbeln sind einer hohen Beanspruchung ausgesetzt. Legen Sie bei der Auswahl des Stoffes Wert auf eine robuste, strapazierfähige Qualität.

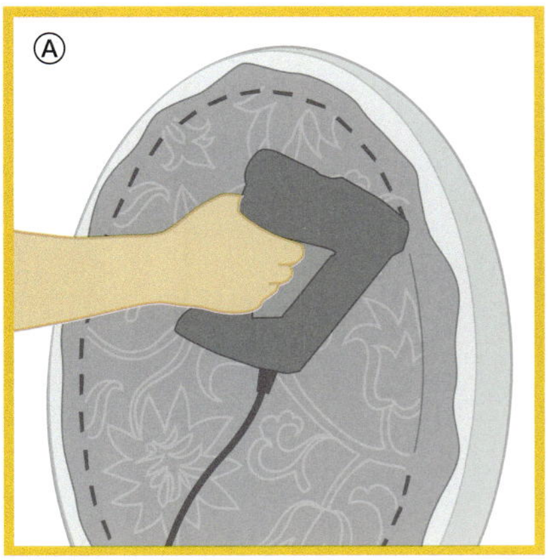

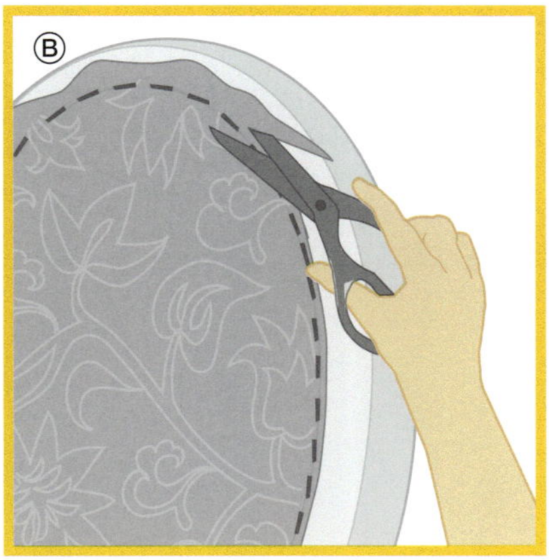

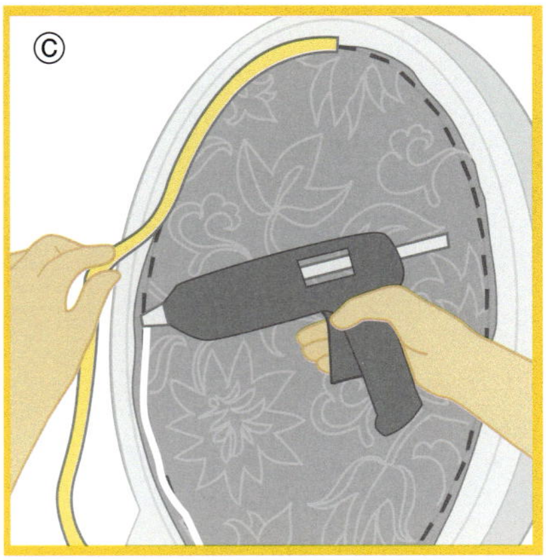

Auflagen für **Liegestühle**

Sie brauchen dringend neue Auflagen für Ihre Gartenliegen, aber die Auswahl in Baumärkten und Möbelhäusern reicht von kitschig-blumig bis fruchtig-bunt mit Obstmotiven? Dann nähen Sie sich Ihre Auflagen doch einfach selbst: mit einem Stoff Ihrer Wahl!

1. Messen Sie Ihre Liege aus und bestimmen Sie die Größe der Schaumstoffauflage. Schneiden Sie den Schaumstoff entsprechend zu.

2. Den Stoff für die Auflage schneiden Sie in zwei Bahnen – dabei rundum eine Nahtzugabe von ca. 2–3 cm einplanen. Legen Sie die Stoffbahnen rechts auf rechts und stecken sie ringsum die Nähte fest.

3. Mit der Nähmaschine schließen Sie nun die beiden Längs- und eine der kurzen Seiten. Die vierte Seite zunächst offen lassen. (A)

4. Drehen Sie den Stoff nun auf rechts. Achten Sie darauf, dass Sie die Ecken sorgfältig nach außen drücken.

5. Nun können Sie die Schaumstoffauflage einziehen. Für die offene Seite die Stoffkanten nach innen legen, feststecken und von Hand säumen. (B) Wenn Sie den Bezug waschbar halten wollen, können Sie auch die offene Seite mit Schlaufen oder Knöpfen verschließen.

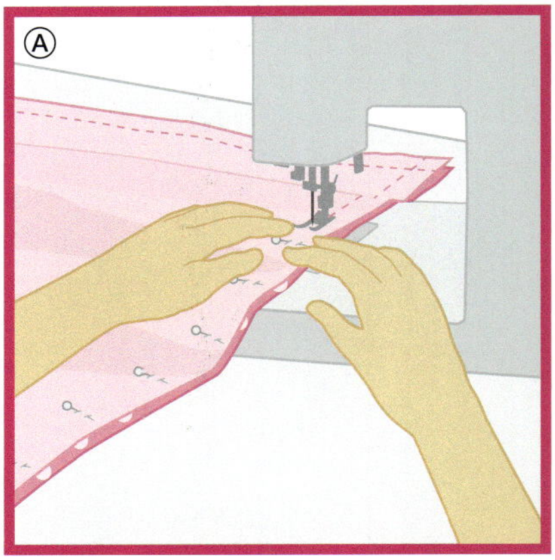

Weiche Unterlage

Auf einer „nackten“ Liege ist ein längeres Sonnenbad eher unangenehm als entspannend. Der Vorteil loser Auflagen ist, dass sie das Liegen deutlich bequemer machen, zugleich aber auch schnell und ohne jeden Aufwand abgenommen werden können.

Werkzeug

Schere
Bügeleisen
Maßband
Stecknadeln
Nähmaschine

Material

robuster Stoff
Schaumstoffeinlage, ca. 3 cm dick
Nähgarn

Schwierigkeitsgrad leicht **Mithelfer** geht allein prima – und Sie können dann gleich das „Recht des ersten Sonnenbads" beanspruchen **Zeitaufwand** ein halber Tag pro Liege bzw. Auflage **Putzfaktor** gering

„Tragflächen“ für Liegestühle

Aus alt mach schick: Nichts geht über die gute alte Gartenliege, finden Sie? Sie haben auch keine Lust auf Auflagen? Wenn das Gestell der Liege noch fit, jedoch der Stoff blass und unansehnlich geworden ist, ersetzen Sie doch einfach die Liegefläche!

1. Wenn es sich bei Ihrer Gartenliege um eine aus Holz handelt, fangen Sie am besten mit einem neuen Anstrich an. Es ist schade, wenn der neue Stoff strahlt, der Holzrahmen aber „oll“ aussieht ... Also: Holz abschleifen, eventuell vorstreichen (je nach gewünschter Farbe), ein- bis zweimal lackieren. (Genaue Anleitung sowie nötige Materialien und Werkzeuge zum Lackieren von Holzmöbeln: S. 58)

2. Jetzt geht's an den Stoff! Ganz wichtig ist schon die Auswahl: Wenn Sie eine Klappliege neu beziehen wollen, sollten Sie Wert auf eine besonders strapazierfähige und belastbare Segeltuchqualität legen. Bei diesen Modellen muss der Stoff ja das ganze Körpergewicht tragen.

3. Nun folgt wie immer das Ausmessen: Um die erforderliche Länge des Stoffes für Ihre Liege zu ermitteln, sollten Sie an dem vorhandenen alten Stoff Maß nehmen. Der Stoff darf später nicht stramm gespannt werden, sondern muss ein bisschen durchhängen – allerdings auch nicht so viel, dass sie auf dem Boden landen. Kalkulieren Sie ein, dass der Stoff oben und unten mehrmals um die Holzleiste gewickelt werden muss, das bedeutet ca. 25 cm Stoffzugabe, jeweils für oben und unten. Achtung: Damit Sie später noch wissen, wie weit Sie den Stoff um die Leisten wickeln können, markieren Sie die spätere Liegefläche an einer unauffälligen Stelle.

4. Im Idealfall finden Sie einen Stoff, der genau die passende Breite für Ihre Liege hat. Dann sind die seitlichen Kanten schon perfekt fixiert. Ansonsten stecken Sie rechts und links die überschüssige Breite als Saum ab. Mit einem reißfesten Garn absteppen, einmal zum Fixieren des Saums und ein zweites Mal knapp hinter der Umschlagkante (ca. 1cm Abstand) zum Stabilisieren.

Werkzeug
Schraubenzieher
Schere
Maßband
Stecknadeln
Nähmaschine
Elektrotacker
ggf. Hammer

Material
robuster Stoff
Nähgarn
ggf. Nägel mit flachen Köpfen

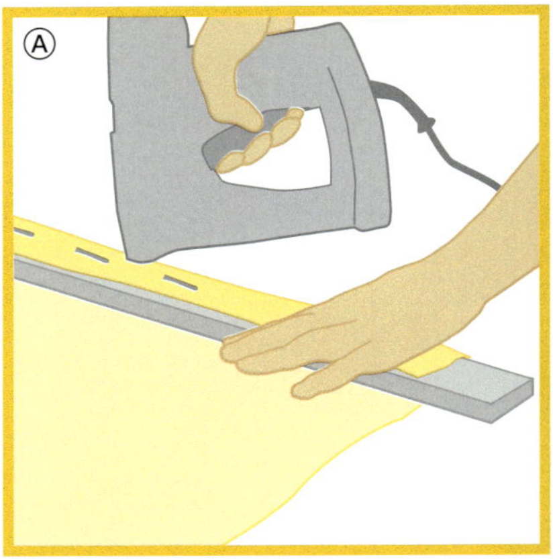

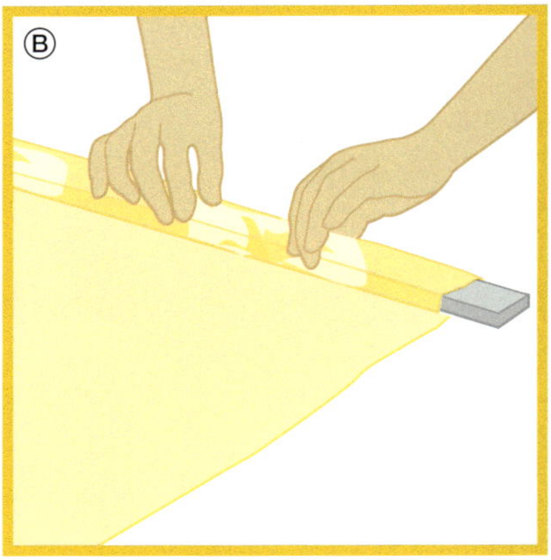

Schwierigkeitsgrad leicht **Mithelfer** nicht nötig – es sei denn, es sind sehr viele Liegen … **Zeitaufwand** Wenn Sie das Holzgestell vorher streichen, dauert's länger – sieht aber auch viel besser aus. **Putzfaktor** gering

5. Für die neue Bespannung lösen Sie die obere und die untere Holzleiste, an denen der alte Stoff befestigt ist. Lösen Sie den alten Stoff und entfernen Sie alle vorhandenen Nägel oder abstehenden Splitter, damit die neue Auflage nicht reißt.

6. Befestigen Sie den neuen Stoff mit dem Elektrotacker oder mit dicht an dicht gesetzten Nägeln mit flachen Köpfen an der ersten Leiste, dann an der anderen. (A) Die Leisten mit dem Stoff mehrmals drehen – dadurch trägt der Stoff später das Gewicht. (B)

7. Zum Schluss die Leisten – mit dem Stoff – wieder im Gestell festschrauben. Und dann gibt's nur noch eines: Ab damit in den Garten und in die Sonne! (C)

Wandschmuck
Stoffbild

Stoff-Kunst der besonderen Art: Gestalten Sie doch einmal ein Patchwork-Wandbild mit Ihren Lieblingsstoffen. Je großflächiger Sie planen, desto verblüffender die Wirkung!

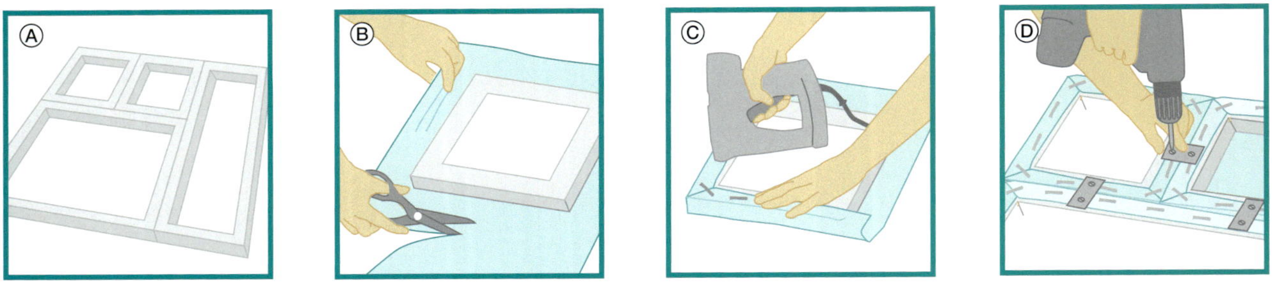

1. Vorbereitung 1: Bei der Zusammenstellung der Holzrahmen sollten Sie darauf achten, dass alle Rahmen möglichst die gleiche Stärke haben. So ist auf der Vorderseite eine ebene Fläche und auf der Rückseite ein „glattes" Aufhängen gewährleistet.

2. Vorbereitung 2: Legen Sie Ihr künftiges Bild erst einmal zur Probe auf dem Boden aus: Prüfen Sie die Lage der verschiedenen Rahmen. Sie können dabei ruhig spielen, Rechtecke z. B. hoch- oder querformatig verwenden. Wichtig ist nur, dass insgesamt ein glattes Rechteck oder Quadrat entsteht. (A) Stoffe ebenfalls dazu drapieren, überlegen, welche Stoffe für größere, welche für kleinere Flächen geeignet sind.

Tipp: Bevor Sie das Ganze wieder auseinandernehmen, sollten Sie vielleicht mit der Kamera ein Foto anfertigen. Damit finden Sie beim Zusammenbau des Bildes die richtigen Positionen der Einzelteile wieder ...

3. Jetzt können Sie die Stoffe zuschneiden. Achtung: Jeweils zur eigentlichen Größe (d. h. der Rahmenbreite und -länge) rundherum etwa 5–7 cm zugeben. (B)

4. Nun spannen Sie den Stoff sehr stramm um den Rahmen und tackern ihn auf der Rückseite fest (C). Dabei mit einer Kante beginnen, dann den Stoff sorgfältig glatt streichen, an der gegenüberliegenden Kante spannen und dort festtackern. Dann die übrigen beiden Seiten nacheinander angehen.

5. Die einzelnen Rahmen in der festgelegten Anordnung mit der Rückseite nach oben hinlegen. Jeweils mittig oben und unten bzw. an den Seiten die Flacheisen auflegen. Schrauben ansetzen und festdrehen. (D)

6. An der oberen rückwärtigen Bildkante bringen Sie nun zwei Bilderösen (bei größeren Formaten eventuell mehr) an und suchen einen Platz für Ihr Bild.

7. Zum Schluss: Abstände der Bilderösen ausmessen, Stellen für die Nägel (oder Dübel) an der Wand markieren, Sitz mit Wasserwaage überprüfen, Nägel einschlagen (oder Dübel einsetzen und Schrauben eindrehen), Bild aufhängen – glücklich betrachten.

Werkzeug

Maßband
Schneiderschere
Tacker
Bohrmaschine
Schraubenzieher

Material

Stoff nach Wahl oder Stoffreste (möglichst feste, etwas schwerere Qualität)
Holzrahmen in unterschiedlichen Größen
Befestigungs-Flacheisen-Laschen, ca. 50 x 30 x 4 mm
Schrauben
Bilderösen

Schwierigkeitsgrad leicht

Mithelfer nicht erforderlich – meist ist man allein kreativer...

Zeitaufwand abhängig von der Größe des Bildes – ca. einen halben Tag

Putzfaktor gering

Stoffauswahl

Lieben Sie Kontraste? Oder stehen Sie eher auf Harmonie? Bei der Zusammenstellung der Stoffe können Sie Ihrer Kreativität freien Lauf lassen. Allerdings sollten die Materialunterschiede nicht allzu groß sein, das mindert den Patchwork-Effekt. Stoffe mit Struktur (z. B. Leinen) bringen zusätzlich ihren eigenen Charakter mit ein, bei Drucken wirkt vor allem ein Mustermix.

Süße Träume:
Bett mit Blüten

Das ist definitiv etwas für Romantiker: Sie möchten Ihr Holzbett ein bisschen aufhübschen? Probieren Sie es doch einmal mit einem gepolsterten und bestickten Kopfteil. Damit sind sanftes Anlehnen und schöne Träume garantiert …

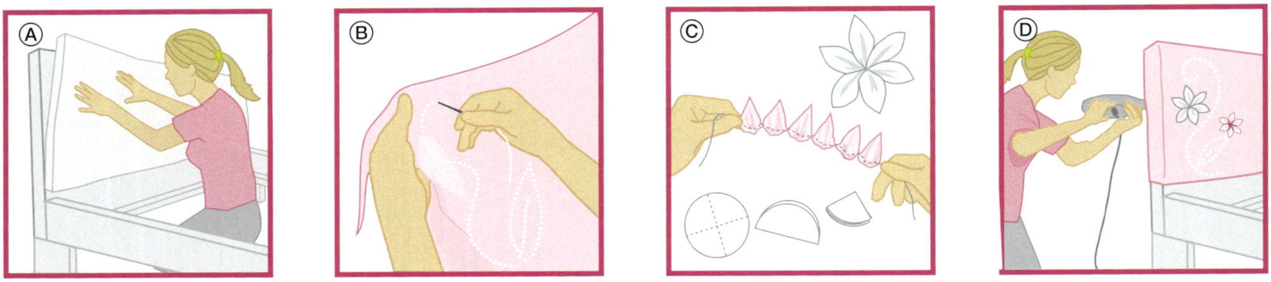

Werkzeug
Elektrotacker
Nähnadel
Sticknadel
Schere
Teppichmesser
ggf. Häkelnadel
ggf. Nähmaschine

Material
Schaumstoff
Sprühkleber
Stoff für den Bezug
ggf. Dekoblüten
Stoffreste für die Blüten
ggf. Filzreste
ggf. Häkel- oder Strickgarn
Perlgarn
alte Knöpfe

1. Das Kopfteil des Bettes ausmessen. Im Fachhandel (Baumärkte etc.) können Sie Schaumstoffplatten in unterschiedlichen Größen, Stärken und Steifigkeiten auswählen und anschließend mit Schere oder Cutter auf die Größe des Kopfteils zuschneiden.

2. Entfernen Sie die Matratze vom Bett und decken Sie alles ab, was eventuell Sprühkleber abbekommen könnte. Achtung: Prüfen Sie vorher, ob der Kleber nicht etwa Schaumstoff auflöst. Sprühen Sie dann das Kopfteil (nur auf der Vorderseite!) großzügig mit Sprühkleber ein und drücken Sie den Schaumstoff darauf gut fest. (A)

3. Nun schneiden Sie den Stoff passend für das Kopfteil zu, dabei rundum ca. 10 cm zugeben.

4. Markieren Sie mit Stecknadeln die Position und Verteilung der Blüten. Besonders dekorativ wirkt es, wenn die Blumenpracht sich nur an einer Seite entfaltet.

5. Sticken Sie mit Perlgarn und kleinen Stichen feine Zweige und Blätter auf (B). Vernähen Sie die Fäden auf der Rückseite des Stoffes.

6. Und nun zur Blütenherstellung: Besonders dekorative Blüten basteln Sie aus sechs Stoffkreisen gleicher Größe. Falten Sie die Kreise jeweils zu einem Viertelkreis und nähen Sie diese am breiten Ende mit reißfestem Faden mit mehreren Stichen, mit demselben Faden (der sollte ausreichend lang sein) alle weiteren Blätter heften (C). Zum Schluss den Faden vorsichtig von beiden Enden zusammen ziehen und verknoten. Die Blätter ein bisschen zurecht ziehen, ggf. in der Mitte einen Knopf aufnähen.

7. Die Blüten an den vorgesehenen Positionen auf den Stoff aufnähen.

8. Zum Schluss stecken Sie den Stoff mit großen Stecknadeln auf dem Schaumstoff fest. Achten Sie darauf, dass überall genug Stoff übersteht, um ihn um das Holzbrett auf die Rückseite zu ziehen und dort mit einem Elektrotacker zu befestigen (D). Wenn sich der Stoff am unteren Ende – je nach Bettgestell – nicht auf die Rückseite ziehen lässt, kann man ihn auch von der Vorseite antackern. Die davorliegende Matratze verdeckt die Tackernadeln auf jeden Fall!.

Schwierigkeitsgrad leicht
Mithelfer je nach Größe der Rückenlehne lässt sich der Stoff besser zu zweit spannen
Zeitaufwand abhängig von der Zahl der Blüten – ca. einen halben Tag
Putzfaktor gering

Trick mit Sperrholz

Falls Ihr altes Bett kein hölzernes, sondern vielleicht ein Eisenstangen-Kopfteil hat, setzen Sie eine dünne Sperrholzplatte davor und verfahren dann wie in der Anleitung beschrieben.

Genähte Blüten

Wenn Ihnen das Basteln der Blüten zu aufwendig ist, können Sie auch aus bunten Stoffresten Blätter ausschneiden (möglichst mit einer Schablone, so werden die Blätter definitiv gleich groß) und mit der Nähmaschine mit engem Zickzackstich säumen. Die Blütenblätter in der Mitte zusammen nähen und nach Belieben einen dekorativen Knopf in der Mitte aufsetzen.
Ansonsten: Einfach Blüten kaufen und festnähen!

Hängeaufbewahrung
aus Geschirrtüchern

Ein hübsches Accessoire für all das in einer Küche, das man gern griffbereit und im Blick haben möchte. Es lässt sich immer wieder neu bestücken – und waschen!

1. Lassen Sie sich eine Depafit-Platte (papierkaschierte Hartschaumplatte) in der Größe zuschneiden, wie sie sich aus der Größe der von Ihnen gewählten Geschirrtücher ergibt. Legen Sie die Tücher dazu der Länge nach um jeweils etwa ein Drittel überlappend übereinander und fixieren Sie sie mit Stecknadeln (A). Diese Stofffläche ergibt den Bezug und muss die Platte bis 2 cm über die Rückseite einfassen. Bei einer 1 cm dicken Platte müssen also 6 cm von der Länge und 6 cm von der Breite der Stofffläche abgezogen werden.

2. Kleben Sie das selbstklebende Klettband bündig entlang der Kanten auf die Rückseite der Platte auf. Die Gegenseite, also die Flauschseite, nähen Sie entlang der Kanten auf die Rückseite des Stoffbezugs aus den fixierten Geschirrtüchern. Sparen Sie zu den Ecken hin jeweils so viel aus, dass den Klettbandstreifen auf der Platte die Flauschbandstreifen auf dem Stoff in der Länge entsprechen.

3. Legen Sie nun den Bezug über die Platte, ziehen Sie ihn stramm und kletten Sie ihn auf der Rückseite fest. Die Tuchecken falten Sie auf der Rückseite wie ein Bettlaken um eine Matratzenecke und stecken sie mit jeweils zwei Stecknadeln fest. (B)

4. Nun können Sie das Pinnwandregal aufstellen und bestücken. Falls die Kanten der Geschirrtücher, die als Taschen dienen, durch die Last zu weit nach vorn gezogen werden, fixieren Sie sie einfach nach Bedarf durch ein paar schräg nach unten in die Kante gestochene Stecknadeln. (C)

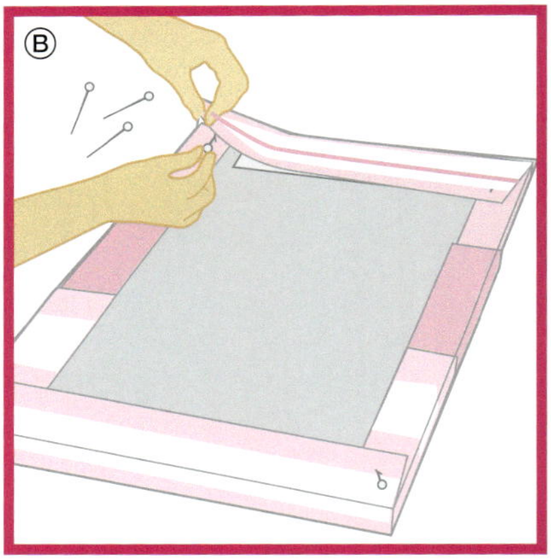

Werkzeug
Stecknadeln
Maßband
Nähmaschine
Nähgarn
Schere

Material
3 Geschirrtücher
Depafit-Platte (Künstler-/Bastelbedarf)
selbstklebendes Klettband (Klettseite), 2 cm breit
Klettband zum Annähen (Flauschseite), 2 cm breit

Schwierigkeitsgrad extrem leicht **Mithelfer** nicht nötig **Zeitaufwand** gering **Putzfaktor** gering

Kleines Stoff-Lexikon

Angesichts des großen Angebots unterschiedlichster Stoffe kann man schnell den Überblick verlieren. Und: Nicht jeder Stoff eignet sich für jede Verarbeitung. Unser kleines Stoff-Lexikon gibt einen Überblick über die wichtigsten Stoffarten und deren Verwendung im Wohnbereich.

Angora
Textilfaser, die aus dem Fell des Angorakaninchens hergestellt wird. Sie wird vorwiegend für hochwertige Strickwaren (z. B. auch gestrickte Kissen, Stofftiere) genutzt.

Batist
Feinfädiges Baumwollgewebe in Leinwandbindung, naturweiß oder mehrfarbig bedruckt. Einen schleierartig oder mattglasartig durchscheinenden Batist nennt man Glasbatist, Leinenbatist ist aus feinfädigem Leinen- oder Viskosegarn gewebt, Makobatist besteht aus ägyptischer Baumwolle, Seidenbatist ursprünglich aus Seide, oft aber auch aus feinem Baumwollgarn. Schweizer Batist ist ein Batist aus Mischgarnen mit natürlichen und synthetischen Faserstoffen. Batist eignet sich gut für duftig-leichte Vorhänge, für Himmelbetten oder Baldachine.

Baumwolle
Wird aus den Samenfäden der Baumwollpflanze gefertigt. Neben der Länge der Fasern sind Farbe, Feinheit, Festigkeit, Glanz, Reinheit, Schmiegsamkeit und Weichheit für die Qualität der Baumwolle entscheidend. Baumwolle kann gebleicht, gefärbt, gewaschen (auch bei hohen Temperaturen bis 95 °C) und mercerisiert werden. Baumwolle lässt sich überall dort gut einsetzen, wo Stoffe häufig gewaschen werden müssen und nicht zu schwer wirken sollen, z. B. für Vorhänge, Kissen, Decken und alle textilen Einrichtungsstücke im Kinderzimmer.

Brokat
Brokat ist ein jacquardgemusterter, mit glänzenden Metallfäden durchwebter, schwerer Seidenstoff, der lange Zeit für üppige Vorhänge, Tagesdecken oder Polstermöbel begehrt war. Zu modernen Einrichtungstrends passt Brokat eher selten. Gut verwenden lassen sich Reststücke für Applikationen, Stoffcollagen oder Textilbilder.

Bügelvlies
Ein- oder zweiseitig bügelbare Vliese, die zum Verbinden von Stoffen oder zum Stabilisieren weicher Textilien benutzt werden können. Gut geeignet für alle Textilien, die zu Bildern, Polstern, Kissen, Wandbehängen etc. verwendet werden sollen.

Chiffon
Bei Chiffon handelt es sich um ein hauchzartes, schleierartiges Gewebe aus Seide – manchmal auch aus Chemiefaser. Chiffon lässt sich ganz einfach an seiner „unruhigen“ Oberfläche erkennen: Reibt man den Stoff leicht zwischen den Fingern, fühlt er sich an wie feiner Sand. Das Material ist sehr leicht, weich und sehr empfindlich. Gut geeignet ist Chiffon für Vorhänge, die nicht mehr als einen „Hauch von Stoff“ benötigen.

Chintz
Ein seidenglänzendes Baumwoll- oder Chemiefasergewebe mit dünnem Wachsüberzug. Wegen seiner Unempfindlichkeit wird Chintz überwiegend im Deko-Bereich eingesetzt, für Gardinen, Stores, Raumteiler etc.

Cord
Der Traum aller Sessel und Sitzgruppen mit dem Charme der 1970er Jahre. Der (Baumwoll-)Stoff mit der unverkennbaren, gerippten und flauschigen Oberfläche ist heute ein bisschen aus der Mode gekommen. Für ein neues Stuhl- oder Sesselpolster bringt er dennoch alle Voraussetzungen mit.

Damast
Edler satingebundener Stoff mit eingewebtem Muster: DER Klassiker für Bettwäsche oder Tischdecken.

Frottee
Baumwollgewebe mit angerauter Oberfläche, das besonders gut Feuchtigkeit aufnimmt und daher für Bademäntel und Handtücher, zuweilen auch für Vorhänge, Deckchen etc. im Badbereich verwendet wird.

Jacquard
Stoff mit großen, auf speziellen Webmaschinen hergestellten Mustern, entweder Ton-in-Ton oder mehrfarbig. Die Dessins sind zumeist klassisch. Wer stilvolles Ambiente liebt, verwendet Jacquards für Gardinen, Vorhänge, Tischdecken etc.

Leinen
Wird aus Flachsfasern hergestellt. Das Gewebe ist eher leicht, manchmal sehr grob (Sackleinen), manchmal fein gewebt, uni oder bedruckt. Die Sachlichkeit der Leinengewebe macht sie sehr gut einsetzbar im Umfeld moderner Wohnungseinrichtungen, für Kissen, Decken, Gardinen, Bettüberwürfe etc.

Musselin
Feines fließendes Gewebe aus Wolle-, Baumwoll- und Viskosegemisch, gut geeignet für zarte Stoffdekorationen im Schlaf- oder Wohnbereich.

Organza
Organza, hauchzart, aber steif und aus nicht entbasteter Naturseide hergestellt, ist das Material Ihrer Wahl, wenn z. B. Vorhänge einen gewissen „Stand“ haben und nicht so weich wie ein Musselin zusammenfallen sollen.

Samt
Ein Polster oder Kissen aus weichem, dichtflorigem Samt ist wie eine Einladung in die Kuscheloase. Lange Zeit war samt eher „out“, gerade rüstet er sich für ein modisches Comeback im Wohnzimmer.

Seide
Immer edel wirkt das aus dem von einer Raupe produzierten Faden gewebte Material. Mit zartem Schimmer, grober (Wildseide) oder feiner gewebt, ist Seide für Wanddekorationen, Dekokissen, Decken oder edle Gardinen hervorragend geeignet.

Sisal
Die Fasern aus Agavenblättern werden zur Herstellung von Schnüren, Teppichen und anderen Textilien, auch für den Wohnbereich, verwendet.

Wolle
Garn, das aus Tierhaar gesponnen wird. Überall da gut einzusetzen, wo Textilien wärmen sollen (Decken, Kissen etc.). Kleiner Nachteil: Hochwertige Wollstoffe können häufig nicht mit der Maschine gewaschen werden.

3
3 2

Ideen für das Kinderzimmer

Wichtige **Werkzeuge**

Das Kinderzimmer bietet die größten Möglichkeiten, sich heimwerkend zu verausgaben – und sicher auch den größten Bedarf, denn die Einrichtungswünsche Ihrer Kinder wechseln sicher genauso schnell wie die absolute Lieblingsfarbe. Viele der in den vorherigen Kapiteln vorgestellten Projektideen lassen sich prima auch im Kinderzimmer umsetzen, oft nur ganz leicht abgewandelt. Aber auch für die speziellen Kinderzimmer-Projekte der folgenden Seiten brauchen Sie die verschiedenen Arbeitstechniken, die wir bisher vorgestellt haben. Daher kennen Sie auch die Werkzeuge bereits, denn hier können Sie wirklich alles gebrauchen!

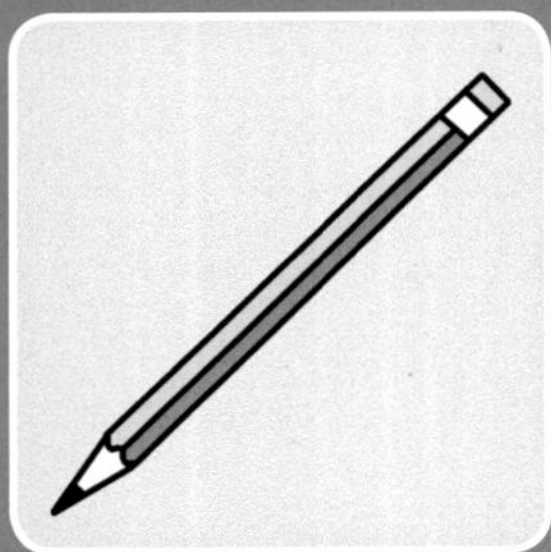
Stift

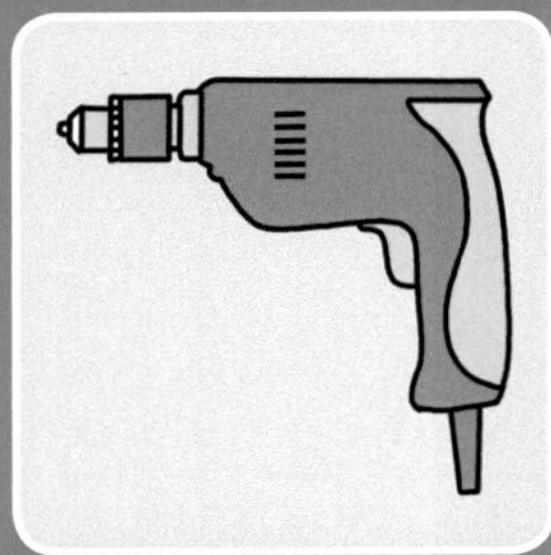
Bohrmaschine

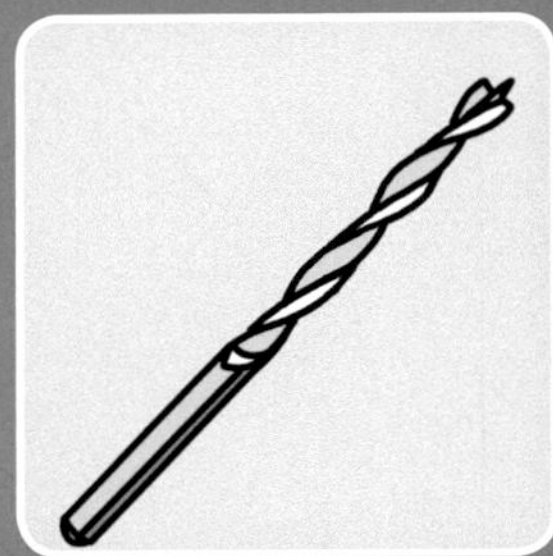
Holzbohrer

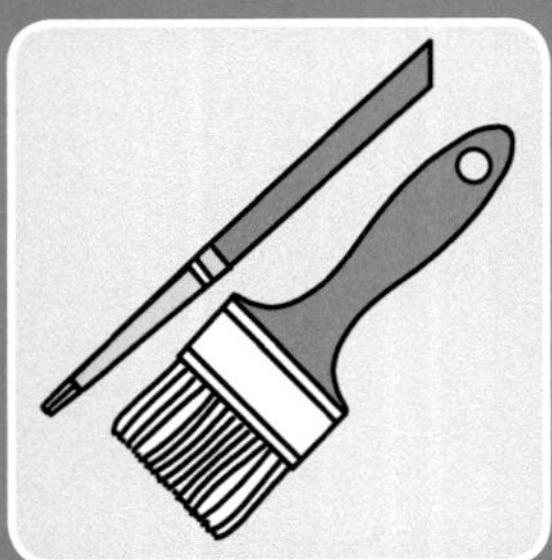
Pinsel

Bügeleisen

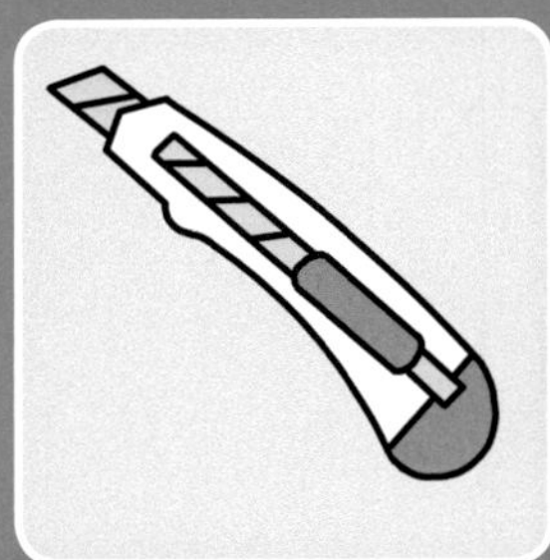
Cutter

dicke Nadel

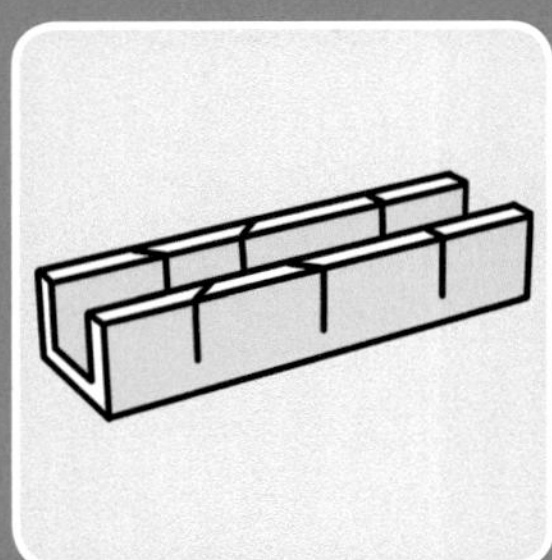
Gehrungslade

Hammer

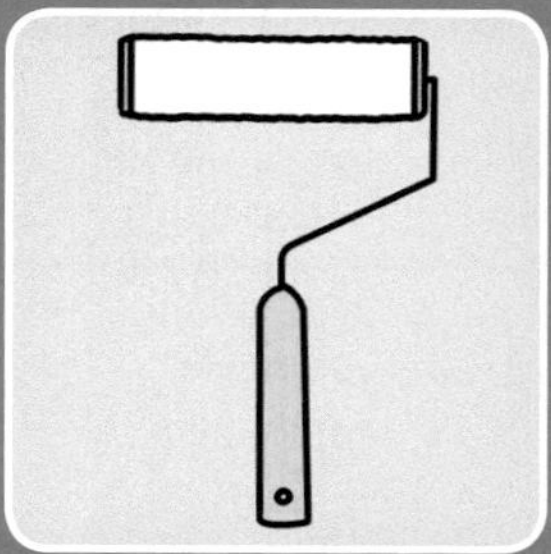
Lackrolle

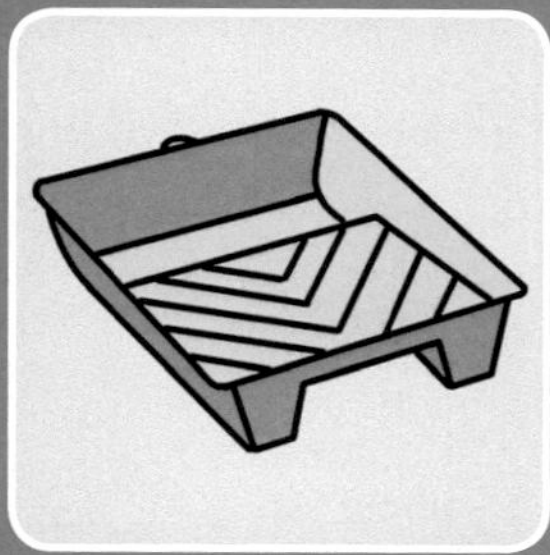
Lackwanne

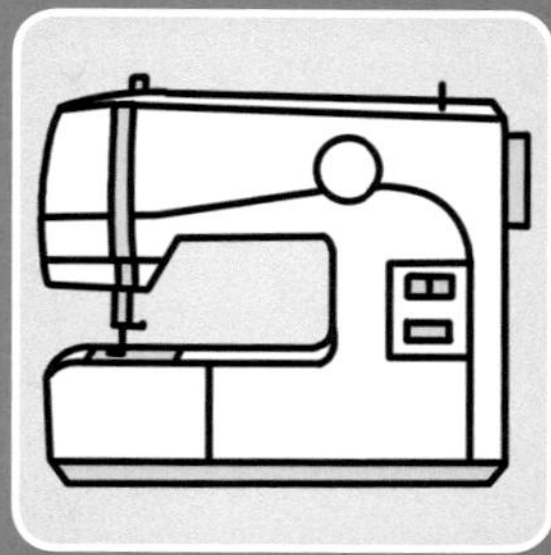
Nähmaschine

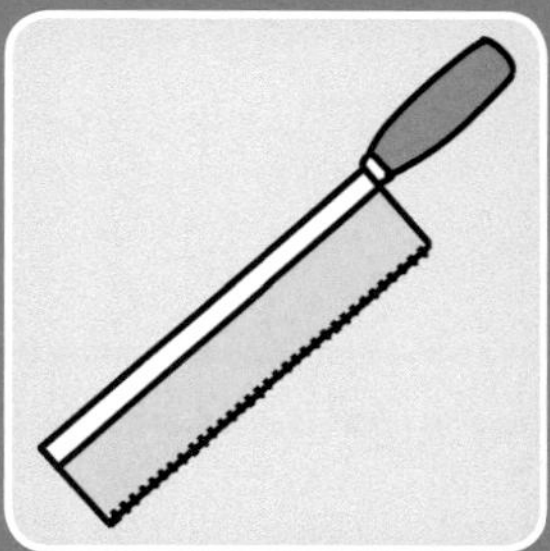
Säge

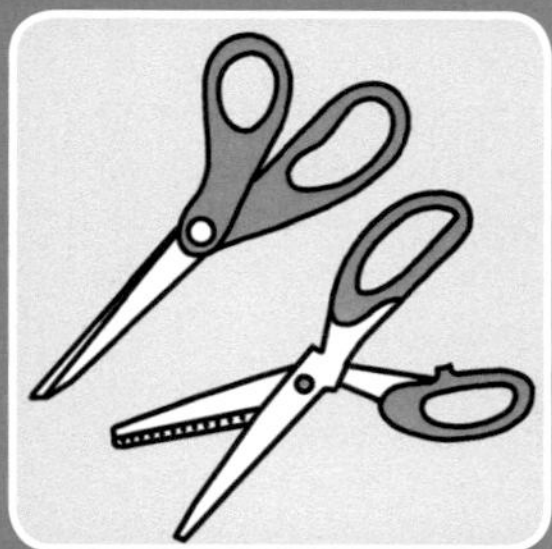
Schere/Zickzackschere

Schleifpapier

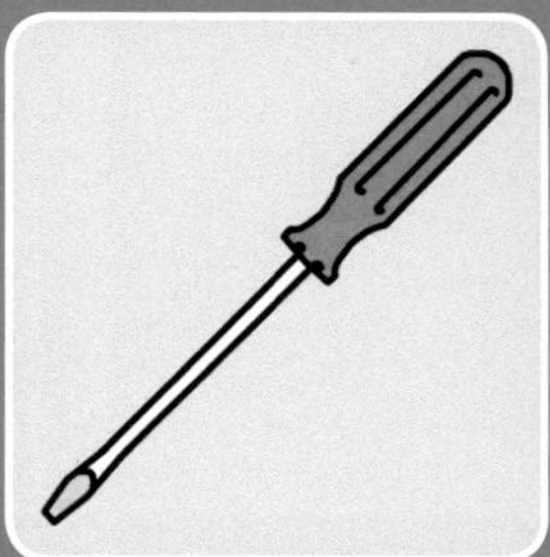
Schraubenzieher

Spachtel

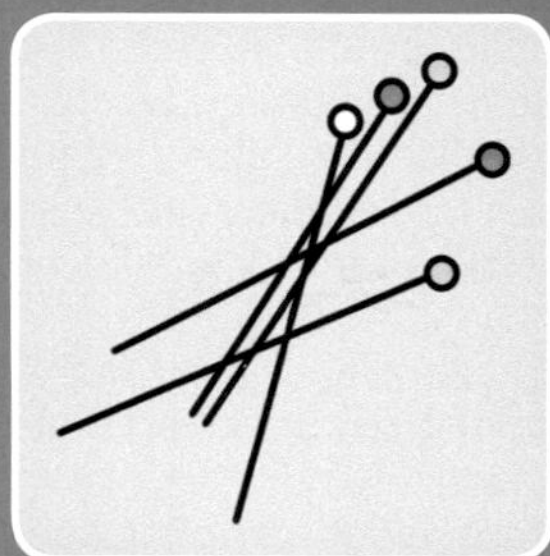
Stecknadeln

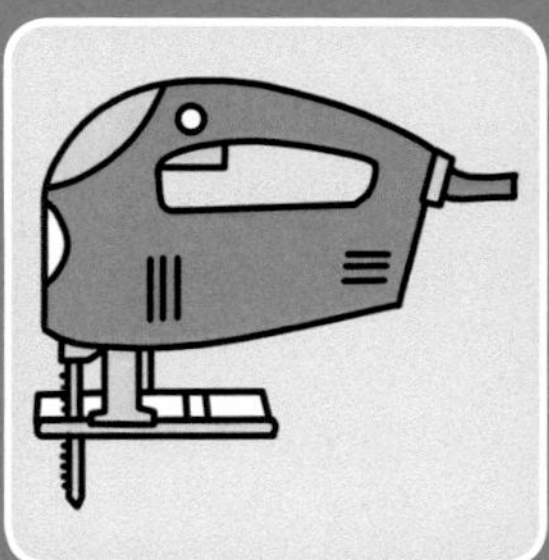
Stichsäge

Wasserwaage

Zollstock/Maßband

Würfelbox
für jeden Einsatz

Ob Spiel, Spaß oder Aufräumen: Die Einsatzmöglichkeiten von Würfelboxen sind schier unerschöpflich. Man kann sie zu Regalen stapeln, als Hocker oder Beistelltisch verwenden oder, wie hier, zu rollenden Ordnungshütern machen.

1. Lassen Sie sich die Spanplatten und die Holzleiste im Baumarkt zuschneiden. Die Holzleiste wird die Schablone für die Bohrlöcher an allen Platten. Bohren Sie dazu vom Rand aus in den Abständen 4,9 cm – 9 cm – 9 cm – 9 cm – 4,9 cm Löcher in die Leiste. Bohren Sie anschließend alle Löcher in den Platten mithilfe der Schablone entsprechend der Skizze (A). Die Schablone dient gleichzeitig als Führung für den Bohrer, damit Sie genau senkrecht bohren. Die Löcher müssen eine Tiefe von mindestens 1,5 cm haben, damit Platz für Dübel und Leim ist.

2. Zum Verleimen geben Sie ein wenig Holzleim in die Dübellöcher und auf die dazwischen liegenden Flächen und setzen Sie die Dübel ein. Fügen Sie alle Teile zusammen – Sie können durch leichtes Klopfen mit dem Hammer nachhelfen. Lassen Sie anschließend den Leim vollständig trocknen.

3. Für eine glatte Oberfläche werden die sichtbaren Schmalseiten und die Fugen verspachtelt und nach dem Trocknen abgeschliffen. Dann tragen Sie auf alle Flächen innen und außen die Grundierung auf und lassen diese trocknen. Jetzt ist die Box bestens vorbereitet für die Lackierung!

4. Lackieren Sie zunächst innen die Bereiche, wo die Platten aneinander stoßen, mit dem Pinsel und anschließend alle Flächen innen und außen mit der Rolle. Nach dem Trocknen tragen Sie eine zweite Lackschicht auf. (B)

5. Nun bringen Sie die Möbelrollen am Boden der Box an. Zeichnen Sie die Löcher an, bohren Sie die Löcher vor und schrauben Sie die Rollen fest. (C)

Werkzeug
Bohrmaschine
Holzbohrer, 8 mm
Hammer
Spachtel
Schleifpapier
Pinsel
Lackrolle, Lackwanne
Schraubenzieher

Material
2 Spanplatten: 36,8 x 33 x 1,9 cm
2 Spanplatten: 36,8 x 36,8 x 1,9 cm
1 Spanplatte: 33 x 33 x 1,9 cm
32 Holzdübel, 2,5 cm lang, Durchmesser 8 mm
Holzleiste: 36,8 x 1,9 cm
Holzleim
Holzspachtelmasse
Grundierung
weißer Lack
4 Möbelrollen mit Schrauben

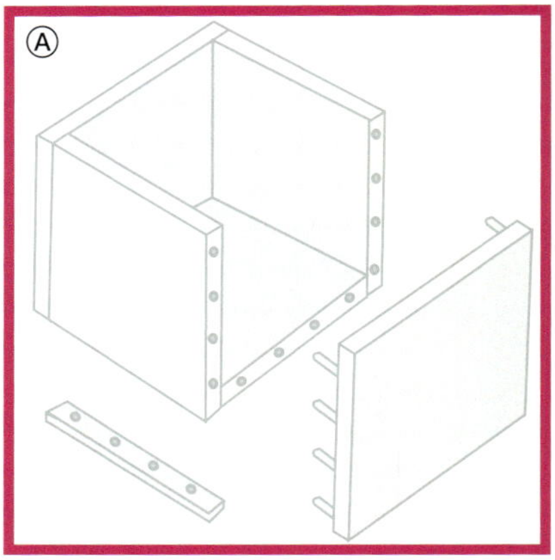

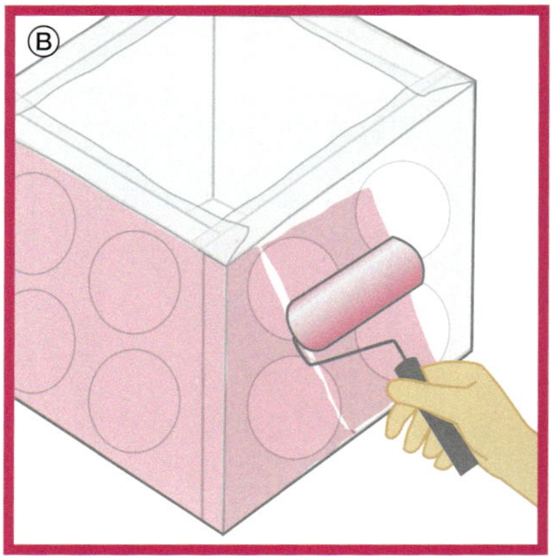

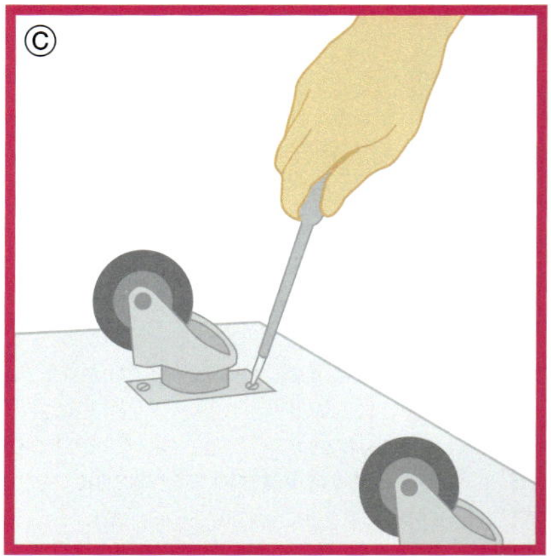

Schwierigkeitsgrad mittel (im Umgang mit der Bohrmaschine sollten Sie geübt sein) **Mithelfer** allein zu schaffen **Zeitaufwand** dauert ein wenig durch die Trocknungszeiten **Putzfaktor** mittel

6. Anschließend können Sie die Box nach Belieben gestalten, z. B. mit Motivaufklebern. Die Flächen für die Sticker bekommen einen Platzhalter aus zurechtgeschnittener Selbstklebefolie, die Kanten der Außenflächen werden mit Klebeband abgeklebt. Dann folgt eine farbige Lackierung passend zu den Farben der Sticker. Ziehen Sie das Klebeband ab, bevor der Lack trocknet, damit die Lackkanten nicht ausfransen. Wenn der Lack getrocknet ist, bringen Sie die Aufkleber an.

Oder Sie fertigen eine Schablone mit einem beliebigen Motiv an (aus selbstklebender Schablonenfolie oder aus Pappe anfertigen) und verschönern die Box ganz individuell. (Arbeitstechnik: S. 64)

Eisenbahn
als Ordnungshüter

Die etwas aufwendigere Variante der einfachen Boxen, die allerdings einen entscheidenden Vorteil hat: Sie werden Ihre Kleinen sicher nicht mehr zum Aufräumen überreden müssen. Eine Runde mit der Bahn durch die Wohnung, das Durcheinander aufladen, und schon sind alle glücklich!

Werkzeug

Spachtel
Schleifpapier
Stift
Maßband
Bohrmaschine, dicker Holzbohrer
Lackrolle, Lackwanne
Pinsel
feiner Pinsel für die Verzierung
dicke Nadel

Material

pro Kasten (Waggon):

3 Spanplatten 45 x 25 x 1,6 cm
2 Spanplatten 32,4 x 25 x 1,6 cm
4 Holzscheiben, etwa 4 cm dick, etwa 8 cm Durchmesser
4 Holzklötzchen, etwa 4 x 4 x 4 cm
4 lange Schrauben mit Muttern
Holzspachtelmasse
Konstruktionskleber
Grundierung
Acrylfarben
Kopierpapier
hellgraue Acrylfarbe für die Verzierung
weißes Seil
weißer Zwirn

1. Lassen Sie sich die Platten im Baumarkt zuschneiden. Die Holzscheiben und Holzklötzchen schleifen Sie gründlich an und durchbohren diese anschließend genau mittig. Das Loch muss so groß sein, dass sich nach dem Zusammenschrauben die Räder auch drehen können (z. B. ein 10-mm-Loch für eine 8-mm-Schraube). (A)

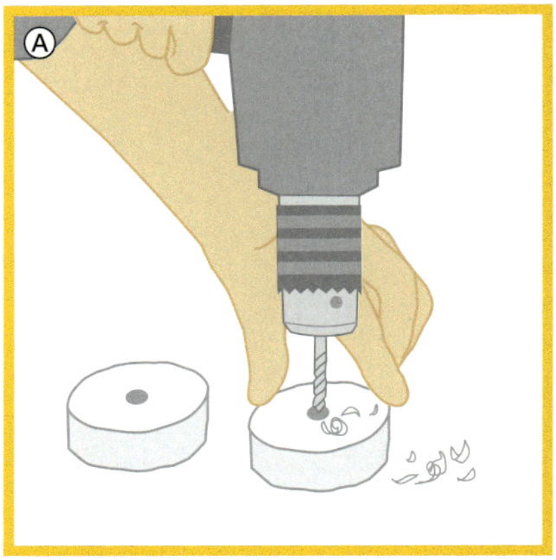

2. Bohren Sie nun in alle kurzen Platten, aus denen die Stirnseiten der Kästen entstehen, mittig unter der oberen Kante ein Loch für das Seil, ausgenommen bleibt eine Platte für das letzte Abteil. Schleifen Sie die Öffnungen innen ab, damit keine Grate bleiben.

3. Kleben Sie nun die beiden langen Platten (als Seitenteile) und die beiden kurzen Platten (als Stirnseiten) mit dem Konstruktionskleber zusammen (B). Konstruktionskleber ist leicht zu verarbeiten und nach dem Trocknen sehr belastbar. Kleben Sie nach dem Trocknen die Bodenplatte an.

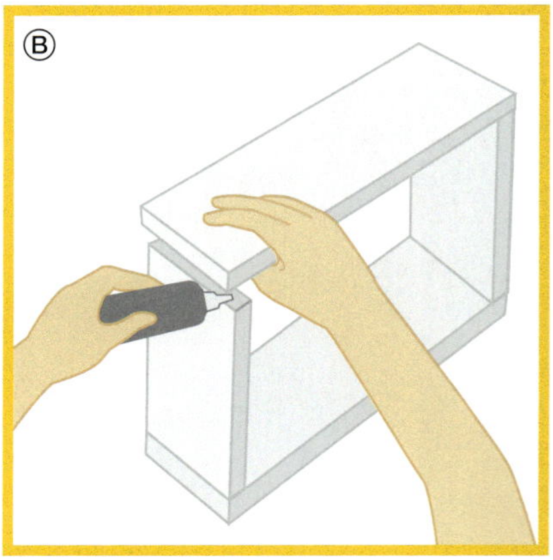

4. Wenn der Kleber durchgetrocknet ist, können Sie die noch freiliegenden rauen Schnittflächen der Platten glatt spachteln und nach dem Trocknen abschleifen. Grundieren Sie die Kiste innen und außen inklusive aller Kanten und lassen Sie die Grundierung trocknen. Nun können Sie die Kisten mit der Acrylfarbe in zwei Schichten streichen.

5. Nun folgt der kreative Teil: Übertragen Sie Vorlagen Ihrer Wahl mit Kopierpapier auf die Seitenflächen der Wagen und zeichnen Sie die Linien mit einem feinen Pinsel nach und lassen Sie sie trocknen. Kleben Sie die Holzklötzchen mit dem Konstruktionskleber so unter die Kisten, dass sich die Räder anschrauben lassen. (C)

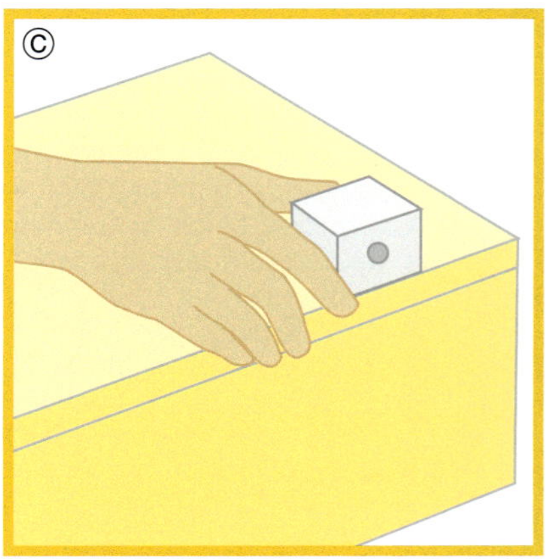

6. Zu guter Letzt ziehen Sie die Seilstücke durch die Öffnungen der Stirnseiten (die Enden gegebenenfalls vorher mit einem Streifen Klebeband umwickeln) und sichern sie mit einem Knoten vor dem Herausrutschen. Den Knoten fixieren Sie mit ein paar Stichen mit dem Zwirn.

Schwierigkeitsgrad leicht bis mittel **Mithelfer** nicht nötig **Zeitaufwand** mittel bis groß **Putzfaktor** mittel

Utensilienwand

aus Weißblechdosen

Mit dieser Utensilienwand über dem Schreibtisch ist das Hausaufgabenmachen nicht mehr ganz so uncool. Alles lässt sich superschnell finden und nix liegt rum. Vorteile also für beide: Kids und ordnungsliebende Mütter …

1. Die Dosen müssen rückstandslos sauber sein, Etiketten können Sie mit warmem Wasser ablösen. Ganz wichtig ist, dass die Dosen keine scharfen Kanten haben. Am besten benutzen Sie einen speziellen Dosenöffner, der die Deckel ohne Grat entfernt (auch sonst extrem praktisch, da sich der Deckel wieder draufsetzen lässt). Wenn dieser nicht zur Hand ist, feilen Sie die scharfen Kanten ab oder bekleben Sie einfach mit Isolierband.

2. Lassen Sie sich eine Kapa-fix-Platte auf das gewünschte Maß zuschneiden oder schneiden Sie sie selbst mit einem Cutter zurecht. Die Rückseite der Platte bekleben Sie ringsum mit dem doppelseitigen Klebeband (Schutzfolie auf der zweiten Seite noch nicht abziehen).

3. Packpapier von der Rolle liegt in der Regel 100 cm breit, für einen nahtlosen Bezug darf die Platte also eine gewisse Höhe nicht überschreiten. Schneiden Sie ein Stück Packpapier in der Größe der Platte plus 1 cm für die Seitenflächen plus 5 cm Zugabe fürs Verkleben auf der Rückseite zu. Rollen Sie das Papier in die Gegenrichtung, damit es sich glättet. Die Ecken beschneiden Sie etwas, damit sie glatt angeklebt werden können.

4. Das Aufziehen des Papiers auf die Platte gelingt leichter zu zweit (A). Ziehen Sie die Schutzfolie von der Platte ab. Wenn Platte und Papier genau ausgerichtet sind, streichen Sie das Papier von der Mitte ausgehend auf der Platte fest. Fixieren Sie die Ränder auf der Rückseite, indem Sie jeweils einen Streifen Klebeband von der Schutzfolie befreien, das Papier straff über die Kante ziehen und dann auf den Klebestreifen streichen. (B)

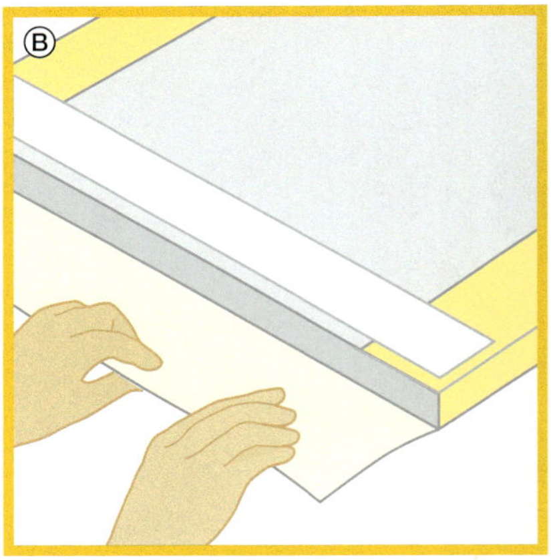

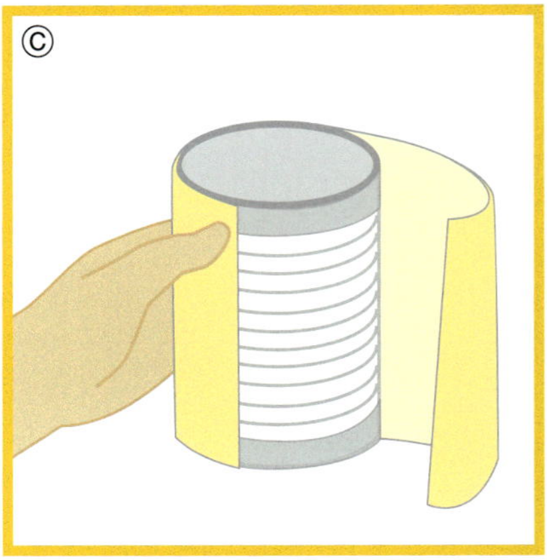

Werkzeug

Cutter
Lineal
Wasserwaage

Material

Weißblechdosen nach Wahl
Kapa-fix-Platte, einseitig selbstklebend, 1 cm stark
doppelseitiges Klebeband, 5 cm breit
Packpapier von der Rolle
Universal-Sprühkleber
Power-Strips

Schwierigkeitsgrad gering, wenn Ihnen exaktes Zuschneiden und Kleben liegt
Mithelfer empfehlenswert für das Bekleben der Platte
Zeitaufwand mittel
Putzfaktor sehr gering

5. Schneiden Sie breite Papierstreifen nach Höhe und Umfang der Dosen zu und fixieren Sie sie mit dem Sprühkleber (am besten im Freien) auf den Dosen (C). Die stylischen „Etiketten“ in Schwarz und Weiß können Sie am Computer leicht selbst gestalten, ausdrucken und zuschneiden. Sie werden ebenfalls mit dem Sprühkleber angebracht. Die fertigen Dosen befestigen Sie mit Power-Strips auf der liegenden Platte.

6. Kleben Sie auf der Rückseite der Platte nahe jeder Ecke einen Power-Strip und befestigen Sie die Platte, am besten mithilfe einer Wasserwaage, an der Wand.

Baumstamm-**Hocker**

Hier können kleine Heimwerker bei allen Arbeitsschritten mithelfen – vom Abwaschen bis zum Schlussanstrich ist jeder Schritt einfach und alle Materialien lösungsmittelfrei. Und bei der Suche nach den passenden Stämmen muss ohnehin jeder mitreden dürfen.

1. Geeignete Baumstammstücke können Sie im Brennholzhandel finden oder über das Forst- bzw. Grünflächenamt. Stammholz braucht etwa zwei Jahre, bis es durchgetrocknet ist, deshalb sollten Sie darauf achten, dass Sie bereits getrocknetes Holz bekommen.

2. Reinigen Sie die geschälten Baumstammstücke mit Essigwasser und lassen Sie sie trocknen. Die obere und untere Fläche schleifen Sie samt Kanten glatt, damit sich niemand verletzen kann. (A)

3. Drehen Sie die Hocker mit der künftigen Unterseite nach oben und kleben Sie mittig auf die Fläche eine runde Filzplatte, das schont glatte Fußböden (B). Stellen Sie sie gleich wieder „auf die Füße“, damit der Filz fest angedrückt wird.

4. Streichen Sie zunächst die Seiten der Hocker ringsum mit weißer Acrylfarbe, ebenso die Sitzfläche (dann wird der Farbton darauf brillanter). Waschen Sie den Pinsel gleich mit warmem Wasser aus, damit Sie ihn auch für die übrigen Farben benutzen können.

5. Nun folgt ein satter farbiger Anstrich auf den Sitzflächen. Nach jedem Anstrich den Pinsel wieder auswaschen. (C)

6. Wenn alles gut getrocknet ist, überziehen Sie die Hocker mit einer Schicht wasserverdünnter Tapetenhaut, das macht den Anstrich strapazierfähig und abwaschbar. Die matte Oberfläche bleibt dabei erhalten.

Ⓐ
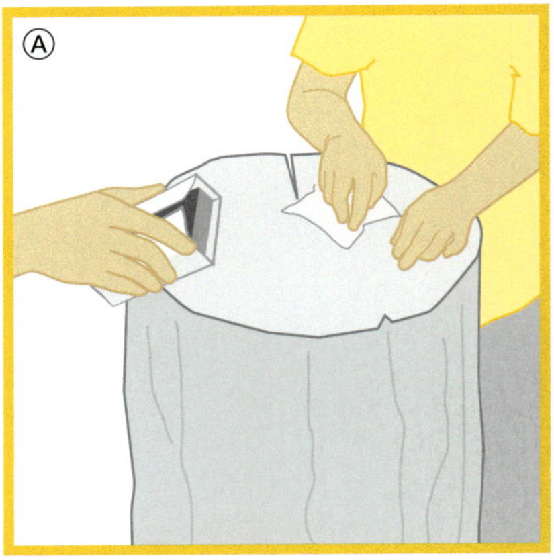

Ⓑ

Ⓒ
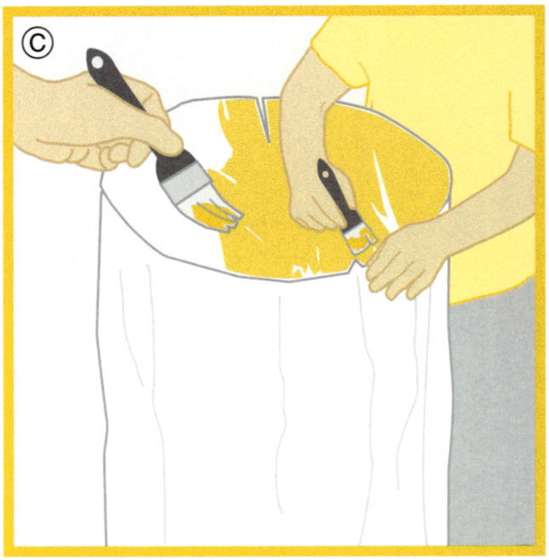

Werkzeug
Schleifpapier
breiter Pinsel

Material
1 Filzplatte pro Hocker
lösungsmittelfreier Klebstoff
weiße Acrylfarbe
farbige Acrylfarbe für die Oberflächen
Tapetenhaut

Schwierigkeitsgrad leicht **Mithelfer** Kinderhände gern gesehen! **Zeitaufwand** gering bis mittel **Putzfaktor** gering

Originelle **Bettwäsche**

Bettwäsche, die die Zeichnungen Ihres Kindes oder dessen Lieblingsmotive trägt? Transferfolie macht's möglich: Zeichnungen, Bilder, Schriftzüge – alles was man zu Papier bringen kann, lässt sich auch auf Bettwäsche bringen.

1. Transferfolie gibt es für dunkle und für helle Stoffe. Der Vorteil bei hellem Stoff ist aber, dass die Folie sehr dünn und transparent ist. So kann man beim Ausschneiden der Motive einen feinen Rand stehen lassen, auch kleine Innenflächen können stehenbleiben, denn die Folie ist nach dem Aufbügeln so gut wie unsichtbar. Die Bettwäsche sollte zunächst gewaschen und gebügelt werden, um einen haftfähigen, glatten Untergrund zu haben.

2. Gestalten Sie Ihre Motivvorlage am Computer oder scannen Sie Zeichnungen, Bilder, Handschriftliches ein. Vergrößern oder verkleinern Sie die Vorlage und spiegeln Sie sie, wenn nötig, damit das Motiv durch das Spiegeln beim Transfer nicht seitenverkehrt abgebildet wird.

3. Legen Sie die Transferfolie in den Drucker ein und achten Sie darauf, dass die beschichtete Seite bedruckt wird. Bei den Druckeinstellungen wählen Sie bitte „Folie“ (statt „Papier“), das ergibt eine bessere Qualität. Lassen Sie die Folie nach dem Bedrucken gut trocknen, bevor Sie mit Cutter oder Schere das Motiv ausschneiden. (A)

4. Jetzt kann das Motiv aufgebügelt werden. Legen Sie den Bereich der Bettwäsche, auf dem Sie Bügeln wollen, glatt auf das Bügelbrett oder den mit einem dicken Tuch ausgelegten Tisch und platzieren Sie die Folie mit dem Motiv nach unten auf dem Stoff. Dann decken Sie die Folie mit einem Baumwolltuch oder Backpapier ab. (B)

5. Fahren Sie mit dem heißen Bügeleisen in ständiger, langsamer Bewegung und mit mäßigem Druck über die Fläche (Anweisung des Herstellers beachten). Die Dampffunktion muss dabei ausgeschaltet sein. Anschließend lassen Sie den Stoff abkühlen. (C)

Werkzeug
Schere
Cutter
Bügeleisen

Material
Transferfolie
Bettwäsche

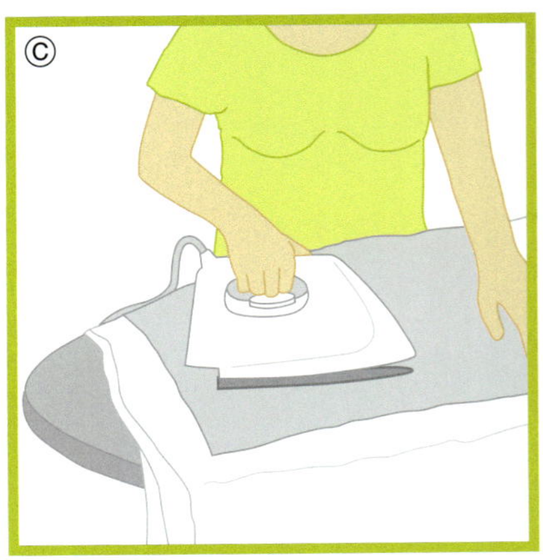

Schwierigkeitsgrad gering **Mithelfer** nicht erforderlich **Zeitaufwand** gering **Putzfaktor** gering

Kinderzimmer – alles in einem

Kinder entwickeln sich – und dementsprechend verändert sich auch das Kinderzimmer. Es muss den unterschiedlichsten Bedürfnissen dienen, die bei Erwachsenen oft auf verschiedene Räume verteilt sind: spielen, toben, ausruhen, Hausaufgaben machen, schlafen ... Ein Kinderzimmer zu gestalten, ist also immer aufs Neue eine Herausforderung, die mit den richtigen Anregungen sehr viel Spaß macht.

Einrichtung

Mitentscheiden

Kinder sollten in alle Überlegungen mit einbezogen werden – schließlich sind sie die Bewohner, und oft haben sie die besten Ideen.

Fröhlich und gemütlich

Der Raum sollte in seinem grundsätzlichen Konzept Anregung bieten, aber auch Geborgenheit ausstrahlen. Wenn Sie genügend Platz haben, können Sie den Schlafbereich ruhig und klar gestalten, die Spielecke dagegen bunter und mit verschiedenen Materialien und Mustern.

Farbe

In Kinderzimmern sind weiße Wände nicht von Vorteil. Durch einen farbigen Anstrich oder das Tapezieren der Wände bekommt der Raum Geschlossenheit und wirkt behaglich. Kleine Räume werden durch kräftige Farben allerdings optisch noch kleiner, hier eher auf helle, sanfte Töne setzen. Die Wände nicht ganz bis zur Decke tapezieren oder streichen, sondern durch eine Bordüre absetzen – das vergrößert.

Räume im Raum

Durch eine farbig gestrichene oder tapezierte Wand kann man innerhalb eines Zimmers auch einen einzelnen Bereich, z. B. den Schlaf- oder Arbeitsplatz, abgrenzen, wodurch „Nischen" geschaffen werden und der Raum als solcher weniger gleichförmig wirkt.

Licht

Auch ein Lichtkonzept kann hilfreich sein, das über die Grundbeleuchtung des Zimmers hinaus durch ein Schlummer- bzw. Leselicht am Bett, eine Arbeitsleuchte am Schreibtisch, eine Stehlampe neben der Kuschelecke oder dem kleinen Sofa den unterschiedlichen Erfordernissen entspricht und zugleich Atmosphäre schafft.

Farbige Stoffe

Das Kinderzimmer eignet sich hervorragend für den Einsatz von Textilien. Vorhänge können als Raumteiler dienen, Schränke und Regale abschirmen. Tagesdecken und Gardinen können Farbe und Spaß ins Zimmer bringen. Der große Vorteil von Textilien ist außerdem: Bei sich wandelnden Bedürfnissen lassen sich leicht austauschen und damit dem ganzen Zimmer im Handumdrehen einen anderen Charakter geben können.

Ganz wichtig: Auf die Sicherheit achten!

Wenn Sie Zimmer für Ihre Kleinsten einrichten, sollten Sie unbedingt auf „Kindersicherheit" achten. Kinder toben und spielen, ohne groß nachzudenken, sie halten sich an allem fest, stecken alles in den Mund und beachten Ecken und Kanten erst, wenn sie daran stoßen ...

Auswahl der Materialien

Bei Materialien gilt: so schadstoffarm wie möglich. Verwenden Sie lieber eine Umweltfarbe, die dafür vielleicht nicht ganz so glänzend ist – Gesundheit geht vor.

Oberflächen

Auch hier wichtig: Verwenden Sie möglichst lösungsmittelfreie Farben und Lacke, versiegeln Sie behandelte Oberflächen gut. Generell werden Möbel in Kinderzimmern mehr strapaziert als in anderen Räumen, ein zusätzlicher Anstrich schadet also nie.

Verwendung von Textilien

Hier sollten Sie bedenken, dass Stoffe meist vorbehandelt sind (Schutzimprägnierung). Waschen Sie sie, bevor Sie sie verarbeiten und dem Kinderzimmer übergeben. Das ist vor allem dann wichtig, wenn Kinder zu Allergien neigen, denn gerade mit Textilem gibt es oft Körperkontakt.

Bearbeiten und Bauen von Möbeln

Bei Möbeln für das Kinderzimmer müssen Sie Wert auf gut abgeschliffene Ecken und Kanten, sicher versenkte Schrauben und Nägel und eine gute Stabilität legen, da Kinder Möbel gelegentlich ungewöhnlichen Belastungen aussetzen können. Versuchen Sie, alle möglichen verrückten Ideen einzukalkulieren.

Standfestigkeit

Höhere und schwere Möbel brauchen unbedingt Standfestigkeit und sollten an die Wand geschraubt werden. Das gilt auch für alle Arten von Regalen. Überprüfen Sie generell alle größeren Möbel daraufhin, ob sich Ihr Kind daran sorglos festhalten oder hochziehen kann.

Schminktisch

für Prinzessinnen

Da wird Barbie blass vor Neid! Die Tischplatte wird passend zum Maxirock tapeziert oder lackiert, so kann sie ruhig mal mitgeschminkt werden.

Werkzeug

Maßband
Schere
Zickzackschere
Bügeleisen
Nähmaschine
Stecknadeln
Tacker

Material

farblich abgestimmte Stoffe (leichte Baumwollqualität)
Garn
Gardinenkräuselband
Kindertischchen
ein Stück farblich abgestimmte Tapete
Kleister
Quast
Lappen
Gummiwalze
Lackrolle, Lackwanne
Tapetenhaut oder Schleifpapier
ggf. Vorstreichfarbe
farblich passender Acryllack
Lackrolle, Lackwanne

Bearbeiten der Tischplatte

1. Um die Tischplatte zu tapezieren, schneiden Sie die Tapete im Maß der Tischplatte zu (geben Sie ringsum so viel dazu, dass die Tapete die Plattenkanten umfasst). Folgen Sie dann den Anweisungen zum Tapezieren von Möbeln auf S. 62.

2. Lackieren: Wenn Sie die Tischplatte lackieren möchten, schleifen Sie sie zunächst an (unbehandeltes Holz vorstreichen) und tragen anschließend mit der Rolle zwei Schichten Lack auf. Jede Schicht muss gut durchtrocknen. (Arbeitsgänge siehe S. 58)

Herstellung des „Kleides“

1. Zunächst muss der Stoff passend zugeschnitten werden: Messen Sie die Höhe des Tischchens von der oberen Tischkante bis zum Boden aus, ebenso den Umfang der Tischplatte. Für das „Unterkleid“ ergibt sich die Breite der Bahn aus der Tischhöhe plus 1,5 cm Saumzugabe für den unteren Rand, die Länge der Bahn ist der zweifache Tischumfang plus jeweils 1,5 cm Saumzugabe links und rechts. Der mittlere Volant misst in der Breite: zwei Drittel der Tischhöhe plus 1,5 cm Saumzugabe für den unteren Rand, und in der Länge: zweifacher Tischumfang plus jeweils 1,5 cm Saumzugabe links und rechts. Für den oberen Volant rechnen Sie für die Länge wieder den doppelten Tischumfang plus je 1,5cm für den Saum links und rechts, die Breite ist hier ein Drittel der Tischhöhe plus jeweils 1,5 cm Saumzugabe für den unteren und hier auch für den oberen Rand.

2. Nachdem der Stoff geschnitten ist, bügeln Sie die jeweiligen Saumzugaben an Ober- und Unterkanten zur Stoffrückseite um und beschneiden Sie sie mit der Zickzackschere, die Säume der jeweiligen Unterkanten steppen Sie dann an. (A)

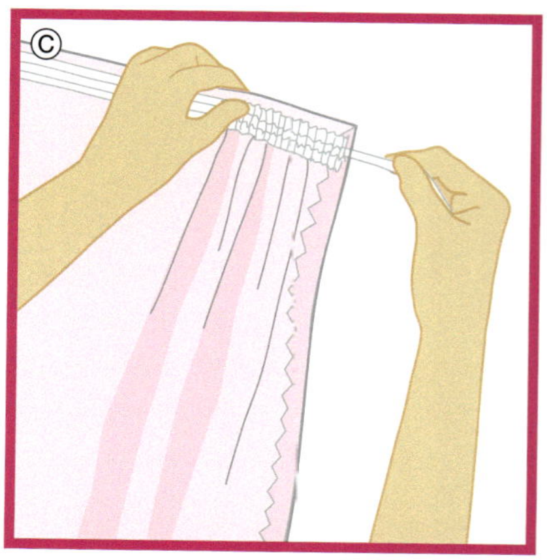

Schwierigkeitsgrad mittel

Mithelfer zum Befestigen des Kleides hilfreich

Zeitaufwand mittel bis länger (je nach Ihrer Geschwindigkeit mit Nadel und Faden)

Putzfaktor gering

3. Legen Sie die Oberkanten von unterem und mittlerem Volant exakt aufeinander und schieben Sie sie in den nach innen umgebügelten Saum des oberen Volants, so dass der die beiden anderen umfasst. Heften Sie die Einfassung vertikal zusammen, d. h. quer zur Naht, so dass Sie mit der Maschine darübernähen können.

4. Die Stofflagen müssen dem fertigen Rock entsprechen. Kontrollieren Sie, ob die Volants in der richtigen Folge und mit der Vorderseite nach oben liegen. Steppen Sie die drei Volants auf der Rückseite entlang der oberen Kante zusammen. (B)

5. Nun stecken Sie das Kräuselband vertikal auf der Innenseite entlang der oberen Stoffkante fest und steppen Sie es an. Durch Ziehen des Innenbandes können Sie nun den Stoff kräuseln, bis die gewünschte Länge erreicht ist. (C)

6. Stecken Sie das Innenband fest. Dann legen Sie alle Seitenkanten exakt aufeinander und fixieren Sie vertikal mit Stecknadeln (prüfen Sie, ob die Weite dem Tischumfang genau entspricht). Nähen Sie das Innenband fest, schneiden Sie den Überschuss ab und schließen die Seitennaht. Bügeln Sie die Säume der Seitennaht flach auseinander und drehen Sie das Ganze auf rechts.

7. Nun können Sie dem Tisch seinen neuen Rock überstreifen. Zum Befestigen wäre ein weiteres Paar Hände hilfreich: Heften Sie den Rock an, indem Sie den oberen Volant hochklappen und den darunter liegenden Stoff mit kurzen Abständen antackern.

Nicht nur für Fenster:

Vorhänge

Es muss nicht immer das Fenster sein, das ein Vorhang schmückt. Als Ersatz für die Türfüllungen macht der Stoff den großen Schrank kinderzimmertauglich. Und eine Vorhangdeko auf der Wand macht das Kinderzimmer selbst zum Puppenstübchen.

1. Messen Sie die Fläche, die der Vorhang bedecken soll, aus. Für die Stoffbahnen (ausgenommen die Blende des Wandvorhangs) sollten Sie die zweifache Breite veranschlagen, damit der Stoff schön wellig fällt, für den Volant des Wandvorhangs die dreifache Breite. Dem Volantstoff geben Sie in der Breite und nach oben genügend hinzu, um die Holzleiste für die Anbringung knapp zu umfassen. Geben Sie allen Stoffbahnen ringsum 2 cm für die Säume hinzu und schneiden Sie die Bahnen entsprechend zu.

2. Nun bügeln Sie die Säume ein, indem Sie jeden Rand um 1 cm umschlagen und flachbügeln, dann noch mal um 1 cm einschlagen und bügeln. (A) Steppen Sie anschließend die Säume an.

3. Fixieren Sie das Kräuselband entlang der oberen Kanten auf der Rückseite von Vorhangbahnen und Volant mit Stecknadeln (vertikal stecken, d. h. quer zur Naht) und steppen Sie es auf. Kräuseln Sie den Stoff, indem Sie das Innenband soweit herausziehen, bis die Stoffbahn die gewünschte Breite und Kräuselung erreicht hat (B). Dann schneiden Sie den Überschuss des Innenbandes ab und nähen es an den Enden fest. Für den Wandvorhang steppen Sie den Volant auf die Unterkante der Vorhangbahn.

4. Nun braucht nur noch getackert zu werden: Die Vorhänge für den Kleiderschrank werden entlang der Oberkante von innen an die Schranktüren geheftet. Den Wandvorhang tackern Sie auf die Leiste (vorher links und rechts ein Loch für die Anbringung an der Wand bohren und auf die Wand übertragen), die Stoffblende fixieren Sie oben und seitlich auf der Rückseite der Leiste. (C)

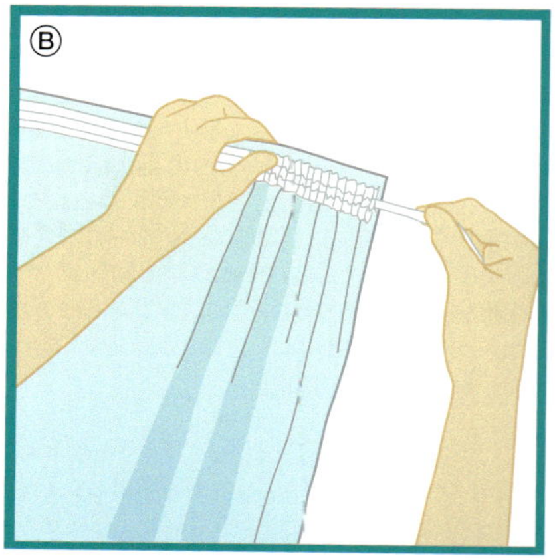

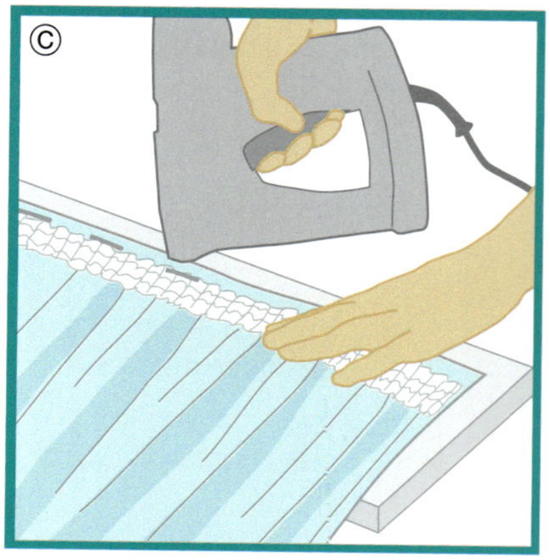

Werkzeug

Maßband
Schere
Stecknadeln
Nähmaschine
Tacker
Bohrmaschine (für den Wandvorhang)
Wasserwaage (für den Wandvorhang)

Material

Stoff
Garn
Kräuselband
Holzleiste (für den Wandvorhang)
2 Schrauben, Dübel (für den Wandvorhang)

Schwierigkeitsgrad leicht **Mithelfer** nicht erforderlich **Zeitaufwand** gering **Putzfaktor** gering

Farbenfroh
Schranktüren mit Glaseinsatz oder Drahtgeflecht, die mit Vorhängen „gefüttert“ sind, haben gleich zwei Vorteile: Sie verhindern die Durchsicht auf das vielleicht nicht immer so aufgeräumte Innere und bringen zugleich Farbe ins Kinderzimmer.

Rüschig
Ihre Kleinen haben die Wand über dem Minitisch heimlich in eine Tafel verwandelt und die Kritzeleien sind nicht mehr wegzukriegen? Wenn Streichen zu aufwendig ist, verschönern Sie die Stelle doch einfach mit einem Vorhang. Das bringt rüschige Gemütlichkeit in die Tischecke – Ihre Kinder werden es lieben!

Für kleine Künstler:
Wandtafel

Hier können sich kleine Künstler richtig austoben! Endlich Platz für große Formate … oder lange Mathe-Formeln. An einer „richtigen“ Tafel macht auf jeden Fall beides mehr Spaß.

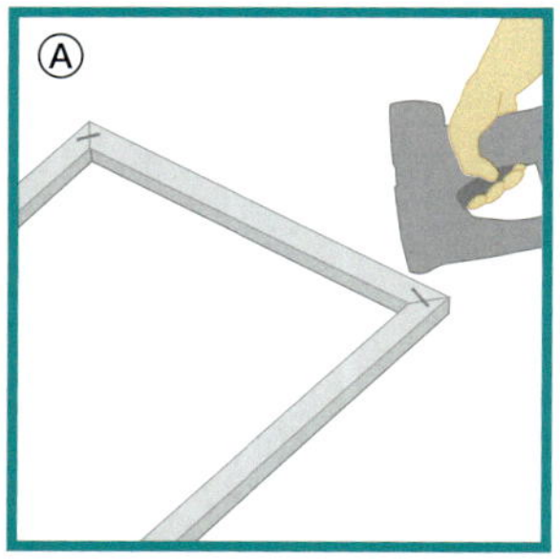

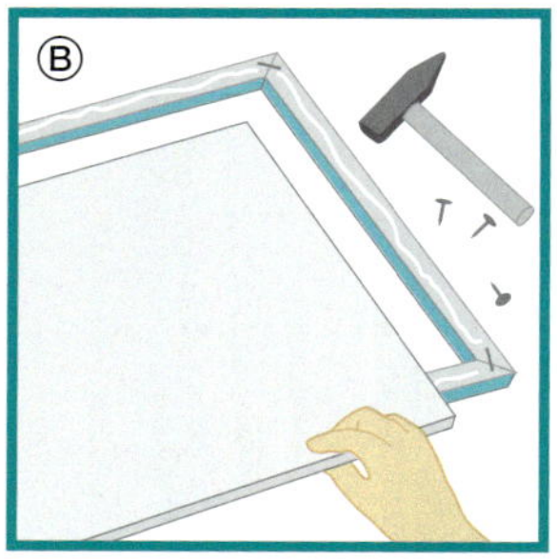

Werkzeug

Säge
Gehrungslade
Elektrotacker
Spachtel
Hammer
Lackrolle, feine Lackrolle für die Tafelfarbe, Lackwanne
Pinsel
Schleifpapier
Wasserwaage
Bohrmaschine
Schraubenzieher

Material

Spanplatte 8 mm stark
4 Holzleisten für den Rahmen 1 cm stark, 3 cm breit
1 Holzleiste 1 cm stark, 8 cm breit
1 Holzleiste 1 cm stark, 3 cm breit
Schleifpapier
Holzspachtelmasse
Holzleim
Grundierung
Vorstreichfarbe
Tafelfarbe
Acryllack für den Rahmen und die Ablage
Nägel
2 Aufhängewinkel, kleine Holzschrauben
2 Schraubhaken, Dübel

1. Das Grundmaterial lassen Sie sich am besten direkt im Baumarkt zuschneiden: Sie benötigen eine Spanplatte in der Größe der späteren Wandtafel und 4 glatte Holzleisten für den Rahmen – jeweils 2 in der Länge und 2 in der Breite der Platte (der fertige Rahmen entspricht später dem Außenmaß der Platte). Die beiden übrigen Leisten sollen die Ablage unter der Tafel werden und müssen entsprechend der Breite der Platte zugesägt werden.

2. Beginnen Sie mit dem Verspachteln der Plattenschnittflächen und schleifen Sie sie nach dem Trocknen an.

3. Nun grundieren Sie beide Seiten der Platte (damit sich die Platte nicht verzieht) und deren Schmalseiten.

4. Während die Grundierung trocknet, sägen Sie die Holzleisten für den Rahmen auf Gehrung, so dass sie zusammengefügt im Außenmaß der Größe der Platte entsprechen. Schleifen Sie die Schnittflächen ab und verleimen Sie sie dann. Die Leisten werden zusätzlich auf der (künftigen) Rückseite über Eck mit Tackernadeln fixiert. (A)

5. Für die Ablage unter der Tafel schleifen Sie die Schnittflächen der beiden übrigen Leisten glatt und leimen Sie sie so aneinander, dass der liegenden breiten Leiste auf ganzer Länge die schmale Leiste hochkant als Front vorgesetzt wird. Fixieren Sie beide Leisten mit Zwingen und lassen Sie den Leim trocknen. Anschließend werden der Rahmen und die Ablage vorgestrichen und nach dem Trocknen angeschliffen.

6. Lackieren Sie nun die Platte mit der Tafelfarbe. Lassen Sie den ersten Anstrich gut trocknen, schleifen Sie die Farbe dann mit feinem Schleifpapier an (Schleifstaub entfernen) und tragen Sie eine zweite Schicht auf. Schleifen Sie nach dem Trocknen gegebenenfalls nochmals leicht ab, damit die Tafel schön glatt wird.

7. Nun wird der Rahmen (ohne die Rückseite) zweimal mit farbigem Acryllack lackiert. Beide Schichten jeweils gut trocknen lassen.

8. Legen Sie anschließend die Vorderseite der Tafel auf die mit Leim bestrichene Rahmenrückseite (hier wäre Hilfe beim Auflegen gut) und fixieren Sie beides mit einer Reihe kurzer Nägel entlang der Kanten. Drehen sie die Tafel anschließend um. (B)

Schwierigkeitsgrad leicht **Mithelfer** 1 (je nach Größe der Tafel lässt sich diese zu zweit leichter handhaben) **Zeitaufwand** mittel **Putzfaktor** gering

9. Die Ablage leimen Sie an die Unterseite von Tafel und Rahmen. Zur Fixierung schlagen Sie ein paar Nägel von unten durch die Ablagefläche in den Rahmen ein und lassen den Leim trocknen. Zum Schluss lackieren Sie auch die Ablagefläche und fahren dabei auch mit Pinsel über die Schmalseiten der Tafelplatte.

10. Nach dem Trocknen bringen Sie die Aufhänger an der Rückseite der Tafel an, schrauben Sie die Schraubhaken in zwei vorgebohrte Löcher mit Dübeln und hängen Sie die Tafel auf. (C)

Unauffälliges **Home Office**

Für Kinder, die nicht mehr Kinder genannt werden wollen: ein richtiges Home Office. Mit extrem wenig Aufwand funktionieren Sie einfach zwei identische Kastenregale um.

Werkzeug
Maßband
Stift
Lineal
Stichsäge
Spachtel
Schleifpapier
Pinsel
Lackrollen, Lackwanne
Bohrmaschine, Holzbohrer
Cutter

Material
Pappe für Schablonen
Sperrholzplatte
Holzspachtelmasse
Grundierung
Acryllack schilfgrün
Gurtband oder Riemengriffe mit Gummiüberzug
8 Möbelrollen (feststellbar), Schrauben
3 Möbelscharniere, Schrauben
4 Holzschrauben für die Griffe
2 Klappkonsolen, Schauben
ggf. Metallgrund
selbstklebende Schablonenfolie
Acryllack, cremeweiß

1. Einzige Voraussetzung für die Kastenregale, aus denen das Office gebaut werden soll, ist, dass sie eine massive Rückwand und keinen Sockel besitzen.

2. Für die Arbeitsplatte lassen Sie eine Sperrholzplatte im Maß der inneren Breite des Regals und der nötigen Tiefe im Baumarkt zuschneiden. Ziehen Sie von der Breite 4 mm ab, um genügend Spiel zum Rauf- und Runterklappen der Platte zu haben. Fertigen Sie eine Schablone an, um die Verjüngung der seitlichen Kanten im vorderen Bereich aufzuzeichnen. Sägen Sie die Form entlang der Linien mit der Stichsäge aus. (A)

3. Verspachteln Sie die Schnittflächen der Platte und schleifen Sie sie nach dem Trocknen an. Tragen Sie dann die Grundierung auf. Nachdem diese getrocknet ist, erneut anschleifen. Auch die Klappkonsolen werden angeschliffen. Sind sie unlackiert, werden sie mit Metallgrund vorbehandelt. Die beiden Regale werden ebenfalls gründlich abgeschliffen.

4. Anschließend bekommen Klappkonsolen, Arbeitsplatte und beide Regale ringsum einen Anstrich mit Acryllack, nach dem Trocknen folgt eine zweite Schicht.

5. Wenn der Lack gut durchgetrocknet ist, können Sie die Griffe an den Seiten anbringen. Fertigen Sie dazu eine Schablone nach dem Umriss der Griffe inklusive der Bohrlöcher an. Die Schablone können Sie nun einfach an der jeweiligen Regalkante anlegen. Markieren und bohren Sie die Bohrlöcher vor, dann schrauben Sie die Griffe an.

6. Legen Sie anschließend die Regale auf den Rücken und montieren Sie die Rollen. Zeichnen Sie dazu die Bohrlöcher auf, bohren Sie sie vor und schrauben Sie die Rollen an. (B)

7. Um die Arbeitsplatte anzubringen, zeichnen Sie die Bohrlöcher für die Klappkonsolen an der Regalrückwand und an der Unterseite der Platte an, boh-

Ⓐ

Ⓑ
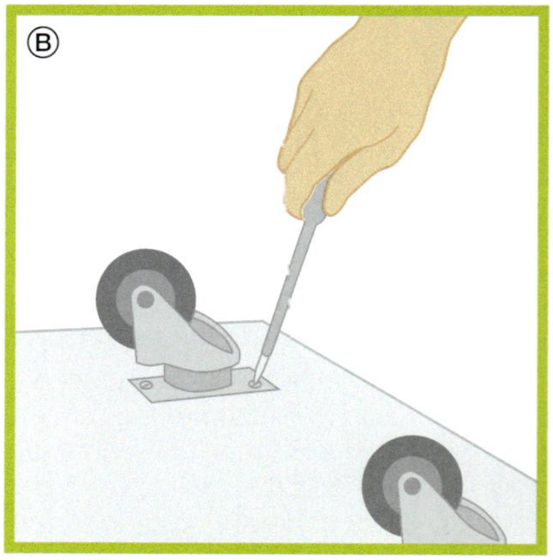

Ⓒ

Schwierigkeitsgrad leicht bis mittel (je nach Erfahrung mit der Stichsäge) **Mithelfer** nicht nötig **Zeitaufwand** mittel, am längsten dauert die Vorbereitung **Putzfaktor** gering

Farbwahl

Bei dem Regal auf dem Foto wurde ein Lack in hellem Schilfgrün gewählt – ein heller Lack lässt das Möbelstück nicht zu schwer erscheinen. Am einfachsten ist es natürlich, Sie lassen Ihr Kind die Farbe aussuchen …

ren die Löcher vor, dann montieren Sie Konsolen und Platte. Jetzt brauchen Sie nur noch jemanden, der Ihnen hilft, das Ganze auf die Füße bzw. die Rollen zu stellen. Anschließend schieben Sie die Regale längs aneinander und montieren auf dieselbe Weise die Scharniere. Achten Sie dabei darauf, dass die Abstände stimmen.

8. Für die äußere Verzierung können Sie Muster mit Schablonen aufmalen (siehe S. 64). Sie können dem Office auch eine schicke Streifenoptik verpassen (siehe S. 58) oder das fertige Stück auch von Ihrem Teenager mit Aufklebern verzieren lassen …

F
C
400
380
360
340
320
300
280
HARD BALL
SOFT BALL
220
200
180
160
140
100
CHIP
200
FISH
180
CARAMEL
160
HARD CRACK
SOFT CRACK
130
FIRM BALL
JAM
100
STERILISE
80
FRUIT BOTTLING
60
IMMERSION

Anhang

Glossar

Abtönfarbe
Abtönfarben sind intensive bzw. hochkonzentrierte Farben, die man weißen Dispersionsfarben, Acryl- oder Kunstharzlacken beimischen kann. Je nach Verhältnis von Abtönfarbe und weißer Grundfarbe ergibt sich ein hellerer oder dunklerer Farbton. Das nötige Verhältnis von Abtön- zu Grundfarbe und die entsprechenden Ergebnisse sind stets auf der Abtönfarbe angegeben. Der Vorteil von Abtönfarbe gegenüber fertig gemischter Farbe ist der, dass man unterschiedliche Nuancen von exakt dem gleichen Farbton erhält – die entstandenen Farben passen also in jedem Fall zueinander. Dies ist z. B. bei Bordüren wichtig, die man auf farbige Wände setzen möchte.

Bohrschablone
Als Bohrschablone oder auch Bohrlehre bezeichnet man ein Hilfsmittel für das Bohren von Löchern, die an mehreren Stellen bzw. Platten in den exakt gleichen Abständen angebracht werden müssen. Beispielsweise beim Bauen von Regalen mit vielen Böden ist eine Bohrschablone von großem Vorteil: Einmal mit den exakten Maßen angefertigt, lassen sich die Bohrmarkierungen an jeden einzelnen Einlegeboden setzen, ohne dass man jedes Mal neu ausmessen muss.

Cutter
Cutter, auch oft unter dem Begriff Teppichmesser geführt, sind ideal zum Schneiden von Fußbodenbelägen, Pappe und Kunststoff. Sie besitzen eine meist sehr scharfe Klinge, die dreieckig spitz zuläuft und die man nach Bedarf verlängern oder verkürzen kann. Auf diese Weise kann man auch kleinteilige Muster ausschneiden, ohne z. B. den Rand zu verletzen. Dies ist eine wichtige Voraussetzung für die Anfertigung von Schablonen.

Dübellehre
Eine Dübellehre dient dem gleichen Zweck wie eine Bohrschablone – auch die Bezeichnung wird oft synonym verwendet. Mit ihr kann man Markierungen für Bohrlöcher setzen, die stets die gleichen Abstände haben müssen. Dies ist sehr wichtig, wenn zwei Holzplatten miteinander durch Dübel verbunden werden müssen, also die Löcher exakt übereinstimmen müssen. Im Handel gibt es vorgefertigte Dübellehren zu kaufen, die verstellbar sind.

Feder-Nut-Verbindung
Mit Feder-Nut-Verbindungen werden Holzteile verbunden bzw. ineinandergesteckt, z. B. bei Vertäfelungen oder Laminatboden. Dabei besitzt jedes Holzbrett auf der einen Seite eine Vertiefung – die Nut – und auf der anderen Seite ein hervorstehendes Stück, das exakt in die Vertiefung passt – die Feder. So kann jedes Brett mit jedem verbunden werden.

Fliesenkreuze
Fliesen- oder auch Fugenkreuze sind kleine Abstandhalter aus Kunststoff. Sie dienen beim Verfliesen von Flächen dazu, die Fliesen in exakt gleichen Abständen zu verlegen, d. h. die Fugen zwischen den Fliesen exakt gleich groß zu halten. Außerdem sorgen sie dafür, dass die eingesetzten Fliesen nach dem Andrücken nicht mehr verrutschen können. Sobald der Kleber bzw. Mörtel getrocknet ist, lassen sich die Kreuze leicht wieder entfernen.

Gehrungslade
Eine Gehrungslade ist ein Hilfsmittel, mit dem man exakte 45-Grad- und 90-Grad-Winkel schneiden bzw. sägen kann. Sie ist meist aus Holz und weist Einschnitte auf, die zur Führung der Säge dienen. Immer, wenn zwei Leisten zu einem rechten Winkel verbunden werden sollen, z. B. bei der Herstellung von Bilderrahmen oder dem Zuschneiden von Fußleisten, werden beide in einem Winkel von 45 Grad angeschrägt. Damit die Schnittkanten genau gleich sind und damit exakt aufeinander passen, verwendet man eine Gehrungslade. Im Handel werden Gehrungsladen, z. T. verstellbar, für verschiedene Sägen angeboten.

Gewindestangen
Gewindestangen oder -stäbe sind Metallstäbe, über deren gesamte Länge ein Gewinde eingeschnitten ist. Sie besitzen keinen Kopf und kein besonders verarbeitetes Ende, so dass sie auf eine beliebige Länge gekürzt werden können. Sie werden oft als eine Art verlängerte Schrauben verwendet, d. h. wenn herkömmliche Schrauben zu kurz sind, um einen ausreichenden Halt zu gewährleisten. Außerdem eignen sie sich hervorragend zum Bau von Kleinmöbeln.

Profilbrettkrallen
Profilbrettkrallen, auch häufig als Profilkrallen bezeichnet, dienen zur „unsichtbaren“ Befestigung von Nut-und-Feder-Brettern an einer Unterkonstruktion, z. B. beim Vertäfeln. Die Krallen werden in die Nut eines Brettes eingehängt und dann an der Lattenkonstruktion des Untergrundes befestigt.

Rakel
Eine Rakel ist ein flaches Werkzeug, das Ähnlichkeiten mit einem Eiskratzer hat. Je nach Zweck besteht die Rakel aus unterschiedlichen Materialien. Man kann damit Flächen andrücken, glatt streichen oder überflüssige Farbe o. Ä. entfernen. In den Projekten in diesem Buch wird hauptsächlich die Gummirakel gebraucht, mit der man Folien glattstreichen und Blasen entfernen kann.

Schneiderkreide
Schneiderkreide dient zum Übertragen von Schnittmustern auf Stoffe oder zum Anzeichnen von Schnittkanten o. Ä. auf Stoffe. Sie gibt es in verschiedenen Formen und Farben. Die Kreide ist auch auf dunklen Stoffen sichtbar und lässt sich meist rückstandslos auswaschen oder verblasst nach einigen Tagen von selbst.

Schrankrohrlager
Schrankrohrlager sind meist aus Metall, seltener aus Kunststoff. Sie dienen zur Halterung von glatten Stangen, z. B. Kleiderstangen in Schränken. Sie besitzen ein oder mehrere Löcher, mit denen sie fest an den Untergrund geschraubt werden können, und eine Art „Ablagefläche“ oder Vorsprung, auf denen die Stangen aufliegen, so dass sie nicht verrutschen können.

Senklot
Mithilfe eines Senklots kann man eine exakte senkrechte Linie, also die „Lotrechte“, bestimmen und markieren. Ein klassisches Lot besteht aus einer Schnur bzw. einem Faden, an dem ein Stück Metall befestigt ist. Mit einer sogenannten Schlagschnur kann man längere senkrechte oder waagerechte Linien auf einfache Weise an der Wand markieren: Die Schnur, die mit Kreidestaub bedeckt ist, wird gespannt und gegen die Wand „geschlagen“ oder geschnippt, so dass eine Kreidelinie entsteht.

Tapetenhaut
Die sogenannte Tapetenhaut ist eine Flüssigkeit, mit der man Tapeten zusätzlichen Schutz verleihen kann. Sie wird ähnlich wie Lack verstrichen. Es gibt sie zum Schutz vor Feuchtigkeit, z. B. für tapezierte Bäder. Sie eignet sich hervorragend, um tapezierte Möbeloberflächen strapazierfähiger zu machen.

Tiefengrund
Mit Tiefengrund werden mineralische Untergründe vorbereitet, z. B. verputze Wände. Sie verringern die Saugfähigkeit von diesen Untergründen, damit z. B. Tapetenkleister oder Farbe besser auf den Wänden halten.

Zahnkelle
Mithilfe einer Zahnkelle kann man zähflüssige Materialen, wie z. B. Fugenmörtel oder Fliesenkleber auf größere Flächen aufbringen und gleichmäßig verstreichen. Zahnkellen bestehen aus einem Metallblech mit gezackten Rändern, oben ist ein Griff angebracht. Es gibt auch sogenannte Zahnspachtel.

Register

Autoren: Rita Mielke, Paula Krüger
Illustrationen: Miriam Frömming, Hendrik Kranenberg
Fotos: living4Media.de (Innenteil)
Gesamtherstellung: Naumann & Göbel Verlagsgesellschaft mbH, Köln

ISBN 978-3-625-13413-8

www.naumann-goebel.de